西政文库·教授篇

道与中国法律传统

龙大轩 著

图书在版编目(CIP)数据

道与中国法律传统 / 龙大轩著. — 北京：商务印书馆，2022
（西政文库）
ISBN 978-7-100-20555-9

Ⅰ.①道… Ⅱ.①龙… Ⅲ.①道家思想－影响－法制史－研究－中国－古代 Ⅳ.①B223.05②D929.2

中国版本图书馆CIP数据核字（2021）第269678号

权利保留，侵权必究。

西政文库
道与中国法律传统
龙大轩　著

商务印书馆出版
（北京王府井大街36号　邮政编码 100710）
商务印书馆发行
三河市尚艺印装有限公司印刷
ISBN 978-7-100-20555-9

2022年3月第1版　　开本 680×960　1/16
2022年3月第1次印刷　印张 18 3/4
定价：85.00元

西政文库编委会

主　任：付子堂
副主任：唐　力　周尚君
委　员：（按姓氏笔画排序）
　　　　龙大轩　卢代富　付子堂　孙长永　李　珮
　　　　李雨峰　余劲松　邹东升　张永和　张晓君
　　　　陈　亮　岳彩申　周尚君　周祖成　周振超
　　　　胡尔贵　唐　力　黄胜忠　梅传强　盛学军
　　　　谭宗泽

总　序

"群山逶迤，两江回环；巍巍学府，屹立西南……"

2020年9月，西南政法大学将迎来建校七十周年华诞。孕育于烟雨山城的西政一路爬坡过坎，拾阶而上，演绎出而今的枝繁叶茂、欣欣向荣。

西政文库以集中出版的方式体现了我校学术的传承与创新。它既展示了西政从原来的法学单科性院校转型为"以法学为主，多学科协调发展"的大学后所积累的多元化学科成果，又反映了学有所成的西政校友心系天下、回馈母校的拳拳之心，还表达了承前启后、学以成人的年轻西政人对国家发展、社会进步、人民福祉的关切与探寻。

我们衷心地希望，西政文库的出版能够获得学术界对于西政学术研究的检视与指引，能够获得教育界对于西政人才培养的考评与建言，能够获得社会各界对于西政长期发展的关注与支持。

六十九年前，在重庆红岩村的一个大操场，西南人民革命大学的开学典礼隆重举行。西南人民革命大学是西政的前身，1950年在重庆红岩村八路军办事处旧址挂牌并开始招生，出生于重庆开州的西南军政委员会主席刘伯承兼任校长。1953年，以西南人民革命大学政法系为基础，在合并当时的四川大学法学院、贵州大学法律系、云南大学法律系、重庆大学法学院和重庆财经学院法律系的基础上，西南政法学院正式成立。中央任命抗日民族英雄，东北抗日联军第二路军总指挥、西南军政委员会政法委员会主任周保中将军为西南政法学院首任院长。1958年，中央公安学院重庆分院并入西南政法学院，使西政既会聚了法学名流，又吸纳了实务精英；既秉承了法学传统，又融入了公安特色。由此，学校获誉为新中国法学教育的"西南联大"。

20世纪60年代后期至70年代，西南政法学院于"文革"期间一度停办，老一辈西政人奔走呼号，反对撤校，为保留西政家园不屈斗争并终获胜利，为后来的"西政现象"奠定了基础。

20世纪70年代末，面对"文革"等带来的种种冲击与波折，西南政法学院全体师生和衷共济，逆境奋发。1977年，经中央批准，西南政法学院率先恢复招生。1978年，经国务院批准，西南政法学院成为全国重点大学，是司法部部属政法院校中唯一的重点大学。也是在70年代末，刚从"牛棚"返归讲坛不久的老师们，怀着对国家命运的忧患意识和对学术事业的执着虔诚，将只争朝夕的激情转化为传道授业的热心，学生们则为了弥补失去的青春，与时间赛跑，共同创造了"西政现象"。

20世纪80年代，中国的法制建设速度明显加快。在此背景下，满怀着憧憬和理想的西政师生励精图治，奋力推进第二次创业。学成于80年代的西政毕业生们，成为今日我国法治建设的重要力量。

20世纪90年代，西南政法学院于1995年更名为西南政法大学，这标志着西政开始由单科性的政法院校逐步转型为"以法学为主，多学科协调发展"的大学。

21世纪的第一个十年，西政师生以渝北校区建设的第三次创业为契机，克服各种困难和不利因素，凝心聚力，与时俱进。2003年，西政获得全国首批法学一级学科博士学位授予权；同年，我校法学以外的所有学科全部获得硕士学位授予权。2004年，我校在西部地区首先设立法学博士后科研流动站。2005年，我校获得国家社科基金重大项目（A级）"改革发展成果分享法律机制研究"，成为重庆市第一所承担此类项目的高校。2007年，我校在教育部本科教学工作水平评估中获得"优秀"的成绩，办学成就和办学特色得到教育部专家的高度评价。2008年，学校成为教育部和重庆市重点建设高校。2010年，学校在"转型升格"中喜迎六十周年校庆，全面开启创建研究型高水平大学的新征程。

21世纪的第二个十年，西政人恪守"博学、笃行、厚德、重法"的西政校训，弘扬"心系天下，自强不息，和衷共济，严谨求实"的西政精神，坚持"教学立校，人才兴校，科研强校，依法治校"的办学理念，推进学校发展取得新成绩：学校成为重庆市第一所教育部和重庆市共建高校，入选首批卓越法律人才教育培养基地（2012年）；获批与英国考文垂大学合作举办法学专业本科教育项目，6门课程获评"国家级精品资源共享课"，两门课程获评"国家级精品视频公开课"（2014年）；入选国家"中西部高校基础能力建设工程"院校，与美国凯斯西储大学合作举办法律硕士研究生教育项目（2016年）；法学学科在全国第四轮学科评估中获评A级，新闻传播学一级学科喜获博士学位授权点，法律专业硕士学位授权点在全国首次专业学位水平评估中获评A级，经济法教师团队入选教育部"全国高校黄大年式教师团队"（2018年）；喜获第九届世界华语辩论锦标赛总冠军（2019年）……

不断变迁的西政发展历程，既是一部披荆斩棘、攻坚克难的拓荒史，也是一部百折不回、逆境崛起的励志片。历代西政人薪火相传，以昂扬的浩然正气和强烈的家国情怀，共同书写着中国高等教育史上的传奇篇章。

如果对西政发展至今的历史加以挖掘和梳理，不难发现，学校在教学、科研上的成绩源自西政精神。"心系天下，自强不息，和衷共济，严谨求实"的西政精神，是西政的文化内核，是西政的镇校之宝，是西政的核心竞争力；是西政人特有的文化品格，是西政人共同的价值选择，也是西政人分享的心灵密码！

西政精神，首重"心系天下"。所谓"天下"者，不仅是八荒六合、四海九州，更是一种情怀、一种气质、一种境界、一种使命、一种梦想。"心系天下"的西政人始终以有大担当、大眼界、大格局作为自己的人生坐标。在西南人民革命大学的开学典礼上，刘伯承校长曾对学子们寄予厚望，他说："我们打破旧世界之目的，就是要建设一个人民的新世界……"而后，从化龙桥披荆斩棘，到歌乐山破土开荒，再到渝北校区新建校园，几代西政人为推进国家的民主法治进程矢志前行。正是在不断的成长和发展过程中，西政见证了新中国法学教育的涅槃，有人因此称西政为"法学黄埔军校"。其实，这并非仅仅是一个称号，西政人之于共和国的法治建设，好比黄埔军人之于那场轰轰烈烈的北伐革命，这个美称更在于它恰如其分地描绘了西政为共和国的法治建设贡献了自己应尽的力量。岁月经年，西政人无论是位居"庙堂"，还是远遁"江湖"，无论是身在海外华都，还是立足塞外边关，都在用自己的豪气、勇气、锐气，立心修德，奋进争先。及至当下，正有愈来愈多的西政人，凭借家国情怀和全球视野，在国外高校的讲堂上，在外交事务的斡旋中，在国际经贸的商场上，在海外维和的军营里，实现着西政人胸怀世界的美好愿景，在各自的人生舞台上诠释着"心系天下"的西政精神。

西政精神，秉持"自强不息"。"自强不息"乃是西政精神的核心。西政师生从来不缺乏自强传统。在20世纪七八十年代，面对"文革"等带来的发展阻碍，西政人同心协力，战胜各种艰难困苦，玉汝于成，打造了响当当的"西政品牌"，这正是自强精神的展现。随着时代的变迁，西政精神中"自强不息"的内涵不断丰富：修身乃自强之本——

尽管地处西南，偏于一隅，西政人仍然脚踏实地，以埋头苦读、静心治学来消解地域因素对学校人才培养和科学研究带来的限制。西政人相信，"自强不息"会涵养我们的品性，锻造我们的风骨，是西政人安身立命、修身养德之本。坚持乃自强之基——在西政，常常可以遇见在校园里晨读的同学，也常常可以在学术报告厅里看到因没有座位而坐在地上或站在过道中专心听讲的学子，他们的身影折射出西政学子内心的坚守。西政人相信，"自强不息"是坚持的力量，任凭时光的冲刷，依然能聚合成巨大动能，所向披靡。担当乃自强之道——当今中国正处于一个深刻变革和快速转型的大时代，无论是在校期间的志愿扶贫，还是步入社会的承担重任，西政人都以强烈的责任感和实际的行动力一次次证明自身无愧于时代的期盼。西政人相信，"自强不息"是坚韧的种子，即使在坚硬贫瘠的岩石上，依然能生根发芽，绽放出倔强的花朵。

西政精神，倡导"和衷共济"。中国司法史上第一人，"上古四圣"之一的皋陶，最早提倡"和衷"，即有才者团结如钢；春秋时期以正直和才识见称于世的晋国大夫叔向，倾心砥砺"共济"，即有德者不离不弃。"和衷共济"的西政精神，指引我们与家人美美与共：西政人深知，大事业从小家起步，修身齐家，方可治国平天下。"和衷共济"的西政精神指引我们与团队甘苦与共：在身处困境时，西政举师生、校友之力，攻坚克难。"和衷共济"的西政精神指引我们与母校荣辱与共：沙坪坝校区历史厚重的壮志路、继业岛、东山大楼、七十二家，渝北校区郁郁葱葱的"七九香樟""八零花园""八一桂苑"，竞相争艳的"岭红樱"、"齐鲁丹若"、"豫园"月季，无不见证着西政的人和、心齐。"和衷共济"的西政精神指引我们与天下忧乐与共：西政人为实现中华民族伟大复兴的"中国梦"而万众一心；西政人身在大国，胸有大爱，遵循大道；西政人心系天下，志存高远，对国家、对社会、对民族始终怀着强烈的责任感和使命感。西政人将始终牢记：以"和衷共济"的人生态度，以人类命运共同体的思维高度，为民族复兴，为人类进步贡献西政人的智慧和力量。这是西政人应有的大格局。

西政精神，着力"严谨求实"。一切伟大的理想和高远的志向，都需要务实严谨、艰苦奋斗才能最终实现。东汉王符在《潜夫论》中写道："大人不华，君子务实。"就是说，卓越的人不追求虚有其表，有修养、有名望的人致力于实际。所谓"务实"，简而言之就是讲究实际，实事求是。它排斥虚妄，鄙视浮华。西政人历来保持着精思睿智、严谨求实的优良学风、教风。"严谨求实"的西政精神激励着西政人穷学术之浩瀚，致力于对知识掌握的弄通弄懂，致力于诚实、扎实的学术训练，致力于对学习、对生活的精益求精。"严谨求实"的西政精神提醒西政人在任何岗位上都秉持认真负责的耐劳态度，一丝不苟的耐烦性格，把每一件事都做精做细，在处理各种小事中练就干大事的本领，于精细之处见高水平，见大境界。"严谨求实"的西政精神，要求西政人厚爱、厚道、厚德、厚善，以严谨求实的生活态度助推严谨求实的生活实践。"严谨求实"的西政人以学业上的刻苦勤奋、学问中的厚积薄发、工作中的恪尽职守赢得了教育界、学术界和实务界的广泛好评。正是"严谨求实"的西政精神，感召着一代又一代西政人举大体不忘积微，务实效不图虚名，博学笃行，厚德重法，历经创业之艰辛，终成西政之美誉！

"心系天下，自强不息，和衷共济，严谨求实"的西政精神，乃是西政人文历史的积淀和凝练，见证着西政的春华秋实。西政精神，在西政人的血液里流淌，在西政人的骨子里生长，激励着一代代西政学子无问西东，勇敢前行。

西政文库的推出，寓意着对既往办学印记的总结，寓意着对可贵西政精神的阐释，而即将到来的下一个十年更蕴含着新的机遇、挑战和希望。当前，学校正处在改革发展的关键时期，学校将坚定不移地以教学为中心，以学科建设为龙头，以师资队伍建设为抓手，以"双一流"建设为契机，全面深化改革，促进学校内涵式发展。

世纪之交，中国法律法学界产生了一个特别的溢美之词——"西政现象"。应当讲，随着"西政精神"不断深入人心，这一现象的内涵正在不断得到丰富和完善；一代代西政校友，不断弘扬西政精神，传承西政文化，为经济社会发展，为法治中国建设，贡献出西政智慧。

是为序。

西南政法大学校长，教授、博士生导师
教育部高等学校法学类专业教学指导委员会副主任委员
2019 年 7 月 1 日

序

谢 晖

考诸吾国文化传统，法律向列道统之外，而属"器用"范畴。古人论君子，直言"君子不器"，故"讼棍"之徒、"刀笔之吏"、刑名师爷等皆为人所不齿、"君子"所不从。乃至科场取士，所重者道德文章，所轻者律文条令。难怪乎苏轼公开云：君子"读书不读律"。

何以如此？盖在古人言律，止于刑律。然刑之运用，等而下之之所为。孔子云："道之以政，齐之以刑，民免而无耻；道之以德，齐之以礼，有耻且格。"因之，"德主刑辅"则理所当然。儒家一脉所追求者，为根本解决之道；而道家所求取者，较之儒家则为形上境界。

显见，此种以刑统法，刑、法一事的法律文化传统，常令法律为失道之象征，而非载道之工具。因之，倡导"依法治国"的法家一脉，每每招致学者诟病。所谓"商韩之术"，为大权独揽、滥杀无辜之象征，也为学者口诛笔伐之对象。即便操作"阴法阳儒"之帝王们，也鲜见高擎法家大纛者。"虎视何雄哉"的秦始皇，即因操"商韩之术"，世人便忘其雄才大略，叱其"少恩而虎狼心"。此种"法律"，既为法理念之悲哀，更注定吾国法律学术之难伸！

实证之法既如之，则设置价值理想，寻"大道废，有仁义。智慧出，有大伪。六亲不和，有孝慈。国家昏乱，有忠臣"。"故失道而后德,失德而后仁,失仁而后义,失义而后礼"。以之类推,则"失礼而后刑"。刑之地位,为秩序构造诸方式之末端,运用之实为情非得已——为社会失道不治之举措。故道家一脉,蔑视一切建构秩序,坚执因任自然,清静无为;与民休息,戒绝刑杀——"我无为而民自化,我好静而民自正,我无事而民自富,我无欲而民自朴";"民不畏死,奈何以死惧之?"

求"道法"精神,批判法律现实,以补实证法之不足,便为学者使命。道家之精神宏旨,即在于斯。看目下人类相残、环境遭劫、物种渐稀、德性失落等怪现状,不由得令人念想起"道法"之精义,反思实在法之弊端,关注法律之承道宗旨。海德格尔氏何以关注道家、钟情老子,此可谓其缘由乎?

有鉴于斯,当下吾国关注法治之学人,对法律之道义使命、价值承当,常孜孜以求、期期以待,自20世纪80年代以还,法律学术之核心,侧重于此。举凡自由、民主、人权、法治、平等、博爱等之论述,皆承此意。近数年间,多有法学著作涉及"道",即令在书名上,也径直用"道"的字样。如俞荣根氏之《道统与法统》、王人博氏之《中国的宪政之道》等。至于道家之"道法"及其对古典和当下法律之影响、镜鉴,虽有论者零星涉及,然系统论述,实不多见。

《道与中国法律传统》一书,直面吾国古典文化之道家路向,检讨道家路向于吾国古今法律之深刻影响,研析"道法传统"之权威理念、"礼法传统"之和合思维、"无为而治"之方法旨趣,有反思,有批判。于天理、人情、国法缘何在古典法律中得以扭曲呈现多所着墨,对其利弊亦多有剖析。于当今法律又缘何舍"情理"而取规则,秉持形式正义有深刻反省,对其得失亦多所列陈。从中可见人类之任何抉择,皆有捉襟见肘、顾此失彼之虞。故其警醒:"人类一思考,上帝就发笑"。此种反思和警醒,自然不是令人类无所作为,而是求法制承载道统……凡此种种,不能不令人掩卷而深思!

我与作者龙大轩君供职于宁夏时，即知其身在法院，心向学术。不久，他返回其母校西南政法大学。此期间，他先是深入羌区，调研羌族习惯法；继之，又展开古典法律文化研究，本书即其成果之一。去岁秋日，他要求我为之序。我自知于吾国古典法律文化，虽心向往之，但终究涉猎甚浅，故序文一拖再拖，直至今日，才敷衍成文。但愿如上赘言不太辜负大轩君之期望，也盼大轩君学术成果丰硕，后续研究不断。

是为序。

自　序

　　犹太古语说："人类一思考，上帝就发笑。"自己竟敢来思索道与法这样的大问题，不禁有些心虚。但是，人类如果不思不想，又何以知道上帝在发笑？又怎能理解上帝为什么要发笑？

　　"道"在传统中国，既是高深的哲学概念，又是最常见的日用概念。诸子百家的思想者讲道，政治家讲道，甚至连贩夫走卒、强盗土匪也讲道，竟至有了"盗亦有道"的说法。但从"宇宙—社会—人生"的多角度来对道进行系统思考、论证的，当推道家。本书所论之道，即指道家之道。在道家看来，道是统揽寰宇生成、运动、衍息的最高法则，人类只是宇宙万物中的一分子，不能脱离自然世界而生存，应当以道为行为准则。自律内敛，节制不必要的认知欲和无休止的物质欲望，不求快速发展，但求缓步循环。如此，人类才能与自然和谐相处，与天地共久长，达到"天人合一"的佳境。

　　"法"作为人定的行为规范，离道已经差了好几个层次。老子说："失道而后德，失德而后仁，失仁而后义，失义而后礼。"礼法制度是人类不得已而为之的选择，必得以道的价值为价值，必得以道为渐进的不懈的追求目标，而不得放弃这种努力。对自由、权利以及发展器物文明的追求，是人类欲望的表现，道的原则是要限制这种种人欲的过度膨胀，以保证人与人、人与自然的和谐秩序不被打破。中国古代法律制度，无处不体现和维护道的这些原则，它反对自由、权利而强调自律、义务，压制物质进步而提倡精神超越，从而使得中国法律传统表现出卓然不群甚至有点貌似古怪的文化特征。

在"道"的规制下的"法"，似乎更乐意敦促人们在道德上有所提升，在"天理、国法、人情"的理想之途上不停地追问，而不愿保障器物文明的发展，也不希求在外显世界有什么惊世骇俗的进步。由是，传统的法制建设以至物质建设，看起来好像总是在原地踏步。正如梁漱溟所说："论'百年之前'，差不多就等于论'两千年以来'。"

着眼于世界范围进行观察，自18世纪60年代的工业革命以来，人类逐渐变得以自我为中心，以"器"的发展为最大追求。19世纪末20世纪初的中国，也在西人的坚船利炮之下被动加入这一行列。整个人类社会，不再受道的制约，都在器的发展之路上你追我赶，无不争先恐后。人类总价值的改变，带来了法价值的变化。法律制度不再是自律、节欲的工具，而是保障自由、权利的武器；不再以压制进步为要务，而是以促成发展为鹄。于是，人的欲望分为合法与不合法，人类对自然的征服利用分为合法与不合法，人们无需对法之上的天理、人情做更多的关注。在法的保障调节下，各种人欲，不管合不合理，只要合法，就能得到鼓励，就能一步步变为现实。一二百年以来，人类在物质文明上得到了飞速的发展，创造出令人匪夷所思的辉煌成就。然而，人自身的问题，人与自然的关系问题，似乎并未因器物发达而得到彻底解决，亦未因法脱离了道的束缚、并被奉为不可超越的至上权威，就万事大吉。

或许，法能较好地解决一国之内的人己关系和群己关系，但面对国际、族际的人与人之冲突，从拿破仑战争到两次世界大战，从中东危机到"9·11"恐怖事件，再到伊拉克战争、叙利亚战争，我们反倒看到，高科技的现代武器，能够轻而易举地将人际冲突升级为毁灭性的灾难。"谈笑间，樯橹灰飞烟灭。"对此，法又计将安出？

在人与自然之间，现代文明对资源的巨大需求，已使自然界难以承受，土地结构被破坏、水源枯竭、森林锐减、沙漠扩大、很多野生动植物已经绝种或濒临绝种；全球升温、PM2.5升高，空气污染日渐严重；冠状病毒肆虐，新型肺炎让全世界都无法幸免于难。自然对人类疯狂思想和行为所作的报复，就是让我们失去生存空间，直到无处可逃。"天道无言"，也无情。对此，法又如之奈何？

历史上的中西哲人，大都主张收缩欲望。然而，失去道的约束之后的世人，变得自由起来，哪里还听得进圣贤们的告诫，自以为应当极度发展，自以为用法的方法就能让人欲得到最大限度的满足，坚定并乐观地踏上战天斗地的征服之旅。等到觉得有些不对劲的时候，又好像骑在一只一路狂奔的老虎背上，既不能停下来，又不能跳下来，只得任其一味向前，管它前面是坦途，还是深渊。

行文至此，我仿佛明白了"上帝之笑"的含义。近现代取得的辉煌成就，堪称"前无古人"。但，人与人冲突的方式变化、人与自然冲突的程度加剧，人类生存面临毁于一旦的威胁，真担心会"后无来者"。看到人类自以为聪明的、大胆的、新奇的思和想，终将落得个"搬起石头砸自己的脚"的后果，上帝焉能不笑？

英国著名历史学家汤因比在《人类与大地母亲》一书中说："人类是地球母亲的女儿，可是人类在科学技术上的进步，已经达到了一旦被滥用就足以毁灭地球的地步。因此人类应学会共处，否则就是同归于尽。"故而，小到个人的精致利己主义，大到国家的种族优先主义，即便披上"法"的神圣外衣，也都是背道而驰的；唯有构建人类命运共同体，才是消解人与人、人与自然之间冲突的不二法门。

这，或许就是"道"给予当代人类的重要启示！

2003年12月8日于西南政法大学铁西陋室
2019年3月13日修改于天高鸿苑
2020年5月8日定稿于天高鸿苑

目　录

第一章　道 ... 1

第一节　道家源流 ... 3
一、滥觞：隐居的先行者 ... 3
二、创立：老子与《道德经》 ... 4
三、分离：庄老与黄老 ... 5
四、融合与发展：秦汉新道家 ... 12
五、消隐：汉以后 ... 17

第二节　道论：道家论道 ... 18
一、道是宇宙的本根 ... 20
二、"阴阳和合"是道的运动规律 ... 22
三、"无为"：顺应道的法则 ... 25

第三节　道与理 ... 33
一、道理 ... 33
二、道与理 ... 34

第四节　"道"之我见 ... 38
一、"道通为一"：权威意识 ... 39
二、道即阴阳：和合思维 ... 41
三、道常无为：指导社会、人生的方法论 ... 46

第二章　权威意识与道法传统 49

第一节　道法的概念 51
一、老子的道法观 51
二、黄老学派的道法论 52

第二节　道法执一与王者之法 56
一、道法即王法 56
二、"法权出一"的终极依据 59

第三节　节制欲望与义务本位 62
一、节欲：道法之鹄的 63
二、义务本位之法的表征 68
三、必要的辨析 73

第四节　道法自然与法网宽疏 75
一、理论诠释 75
二、历史见证 78

第五节　小结 80

第三章　阴阳和合与礼法传统 84

第一节　礼法思想的产生及其应用 85
一、"阴阳和合"的哲理化 87
二、"阴阳和合"的法律化 88
三、践行与异化 93

第二节　礼法传统的历史演进 98
一、法律与道德混同 101
二、法律与道德分离 103
三、法律与道德和合 106

第三节　礼法传统的重要表征 117

一、守法与任情 119
　　二、告奸与容隐 123
　　三、平等与差序 126
第四节　小结 130

第四章　无为而治与道术传统 135
第一节　"道术" 137
　　一、早期道家之"道术" 138
　　二、黄老道家之"道术" 141
　　三、道法家之"道术" 146
　　四、道术简论 152
第二节　"治人""治法"与"人治""法治" 156
第三节　内圣外王与治人传统 159
　　一、从内圣外王到王而成圣 159
　　二、"治人"传统之成因 162
　　三、治人之术及其在政治法制实践中的运用 170
第四节　"德主刑辅"与治法传统 187
　　一、一明一暗："治法"的方法论 188
　　二、所谓"德主刑辅" 191
第五节　民众法律意识与"无讼"传统 201
　　一、关于"无讼"的儒、道之辨 201
　　二、谦和不争的民族性格 202
　　三、远诉息讼的法律生活 204

第五章　道与中国文化传统 210
第一节　道与中国人的价值观 210

第二节　道与中国人的思维方式 215
　　第三节　道的精神在中国传统文化中的种种表现 216
　　　一、意识形态领域的"理一分殊" 217
　　　二、政治秩序与大一统主义 219
　　　三、反对战争与无兵文化 220
　　　四、经济秩序与重农抑商 221
　　　五、日常生活与俭朴谦让 221

第六章　道与当代中国之治 223
　　第一节　"道法"思维与中国之治 225
　　　一、道法是"合道之法"：以大一统政治为土壤 226
　　　二、道法是"有道之法"：以民本主义为旨归 232
　　　三、"道法"思维的当代启示 236
　　第二节　"礼法"思维与中国之治 238
　　　一、"非礼，是无法也"：礼为法提供指导 238
　　　二、"明刑以弼教"：法为礼提供保障 242
　　　三、礼法思维的当代启示 246
　　第三节　"治法"思维与中国之治 248
　　　一、不同法律形式之间的和合 249
　　　二、不同法律原则之间的和合 254
　　　三、国家法与习惯法的和合 262
　　　四、"治法"思维的当代启示 268
　　　五、结束语 271

后　记 273

第一章　道

本书立论之"道",主要是指道家之道。

道这个问题,连道家始祖老子这样的大哲,也深感说不清楚。他在《道德经》开篇第一句话就说:"道可道,非常道。名可名,非常名。"说得清楚的东西,就不是那永恒不变的常道了。但这并不影响人们对"道"的追求和体感,如斯而为者,也不因此便被人目为狂妄。因为老子还说过:"上士闻道,勤而行之。中士闻道,或存或亡。下士闻道,大笑之,不笑不足以为道。"[1]有识之士完全可以从不同的角度、不同的视点去感受道、理解道。故千百年来,虽得道者寥寥,而从道、乐道、体道者芸芸。

在这芸芸众生之中,在道的广阔视野的观照之下,笔者虽渺小如恒河之沙,却又无法抑止对"道"的向往,渴望通过对道的理解,来理解人生、理解所处身的社会和自然世界、理解道对中国传统文化的影响、理解道对中国法律传统的影响,如此等等。

"道"是先秦道家提出的哲学术语,经其后学的发扬光大,甚至得

---

[1] 《道德经》第四十一章。老子书,传世本称《道德经》,较为通行的有河上公(东汉)、王弼(晋)、傅奕(唐)等注本;1973年,湖南长沙马王堆汉墓出土《老子》帛书甲、乙本,为西汉前期抄本,比传世本可信;1993年,又在湖北荆门郭店楚墓出土《老子》竹简本,为战国中期以前的抄本,比传世本、帛书本更具可信度。本书引用次序:三种版本记载不同或不明时,则竹简本优先,帛书本次之,传世本再次之;三种版本记载相同或意义相近时,则引传世本,取其通俗易懂。引用传世本以"扫叶山房版王弼注本"(浙江人民出版社,百子全书8)为据。

到儒、墨、法诸家思想者的扩展补充，逐渐成为一个关于宇宙观、世界观、人生观的高度抽象概念。要想对之作面面俱到而又准确无误的解析，简直不可能，也不符合道的原意。老子说："有物混成，先天地生，寂兮寥兮，独立而不改，周行而不殆，可以为天下母，吾不知其名，字之曰道，强为之名曰大。"[1]道是恍惚的，视之而不见、听之而不闻、搏之而不得，但又是实存的，它无处不有、无时不在。汉代《淮南子》书中有一句颇具总结性的话，说："道至高无上，至深无下……包裹宇宙而无表里，洞同覆载而无所碍。"[2]因而，道是个大而无外、小而无内的概念，不能用分析的方法去把握，只能靠体验的办法来感受。从知识论的角度讲，道是用内心感悟的方法而不是用分析推理的方法得来的知识。不同的研究者通过自身的体感，完全可能得出不同的研究心得。

虽如是，要研究"道"对中国法律传统的影响，必须先对道有个基本的认识，最好是有全面的把握。当然，这恐非笔者才力所能济，也只有"知其不可为而为之"了。试以"三步曲"来展开这个基础性工作：

首先，"道"是道家提出的概念，自应先了解道家产生、发展、变化的大致源流。

其次，道家学者是怎样论述"道"的。

最后，"道"与现实生活中运用最频繁的"道理"的概念有无联系，有什么样的联系。

有了这三方面的知识，才谈得上对"道"的体会认识，才能在自己的体会认识的基础上，来考察"道与中国法律传统"。

---

[1]《道德经》第二十五章。
[2]《淮南子·缪称训》。

第一节　道家源流

先秦并无"道家"这一明确概念，但论道者却层出不穷。他们热衷于从天地自然之道来讨论人间世俗之道，却从不以"道家"自居，和儒家、墨家自称儒生、墨者的情形大不相同。①道家这个名字是后来人给他们取的。汉武帝建元、元封之间（前140—前110年），司马谈著《论六家要旨》，将先秦用"阴阳""无为""因循""无名"等概念阐释道的学术流派称作"道家"。②由此及今，"道家"便成了对老（子）、庄（子）、文（子）、列（御寇）等先秦论道者以及秦汉后学约定俗成的称呼。

一、滥觞：隐居的先行者

老子（春秋末期）之前，已有人对道进行专门的讨论，这些人被称为"道者""为道者"。《道德经》中，有五处提到"古之道者"（第二十三、二十四、三十一、六十五、七十七章），他们是道家的先行者，又被称为"隐者"。《庄子·天下》篇中也说："古之道术有在于是者，关尹、老聃闻其风而说（通'悦'）之。"说明早在老子之前，已有人专门研究、谈论"道"的问题。

如果以"信古"的治学方法对待神话时代的史实，那么，尧、舜之时就出现了隐者。他们的性格十分清高，五帝想与之交友、三皇欲拜之为师，都没门儿。③石户之农、巢父、北人无择、子州支伯、善卷、

---

① 先秦时，儒家、墨家有严格的师承关系、组织形式，成为两大学派，其后学还自相标榜谁是嫡传正宗。如《韩非子·显学》说："世之显学，儒墨也。"又说："孔、墨之后，儒分为八，墨离为三，取舍相反不同，而皆自谓真孔、墨"。

② 《史记·太史公自序》。

③ 《吕氏春秋·慎大览》："五帝弗得而友，三王弗得而师"。

许由、伯成子高等，是他们中间的知名人士，尤以许由的故事流传最广。相传尧请他做九州长官，他听到消息后，竟奔颍水河边，以水洗耳，说是脏了他的耳朵；尧又欲让君位与他，他便逃于箕山隐居。此后还有卞随、务光、伯夷、叔齐、虞仲、夷逸、柳下惠、朱张、少连、蘧伯玉等人，承其风范。

早期的隐者群体，他们不事王侯、不问俗尘，游山川以任情，问天地而求道。虽然各自所处的时代不同，但有一个共同的追求，就是"道"。道的概念，或许在这些人中，就已经提出，只是论述还不甚系统、不够深入。朱熹曾经察觉到这个问题。他说："盖老聃，周之史官，掌国家之典籍、三皇五帝之书，故能述古事而信好之。如五千言，亦或古有是语，而老子传之，未可知也。"[①] 怀疑"道"的言论恐怕是古已有之。

二、创立：老子与《道德经》

老子[②] 降世，以其丰富的人生经历和高超的学识智慧，将道的理论思辨化、系统化，并以五千言《道德经》为形式载体。老子深悟道之博大，自谦地说他对道的感受也是局部的，"道可道，非常（恒）道"，能够说清楚的道，就不是那个永恒的道了。但他对道的论析，以现代哲学的分析性概念着眼，无疑已从本体论、发展观、认识论等方面，作了至今无人超越的精彩论述，使"道"成为一个系统的哲学体系。

由古及今的学者专家，无不对此给予充分的肯定。今世学者张岱年指出："道是老子本体论的最高范畴"，"老子是中国古代哲学本体论

[①] 《朱子大全文集》卷三，《答汪尚书》。
[②] 老子约生于公元前 6 世纪前半叶（前 576 年），晚年归隐，卒年不知，或说其享年 160 余岁，或说 200 余岁。参见《史记·老子韩非列传》；黄钊主编：《道家思想史纲》，湖南师范大学出版社 1991 年版，第 41 页。

的创始者"。① 陈鼓应先生也认为,老子及其道家"在中国历史上第一个建立了系统的宇宙论学说。以后中国思想史的宇宙论无一不从道家那里汲取了大量养料"②。

三、分离：庄老与黄老

老子之后,道家沿着两条线路发展：一是南方的"庄老学派",一是北方的"黄老学派"。

（一）庄老学派

庄老之学是老子道论在南方的延续,以庄子之论最为有名。换言之,庄子及其后学对老子的道论进行了诠释与发明,其学术群体可称之为"庄老学派"。

1. 老子到庄老的联结者

由老子到庄老,中间有两个重要的过渡人物：关尹和列御寇。

（1）关尹。约生活于公元前 6 世纪后半叶到公元前 5 世纪前半叶。《汉书·艺文志》"道家类"著录"《关尹子》九篇",注云：关尹"名喜,为关吏,老子过关,喜去吏而从之"。与《史记·老子韩非列传》的记载大致吻合。可见,关尹是老子的学生。

关尹的学术思想,《吕氏春秋·不二》篇作了点睛之论,说"关尹贵清",即继承发扬了老子的清静无为思想。《庄子》书中常将关尹与老子合称,赞誉二人是"古之博大真人"③,不是没有道理的。

（2）列御寇。即列子,郑国人,约生活于春秋末期到战国前期,

---

① 张岱年：《论老子的本体论》,《社会科学战线》1994 年第 1 期。
② 陈鼓应：《易传与道家思想》,生活·读书·新知三联书店 1996 年版,第 7 页。
③ 关尹的思维方法和言词表达,与老子如出一辙,师承关系非常明显。《庄子·天下》："关尹曰：'在己无居,形物自著。其动若水,其静若镜,其应若响。芴乎若亡,寂乎若清。同焉者和,得焉者失。未尝先人常随人'。"

是关尹的弟子。相传列子家境贫寒，却不愿接受官府赠送的粮食，风骨傲然自清，思想以"贵虚"①为特征，清虚以自守、安贫而乐道，成为老子清静无为思想的重要传人。

关尹、列御寇，以"贵清""贵虚"论道，这一系脉演化为庄老学派。另有春秋战国之交的范蠡②，其思想很可能也是上承老子、下启庄子的重要思想线索。

2. 庄老学派之师承与学旨

庄老学派宗师庄子，名周，蒙（今河南商丘东北）人。据马叙伦《庄子年表》及其他史料考证，其约生于公元前369年，卒于前286年。其言论思想集中见于《庄子》一书。现今流传的《庄子》为晋人郭象删定本，共三十三篇，计内篇七、外篇十五、杂篇十一。书的真伪，学界多有争论，但将之作为反映庄子思想的文献资料，却问题不大。书中多处正面称述《老子》，其中《天下》篇对老子的品德大加赞扬，"可谓至极，关尹、老聃乎！古之博大真人哉！"又说："古之道术有在于是者，庄周闻其风而悦之。"《史记·老子韩非列传》亦称庄子"其学无所不窥，然其要本归于老子之言"。可见庄子之学源于老子，他和他的后学形成了先秦道家的南方一脉。

虽然如此，庄老学派的学术旨趣却与老子有些不同，道家由此得以发展。王夫之说，《庄子·内篇》"虽与《老子》相近，而别为一宗"③。一个"宗"字，表明了道家学说在传承中有了变化，且又自立了门户。在这个门户中，老子自然是要尊重的，不过庄子却后来居上，被奉为宗师。

---

① 《吕氏春秋·不二》，《尸子·广泽篇》。
② 《汉书·艺文志》著录《范蠡》二篇，已佚。《越绝书·外传枕中》有越王勾践与范子的对话，通篇称《范子》，当是《范蠡》之佚文。《范子》云："道者，天地先生，不知老；曲成万物，不名朽"，乃直接引述的《老子》；又云："道生气，气生阴，阴生阳，阳生天地"，与《庄子·田子方》议论阴阳的文字相合。
③ 王夫之：《庄子解·外篇总说》卷八。

该派在思想上，与北方"黄老学派"喜言"刑名法术"的学风大异其趣，他们极其厌恶现实的礼法制度，倡扬自然而然的生活。"天下有常然。常然者，曲者不以钩，直者不以绳，圆者不以规，方者不以矩，附离不以胶漆，约束不以纆索。"① 意指治理社会不用仁义礼智、不用法律，只要能顺应自然，就能收到理想的效果，如此而为，才符合道的要求。"道者万物之所由也，庶物失之者死，得之者生；为事，逆之则败，顺之则成。故道之所在，圣人尊之。"② 制法行政、生活劳作，皆不能脱离道的规则。但俗事约束过多，道的自然精神无法得到全面的体现和落实，最好的办法只有内求于心，于心灵深处追求精神的绝对自由，这就是著名的庄子"逍遥游"。

庄老学派之道，倡发精神的绝对自由主义，对后世宗教生活产生了重要影响。

（二）黄老学派

老子道论在北方延续，衍生出一个与南方庄老学派相对应的学派——"黄老学派"。其大约形成于战国中期，发展于战国末期。当时并无"黄老"的名称，是后来司马迁在写《史记·孟子荀卿列传》时取的名字：

> 慎到，赵人；田骈、接子，齐人；环渊，楚人。皆学黄老道德之术，因发明序其指意。故慎到著十二论，环渊著上下篇，而田骈、接子皆有所论焉。

自此，"黄老""黄老道德之术"，成了对北方道家的特指。黄老道家的

---

① 《庄子·骈拇》。
② 《庄子·渔父》。

思想对后世影响很大。王充说："黄老之家，论说天道，得其实矣。"①

1. 由老子到黄老的联结者

老子生活在春秋末期，离战国中期去时颇久，其间的学术传承，经由了一些重要人物。透过扑朔迷离的史料可知，老子的学生可能有庚桑楚、杨朱等人。他们不是黄老学者，但却启发了黄老学派的产生。

（1）庚桑楚。据《庄子·庚桑楚》记载，庚桑楚"遍得老聃之道"，可能是老子的得意门生，曾在畏垒这个地方推行其师"无为而治"的政治实践。"居三年，畏垒大壤（同"穰"，丰收之意）"，获得成功。其他详情，已无从可考。

（2）杨朱。即阳子居，史书又称阳子、阳生、痒氏、杨子。杨朱是不是老子的弟子，学术界分歧已久。②笔者以为，老子与杨朱间的师承关系是较为明确的。《庄子》书中有多处记载，最能说明问题的则是《寓言》篇：

> 阳子居南之沛，老聃西游于秦，邀于郊，至于梁而遇老子。老子中道仰天而叹曰："始以汝为可教，今不可也。"阳子居不答。至舍，进盥漱巾栉，脱屦户外，膝行而前曰："向者弟子欲请夫子，夫子行不闲，是以不敢。今闲矣，请问其过。"老子曰："而睢睢盱盱，而谁与居？大白若辱，盛德若不足。"阳子居蹴然变容曰："敬闻命矣！"

杨朱欲从师于老子，老子因其骄狂而不收，感叹孺子不可教也。后杨

---

① 《论衡·谴告篇》。
② 主要有三种见解。冯友兰在其《中国哲学简史》（北京大学出版社1996年版）中认为，"老庄皆继杨朱之绪"，把杨朱视为道家始祖。高亨、詹剑峰在《杨朱非道家论》（载《中国哲学》第七辑）一文中认为，杨朱是"春秋战国时期一个独立的学派"。郭沫若在《十批判书·稷下黄老学派的批判》中认为，杨朱是老子的学生。1993年郭店楚墓老子简文的出土，使冯友兰的见解很难继续成立。

朱改变态度，老子始向其传授谦虚谨慎的人生道理。正因如此，杨朱的思想是以道家为支撑的，其人生理念以"全性保真，不以物累形"①为特征，有点类似庄子之追求精神上的绝对自由；其政治立场则是顺应自然，当是老子无为而治的发展。

然则，杨朱的思想体系中已有了名、法思想的萌芽。他曾向老子请教说："有人如此，响疾强梁，物彻疏明，学道不倦，如是者可比明王乎？"老子听了很不高兴，自少不了一顿批评教育。但杨朱所问的这种人，无疑是他的自画像：既习道论，又提倡"响疾强梁"式的明快而威猛的治国方略，还喜好辨析事物的名实关系。因此，杨朱当是最早由道家思想向名家、法家思想转化的思想家，或者说，是以道家思想为本，兼采名家、法家思想的思想家。以道来谈论刑名法术的"黄老学派"，正是在他的启发下而产生。郭沫若先生曾意识到，黄老道家的代表人物之一，"宋钘大约是杨朱的直系吧"②。

2. 稷下黄老道家

即早期黄老道家。大约在公元前375年到公元前265年之间，齐国在都城临淄稷门外设置一个学官，广招天下学人前来交流、讲学，给予丰厚的待遇，赐"上大夫"之位，这些人"不治而议论"③，各自从不同的角度研究讨论学术与治国之术，为田氏政权建言献策，形成开放的学术风气，称为"稷下之学"④。这中间有一批人，专从"道"的角度来讨论政治法律问题，他们不光是称述老子，还称述黄帝，以便将其学术渊源上推得更为久远，好用学有所自、由来已古的旗号，博得世人的信奉，由此形成一个独立的派别，后人将其称作"黄老学派"，

---

① 《淮南子·氾论训》。
② 郭沫若：《十批判书·稷下黄老学派的批判》。
③ 《史记·田仲完世家》。
④ 刘向《别录》云："齐有稷门，齐之城西门也。外有学堂，即齐宣王立学所也，故称为稷下之学。"

又叫"稷下道家"。

稷下黄老道家的代表人物,《史记》中点名的有慎到、田骈、接子、环渊四人。《庄子·天下》将宋钘、尹文视为一个流派,《汉书·艺文志》小说家中列《宋子》十八篇,说"其言黄老意",似可将这两人也归入稷下道家。其他有文献可考的稷下道家人物还有彭蒙、季真、黔娄子、告子、郑长者等人。稷下黄老之学超出了齐国的地域,在韩国为相的申不害深受其影响,其思想以"主术"著称,故司马迁称"申子之学,本于黄老而主刑名"①,此人可视为黄老学派在其他国家的代表人物。

稷下道家人物的著作多已佚失,只能据《庄子·天下》和其他著作中的只言片语来考察。但有两种古籍是稷下黄老学者留下来的较为系统的作品。

一是《黄帝四经》。

1973年,在湖南长沙马王堆三号汉墓出土了帛书《黄帝四经》,包括《经法》《十六经》《称》《道原》四种古佚书,约抄写于汉惠帝至汉文帝初年。经唐兰、李学勤、陈鼓应、余明光等先生考证,认定其系《汉书·艺文志》中所载的《黄帝四经》。其学术流派属黄老道家,没有太大争议,但成书年代,学术界观点不一。②

笔者以为,《黄帝四经》系稷下道家的早期作品,成熟于战国早中期之际。因为司马迁说慎到、田骈、接子、环渊四人,"皆学黄老道德之术",这些人都生活在战国前期到中期,其学必有所本。世之有"老学"当无疑问,但"黄学"也应该在这些人之前或同时都有了,不然从何学起？姑妄推之,当是先有了《黄帝四经》,慎、田等人才有所本,既称述老子之学,又称述黄帝之学,遂有了"黄老道德之术"。

---

① 《史记·老子韩非列传》。
② 有战国前期中期之际说（白奚）,战国中期说（唐兰、余明光、陈鼓应）,有战国末期说（黄钊）以及秦汉之际说。笔者从第一种观点。

二是《管子》四篇。

书中的《心术》《内业》《白心》《枢言》①四篇，学术界公认是稷下道家的作品，只是时间稍晚于《黄帝四经》，当出于战国中期，但究竟出于谁手，学术界尚有争论，有的认为是宋钘、尹文所撰，有的认为是慎到、田骈一脉的作品，有的认为作者不可确定。

3. 黄老新道家

战国后期，学术出现综合之风，中期的庄老和黄老两大学派逐渐走向融合，其融合的特点是庄老学派向黄老学派转化，融合后的道家学派主要表现出黄老特色，以适应当时的政治需要，同时道家自身也将理论与实践结合得更加紧密，在学术上迈上了更高的层次，是黄老道家发展的新阶段。我们将这一时期的道家称为"黄老新道家"。

黄老新道家显现出"综合性"的理论形态，以道论为本，兼采儒、墨、名、法、阴阳家的理论长处。黄老新道家的代表作主要有《文子》和《鹖冠子》。

（1）《文子》。系先秦遗留至今的古籍，是战国末年的黄老学作品之一。《汉书·艺文志》《隋书·经籍志》均有著录。1973年河北定县40号汉墓中有《文子》残简。传世本和竹简本可以互相订正。文子其人，史书记载是老子的弟子②，生活在春秋末年至战国前期。《文子》一书则是战国末年的黄老学者假托文子的名字编著的，是战国中期稷下黄老之学在战国末期的延续和发展，代表了黄老新道家的思想，其特征就是以道为本，博采各家之长。

（2）《鹖冠子》。鹖冠子其人，系战国后期的楚国人，先为武人，后隐居深山，常年戴着野鸡羽毛做的帽子，人称"鹖冠子"。《太平御览》记："鹖冠子或曰楚人，隐居幽山，衣弊履穿，以鹖为冠，莫测其

---

① 《管子》四篇还有一说是《心术上》《心术下》《白心》《内业》这四篇。
② 王充《论衡·自然》认为，文子是老子的正传弟子，如同颜子与孔子一样。

名，因服成号。著书言道家事。"[①]《鹖冠子》一书，为先秦遗著。《汉书·艺文志》"道家类"著作，谓其有一篇；《隋书·经籍志》著录为三卷；唐韩愈撰《读鹖冠子》，谓其有十六篇；今存《鹖》著，为十九篇。经今世学者考证，当成书于战国之末和秦楚之际。[②]内容以道为主导，综合儒、墨、法诸家学说，形成了一个独特的思想体系，是黄老新道家的重要代表作之一。

四、融合与发展：秦汉新道家

秦汉时期，随着国家的统一，学术思想的综合倾向更为明显。道家思想在这一时期也更具包容性。如果说战国末期的黄老新道家的兼采众家之说尚未完全融会贯通，那么此时的道家则已将儒、墨、名、法、阴阳诸家融入"道"的框架内，形成了完整的系统的思想理论。故将其称为"秦汉新道家"。

司马谈在《论六家要旨》所论道家之术，当是对"秦汉新道家"之思想特征的最好总结：

> 其为术也，因阴阳之大顺，采儒墨之善，撮名法之要，与时迁移，应物变化，立俗施事，无所不宜，指约而易操，事少而功多。

儒墨名法思想的系统化，皆晚于老子。老子时期的道学，自然不会也不可能兼采儒、墨、名、法的理论。战国中期的稷下黄老道家，只是向名法思潮靠拢，还谈不上"采儒墨"，甚至与儒、墨学者的关系十分紧张。战国后期的"黄老新道家"，虽已开始吸收儒、墨、名、法

---

① 《太平御览》卷五〇一，引袁淑《真隐传》。
② 参见李学勤：《马王堆帛书与〈鹖冠子〉》，《江汉考古》1983年第2期。另参见谭家健：《〈鹖冠子〉试论》，《江汉论坛》1986年第1期。

的思想，但这种兼容工作毕竟是个渐进的过程，不可能一蹴而就，很难说得上是"采儒墨之善，撮名法之要"，一下子就将他家的精华全学到了手。且司马谈是汉朝人，卒于公元前110年，生年不详，与汉初历史大致相当，又曾向黄子学道论。从逻辑上推论，其所熟悉的，应当是秦汉时期的新道家，其所总结的也应当是秦汉新道家的思想特征。

秦汉新道家没有什么特别突出的代表人物，却有两部集体创作的力著。

1.《吕氏春秋》

《吕氏春秋》是集体创作的成果。秦统一前夕，各国"养士""著书"之风盛行。秦相吕不韦招揽食客三千人，让他们"人人著所闻"，最后将各自所论统筹起来，于秦始皇八年（前239年），编成一部20余万字的书，包括"八览""六论""十二纪"三大部分。

该书著者主张将天道自然无为的哲学思想运用到政治法制实践上，大肆宣扬天道"执一""不二""天圆地方"的主张，这与此时的政治军事局势是紧密相连的。当是时，秦已攻取韩、魏，并击溃了赵、楚、魏、燕、韩五国"合纵"的军事行动，统一六国指日可待。吕不韦身为秦相，对如何建设新的统一国家自有他的打算，其主持编写的《吕氏春秋》正是他为统一后设计的政治蓝图：以天、地、人贯通的方法来施政行法，"盖闻古之清世，是法天地。……上揆之天，下验之地，中审之人"。这无疑是"道"的思维方式。

通行的看法是将《吕氏春秋》当作"杂家"著作，主要源于《汉书·艺文志》的分类。仔细推敲，班固的分法有欠妥之处：既然是"杂"，何以成一家之说？既然是"家"，就不能只是杂采他说而无创见。质疑的意见，早有人提出，笔者同意将《吕氏春秋》纳入新道家的范畴。因为，新道家兼采儒、墨、名、法、阴阳诸家之长，称得上"杂"；又以道为统率，将其理论系统化，其中不乏创新之见，称得上"家"。江瑔在《读子卮言》中分析得很有道理："其得道家之正传，而所得于道家亦较诸家为独多者则惟杂家，盖杂家者道家之宗子，而诸家皆道家之旁支也。惟其学虽本于道家，而旁通博综，更兼采儒墨名法之说：故世名之曰杂家。此不过杂采诸家之说以浚其流，以见王道之无不贯；而其归宿固仍在道家也。"①

基于上述理由，本书在梳理道家渊源时，更愿意将《吕氏春秋》视为秦汉新道家的早期代表作。

2.《淮南子》

《淮南子》为西汉淮南王刘安及其门客苏非、李尚、伍被等著。分内外篇，内二十一篇论道，外三十三篇杂说。书中以道家思想为主，糅合了儒、法、阴阳家的思想。《汉书·艺文志》列为杂家。但按司马谈对道家特征的界定，亦应归入道家为宜，是秦汉新道家具有总结性意义的学术集成。

《淮南子》的道论是非常系统的，堪谓集道家之大成。道家天、地、人和合统一的综合性思维方式，在书中得到了成熟而完善的表达：

> 昔者五帝三王之莅政施教，必用参伍。何谓参伍？仰取象于天，俯取度于地，中取法于人。乃立明堂之朝，行明堂之令，以调阴阳之气，以和四时之节，以辟疾病之灾。俯视地理，以制度量，察陵陆、水泽、肥墩、高下之宜，立事生财，以除饥寒之患。中考乎人德，以制礼乐，行仁义之道，以治人伦而除暴乱之祸，乃澄列金木水火土之性。故立父子之亲而成家，别清浊五音六律相生之数，以立君臣之义而成国，察四时季孟之序，以立长幼之礼而成官。此之谓参。制君臣之义，父子之亲，夫妇之辨，长幼之序，朋友之际，此之谓五。乃裂地而州之，分职而治之，筑城而居之，割宅而异之，分财而衣食之，立大学而教诲之，夙兴夜

---

① 江瑔：《读子卮言·论道家为百家所从出章》。

寐而劳力之。此治之纲纪也。①

可以说，中国古代政治法律实践，自汉以后莫不遵从天、地、人和合的思维定式，从思想深处考究，是受了道家思辨理论的影响，但历史却将其思想渊源转嫁到儒家头上，这种学术误会是需要辨明的。

3. 其他人物、著述

秦始皇亲政后（前238年），并未信奉吕不韦为他设计的政治理论，反倒于公元前237年将他免职，转而推行法家理论。由此以往直到公元前207年秦朝灭亡，道家黄老之术没有得到实际的运用。汉朝建国之初，情况发生大的改变。张杰在《读陆贾〈新语〉》中说："汉初，惩于秦亡法治，察乎周之德化，为礼为法，皆有流弊，于是高祖左右（张良、萧何、曹参等）……皆推本黄老之术，而贵清静无为。"道家理论变得吃香起来，研究学习者如潮而至，学以致用者蜂拥而来，秦汉新道家有了庞大的队伍。

（1）萧何、曹参。汉初大臣，推道家无为而治的思想，政绩突出，史有"萧规曹随"的佳话。

（2）陆贾及其《新语》。汉初政论家，从高祖定天下。著《新语》十二篇，以《道基》为第一篇，强调"道"的指导作用，提倡无为而治，将儒学中的仁、义、礼、乐纳入"道"的框架之中，"握道而治，据德而行，席仁而坐，杖义而强，虚无寂寞，通动无量"。传统见解以之为儒家著作，实际上是秦汉新道家的早期代表作之一。

（3）盖公。《史记》记盖公"善治黄老言"，曹参做齐相国时，曾厚币向他请教，在其帮助下，用黄老清静之道治齐，九年而大见成效。②盖公的师承为："河上丈人教安期生，安期生教毛翕公，毛翕公教乐瑕公，乐瑕公教乐臣公，乐臣公教盖公。盖公教于齐高密、胶西，

---

① 《淮南子·泰族训》。
② 《史记·曹相国世家》。

为曹相国师。"上溯到河上丈人，就搞不清楚了，司马迁便用"不知其所出"①一句话打住。

（4）汲黯。汉初道家人物之一。《史记·汲郑列传》载："黯学黄老之言"。武帝时任东海太守，以清静之道行政。"治务在无为而已，弘大体，不拘文法"。在东海取得良好的政绩，世人称颂不已，又得皇帝提拔，官列九卿之位。此人生性耿直，眼看公孙弘、张汤等人靠揣摩上意，升官上位太快，便对汉武帝说："陛下用群臣，如积薪耳，后来者居上。"②意即皇上用人像堆柴禾一样，先来的放在下面，后来的反倒放在上面。"后来居上"即由此而来。

（5）杨王孙。汉初道家人物之一，"学黄老之术"，著《裸葬论》，反对当时的厚葬风气。③详细事迹无史可考。

（6）窦太后。汉文帝的皇后，喜好黄老之术，是汉初推行道家理论的一个特殊人物。史载她"不说（悦）儒术"，对儒学持论者进行打击报复。辕固生为儒经博士，窦太后问他对《老子》这本书怎么看，辕固说："此家人言耳。"太后听了大为光火，令其在圈内与野猪搏斗，几乎丧生。她做了23年皇后、16年皇太后、6年太皇太后，前后45年，大力提倡黄老之学，"窦太后好黄帝、老子言，帝（景帝）及太子（武帝）、诸窦，不得不读黄帝、老子，尊其术"④。对道论的发展起到了极大的促进作用。

（7）司马谈。曾向黄子学习"道论"，官至太史令，著《论六家要旨》，率先提出"道家"的概念，对道家理论推崇备至。"道家无为，又曰无不为。其实易行，其辞难知。其术以虚无为本，以因循为用。

---

① 《史记·乐毅列传》。今世学者王明先生考证，河上丈人实有其人，生活于战国末，隐居河滨，自匿姓名，后世道学者托其名而作《老子河上公章句》，为《老子》三大古本之一。参见王明：《道家和道教思想研究》，中国社会科学出版社1984年版，第293—323页。

② 《史记·汲郑列传》。

③ 《汉书·杨胡朱梅云传》。

④ 《史记·外戚世家》。

无成执，无常形，故能究万物之情。不为物先，不为物后，故能为万物主。有法无法，因时为业；有度无度，因与物合"。

（8）司马迁。著名史学家，思想中有明显的道家倾向。其父司马谈临终前声泪俱下地对他说："无忘吾所欲论著矣！"司马迁承继父业，完成《史记》一书，是我国最早的纪传体通史。书中的学术观点，班固曾评价为"是非颇谬于圣人，论大道则先黄老而后六经"。[①]

五、消隐：汉以后

汉武帝"罢黜百家，独尊儒术"后，道家作为学术群体，逐渐消解。《汉书·儒林传》：

> 窦太后崩，武安君田蚡为丞相，黜黄老、刑名百家之言，延文学儒者以百数。

可见，当时被官方用行政力量进行压制的，道家首当其冲，是头号打击对象，其他各家尚在其次。此后，道家的学承，再也没有明显的组织载体，但其学旨并未因此而消失，而是隐入了社会的方方面面。笔者以为，大约有四条途径：

一隐于官。历代政治生活中，无不标榜以儒学治国，实则都是搞的阴阳两手，"外儒内法"，"霸、王道杂之"才是"汉家法度"的一贯特质，这种对立统一的思维方式来源于道家。又，道家强调天道执一，对加强君主专制集权大有帮助，历朝统治者莫不讲"奉天承运"，莫不以天道来喻证其政权的合理性，其运用堪称频繁，只是大家都不说是用的道家理论而已。王夫之于此有所察觉，他说："于老庄则远之惟恐

---

① 《汉书·司马迁传》。

不夙,于申韩则暗袭其所为而阴挟其心。"①

二隐于学。魏晋玄学、宋明理学,承袭了道家的宇宙论、本体论的思想成果而又有发展,从某种意义上讲,视之为道家余绪亦无不可。

三隐于教。东汉以降,道教兴之于世,其仪式组织层面的知识系统多源于巫文化,但其理论层面的知识体系,则多源于道家。佛教中的禅宗,也饱含了道家思想的神韵。"禅宗是中国佛教的一支,它真正是佛学和道家哲学最精妙之处的结合。它对后来中国的哲学、诗词、绘画都有巨大的影响。"②

四隐于民。民众生活中,到处都有道家的思想智慧的闪光。祸福相倚、物极必反、贵和有度的思维方法,顺应自然、随遇而安的行为准则,抱朴守真、崇尚自然的价值取向,抑奢崇俭、和家兴业的生活信条,以柔克刚、谦虚不争的处世之道,淡泊名利、修身养性的人生追求,如此等等,无不与道家思想息息相关。

综之,道家思想对后世生活产生了既深且广的影响,中国文化的方方面面,无不有"道"的精神闪烁其间。只不过因其未取得官方正统地位,人们虽然无时无处不在运用道家的理论、学说和方法,但却不知道运用的是"道"。这就是《易传·系辞》所说:

> 一阴一阳之谓道,……百姓日用而不知。

第二节　道论:道家论道

"道论"是指阐发"道"的概念、实质及种种相关问题的言辞和论

---

① 王夫之:《姜斋文集·老庄申韩论》。
② 冯友兰:《中国哲学简史》,北京大学出版社1996年版,第182页。

述，有广义、狭义之分。

先秦诸子，都是论道的。汉代司马谈在《论六家要旨》中说："夫阴阳、儒、墨、名、法、道德，此务为治者。"① 各家立论虽有不同，但都是为了寻求治国救世之道。所以南怀瑾说："在秦汉以前，现在所谓的'道家'与孔孟之学的所谓'儒家'，原本没有分开的，统统是一个'道'字。"② 秦汉以后的学人士子，也是论道的，有两汉儒生之所谓道，有魏晋南北朝谈士之所谓道，有唐代韩愈、李翱之所谓道，有宋明理学家之所谓道，有清初颜元、李塨之所谓道。③ 各时代对道所发之议论，乃广义的"道论"。

严格地讲，最早提出"道"的概念，且以"道"来阐释宇宙生成、社会发展、人生变化等问题的，当属道家。"道论"一词，至少在汉初已通行，专指先秦以来的道家学说。《淮南子·要略》说："道论至深，故多为之辞以抒其情"。《史记·太史公自序》中介绍司马迁之父司马谈的学术渊源时，也提到"道论"。"太史公学天官于唐都，受易于杨何，习道论于黄子。"道家对道的论述，才是严格意义上的或者说是狭义的"道论"。故张舜徽先生说得十分肯定："'道论'二字，可以说是'道家理论'的简称。"④

笔者所欲做的，是要转介道家对道的理解释读，即狭义的"道论"。不过，要想把两千年前的人和思想介绍给今人，实在是件难事。

"道"的原初含义是道路的意思，后引申为事物从起点达到终点所须经由的过程、步骤和所须遵循的规则、规律。老子在此基础上，对道作了系统的论证和理论提升，使之成为高妙的哲学概念。道家后学亦进行了多角度的论述，使道的含义更加丰广。归纳起来，道家人物

---

① 《史记·太史公自序》。
② 南怀瑾：《老子他说》，复旦大学出版社2002年版，第5页。
③ 张舜徽：《周秦道论发微》，中华书局1982年版，第30页。
④ 张舜徽：《周秦道论发微》，中华书局1982年版，第2页。

对道的论述，主要是从以下三方面来展开的。

一、道是宇宙的本根

老子说："有物混成，先天地生，寂兮寥兮，独立而不改，周行而不殆，可以为天下母，吾不知其名，字之曰道。"[1] 在天地未有之前，道已存在，所以它是宇宙所自由来的本体。近现代以来的学者大都认为是老子最早将"道"作为宇宙的本体。熊铁基先生说："道家之道，被认为是宇宙的本体，这个最高的哲学范畴，是老子第一个提出来的。"[2]

笔者在前述中曾作推测，以为"道"的字面概念可能在老子以前已经提出，但将之系统化进而上升为宇宙本体的概念，则以老子为先。李泽厚先生也说过："有关天道的观念在中国古代由来已久，但在《老子》这里终于得到了一种哲学性质的净化或纯粹化。而这正是《老子》之所以为《老子》。"[3]

商周以前，神权思想在意识形态领域占据主导地位，人类的思维能力很难脱离神的樊笼，对宇宙本源的追问，只需用"神造万物"这样简单的答案，就可画上句号。但自商周以来，神权思想发生动摇，人类开始怀疑鬼神、天命的存在。既然不存在神灵，那么宇宙万物又是如何生成出来的呢？人类便有了进一步的追问。老子的"道"，是对这种问题给出的无神论式、思辨式的回答。正是基于此点，法国汉学家戴密微也承认，老子及后来庄子的思想是"对世界的起源、结构及其存在原因的哲学思辨"[4]。

---

[1]《道德经》第二十五章。
[2] 熊铁基：《秦汉新道家略论稿》，上海人民出版社1984年版，第4页。
[3] 李泽厚：《中国古代思想史论》，人民出版社1986年版，第92页。
[4] 戴密微：《道家的迷》，吴天岳译，《楚辞研究集成·海外篇》，湖北人民出版社1988年版，第210页。

老子之后的道家分离期，无论是南方的庄老派，还是北方的黄老派，都对"道"作为宇宙本体的问题做了不同视角的探究和论述。

《庄子》书中，把"道"作为产生世界万物的本体：

夫道有情有信，无为无形；可传而不可受，可得而不可见；自本自根，未有天地，自古以固存；神鬼神帝，生天生地；在太极之先而不为高，在六极之下而不为深，先天地生而不为久，长于上古而不为老。①

在庄老学派看来，道是只可感觉而不可把握却又"自古以固存"的客观实体，是"生天生地"生万物的终极源头。

黄老学派同样不能抛弃道为宇宙本源的学术宗旨。换言之，是否坚持道为宇宙本体的原则，也是区分人物著述是否为道家流派的首要特征。

《黄帝四经·道原》："万物得之以生，百事得之以成。人皆以之，莫知其名；人皆用之，莫知其形。"

《管子·内业》云："道无根无茎，无叶无荣，万物以生，万物以成。"

黄老学派不但将"道"看作是万物生成的本根，而且抛出一个与道互换的概念——"精""精气"。《管子·内业》又讲："凡物之精，此（化）则为生。下生五谷，上为列星。流于天地之间谓之鬼神，藏于胸中谓之圣人。"意指精气也是万物本原。于此，"道"等同于"精气"。这个命题，是黄老道家对老子思想的重要改造，从而在中国思想

---

① 《庄子·大宗师》。

史上开创了精气一元论的先河。

秦汉新道家从本体论的角度对"道"所作的论述，比以前显得更好理解一些。

《吕氏春秋·太乐》说："道也者至精也，不可为形，不可为名，强为之（名），谓之太一。""万物所出，造于太一，化于阴阳"。是说道又叫"太一"，乃万物所自由出。由本体之道，可演绎出种种具体之道：有道理之道，有道德之道，君有君道，臣有臣道，有"全性之道"，有"谨养之道"，有为学之道，有用兵之道，甚至吃东西也有"凡食之道"。

《淮南子》专辟《原道训》，几乎是从思虑所能及的各个方面，来论证道是宇宙之本体，万物之本原：

> 夫道者，覆天载地，廓四方，柝八极，高不可际，深不可测，包裹天地，禀授无形；原流泉浡，冲而徐盈；混混滑滑，浊而徐清。故植之而塞于天地，横之而弥于四海，施之无穷而无所朝夕，舒之幎于六合，卷之不盈于一握。约而能张，幽而能明，弱而能强，柔而能刚。横四维而含阴阳，宏宇宙而章三光。甚淖而滒，甚纤而微。山以之高，渊以之深，兽以之走，鸟以之飞，日月以之明，星历以之行，鳞以之游，凤以之翔。

二、"阴阳和合"是道的运动规律

道家在老子阶段，已基本上用阴阳的范畴阐明了事物生成、发展、变化的根本规律。从生成论上讲，万物皆是道运动而产生的结果。"道生一，一生二，二生三，三生万物。"[①] 从辩证法的角度讲，万物都是在

---

① 《道德经》第四十二章。

阴阳两极的对立统一中运动发展，阴极则至阳，阳极则至阴，阴阳平衡打破之时，也是事物灭亡之日。"万物负阴而抱阳，冲气以为和。"①从发展观而言，事物从哪里来，必将回到哪里去，万物由道生成，最后又回到道，这是无法抗拒的自然规律——"常"，所以道的本质是"一"，来于一途又归于一途。"夫物芸芸，各复归其根，归根曰静，是谓复命，复命曰常。"②因此，阴与阳的对立统一，是万事万物都不可能逃离的运动法则，同时也是道的运动规律作用于事物的结果。

朱伯崑先生说："老子的阴阳学说在战国时代起了很大的影响，道家老庄学派和黄老学派都以阴阳范畴说明万物的性质及其变化的过程。……战国中期和前期，阴阳学说是由道家倡导起来的，而儒家的代表人物，从孔子到孟子都不讲阴阳说。"③

庄学对阴阳学说的发展，主要表现在以"气"释"道"、以"阴阳"释"气"。"阴阳者，气之大者也，道为之公。"④《庄子》一书认为，"道"以"气"为表现形式，气又可分为阴阳两大类，万物的化生都是阴阳二气交互运动的结果。"至阴肃肃，至阳赫赫。肃肃出乎天，赫赫出乎地，两者交通和，而物生焉。"⑤如果采用更简单的话语来诠释庄子的"道论"，可以设想我们已超越两千多年的时空，而有幸向这位著名的思想家发问。首先问："这世界从哪里来？"庄子会答："道"。再问："怎样从道那里生成变化而来？"再答："阴阳交合！"

黄老学派对阴阳学说更为重视，可以说，道家的阴阳观在黄老一派中发展到了高峰。《黄帝四经》中，"阴阳"并提47见⑥，可见其对阴阳概念的重视程度。黄老道家将阴阳和合作为事物变化发展的内在

---

① 《道德经》第四十二章。
② 《道德经》第十六章。
③ 朱伯崑：《易学哲学史》上册，昆仑出版社2005年版，第二章"易传及其哲学"。
④ 《庄子·则阳》。
⑤ 《庄子·田子方》。
⑥ 参见陈鼓应：《易传与道家思想》，生活·读书·新知三联书店1996年版，第178页。

动力,在其代表著作中多有反映。《十六经·果童》说:"两若有名,相与则成。阴阳备物,化变乃生。"意指天地万物的生存演变,都是"阴""阳"两种质素相互作用形成的。甚至整个《黄帝四经》的分析论证,都是在"阴阳"观的指导下来展开的,用现代语言表述,就是用对立统一的综合性思维方式来思考分析其论题。

尤需在这里提及的是,黄老道家还将阴阳论由自然界推到社会、政治、人事、秩序的安排上。"凡论必以阴阳囗(疑为'明'字)大义,天阳地阴,春阳秋阴,夏阳冬阴,昼阳夜阴,……主阳臣阴,上阳下阴,男阳女阴,父阳子阴,兄阳弟阴,长阳少阴,贵阳贱阴。"[①]这种立论方法,对中国的和合文化传统,以及法制领域中礼法并用、德刑兼施的法文化传统产生了难为后人察觉却又至深至远的影响,此问题将在后文详述。

秦汉新道家在论析阴阳学说时,一方面继承了老庄的本体论、黄老的精气说,另一方面又吸收了"易学"的一些思想成分,使道家的这一理论变得更为丰实。

《吕氏春秋·太乐》云:"太一出两仪,两仪生阴阳,阴阳变化,一上一下,合而成章。浑浑沌沌,离则复合,合则复离,是谓天常。……万物所出,造于太一,化于阴阳。"这里的"太一",出自《庄子·天下》"主之以太一",即老子的"道"。"两仪"则出自《易传·系辞》:"易有太一,是生两仪。两仪生四象,四象生八卦。"可见《吕氏春秋》的阴阳学是老庄与易学的复合物,仍以阴阳分析事物成长的过程。

《淮南子》对阴阳论的论说更为详细。"道始于虚霩,虚霩生于宇宙,宇宙生气,气有涯垠。清阳者薄靡而为天,重浊者凝滞而为地,清妙之合专易,重浊之凝竭难,故天先成而地后定。天地之袭精为阴

---

① 《黄帝四经·十六经·称》。

阳，阴阳之专精为四时，四时之散精为万物。"① 可见是上承老子之道，发扬黄老的精气说，借鉴易学的四象、四时说等，将天地万物在阴阳的运动中变化发展的规律作了细微的描述，甚至连天地形成的先后时间也不忘专门提上一句。

三、"无为"：顺应道的法则

（一）老子论"无为"

老子认为，道是人类不能违抗而只能顺应的总法则。人类为天地所生，天地万物为道所生，人应当效法天地之法则，进而效法道的法则生活。"人法地，地法天，天法道，道法自然。"② 怎样才能效法道呢？"无为"。

在老子看来，"无为"是认识道、顺应道的最好方法。一般人以为，"无为"就是无所作为，啥都不干。其实，老子的"无为"，是要求人将欲望与行为控制在适度的范围内，如"俭""慈""不为天下先""不争""知足""知止""知常"等，便是"无为"的行为特征，并非什么都不做，而是要为而有度，为而有方。

从认识论上讲，无为就是要收敛欲望，消除成见、偏见，才能洞察事物的本质，"无为以体道"。道所蕴含的自然法则玄妙难懂，只能在无知无欲的状态下才能体察、认识、掌握。如"反者，道之动。弱者，道之用"③。任何事物都有其对立面，大对小、强对弱、有对无、多对少、雄对雌、刚对柔、富贵对贫贱、荣耀对耻辱。事物的对立面又会在统一中发生相对转化，强者充满危机，因为强到极点，就会向弱的对立面转化；弱者却充满生机，因为弱可以向强的对立面转化。但

---

① 《淮南子·天文训》。
② 《道德经》第二十五章。
③ 《道德经》第四十章。

是，人类在生活中，由于欲望的支配，总是喜欢有、强、大、多、雄、刚、荣的一面，不喜欢无、弱、小、少、雌、柔、辱的一面，这是人之常情，却不符合道的要求，也无法认识事物的本质。老子提醒世人：无、弱、少、小的一面也有它的用处，亦应寄予相应的重视。"三十辐共一毂，当其无，有车之用。埏埴以为器，当其无，有器之用。凿户牖以为室，当其无，有室之用。故有之以为利，无之以为用。"[①]要做到这一点，必须减少欲望，用无为之法方可求得。后世学者以此将老子思想特征归纳为"贵柔尚雌"，应该说是准确的，但这并不等于老子就忽视刚、雄的一面，因为后者为世人所热衷、追求，所以没有必要作专门的强调。

从实践论上讲，"无为"通"无违"，即不要做出违背道的规律和法则的行为，像这样考虑问题和调节行为，才能与道的精神相合，才能维持天、地、人之间的合理秩序。在人的灵魂与肉体之间，欲望的过度膨胀会伤及身体；在人与人之间，此部分人的过度行为，如纠纷、战争，将打破其与彼部分人间的对立平衡；在人与自然之间，人类的过度行为，如无限地攫取资源、移山填海、制造高能量的科技产品等，将破坏人与自然的和谐关系。道为万物之源，其规律表现为阴阳交合，非人力所能改变，因此，在灵肉之际、人人之际、天人之际，人们以"有为"的态度处理，就会重此而轻彼，甚至舍此而取彼，以致打破各种关系之间的平衡。正确的态度是"无为"，不违背道所彰示的规律法则，全面地认识和对待事物，即老子所说的"容"，使各种关系的平衡得以维持，才能与天地共长久。"知常容，容乃公，公乃王，王乃天，天乃道，道乃久，没身不殆。"[②]

上述表明，老子的"道论"通过"无为"的方法论，由高妙玄虚

---

① 《道德经》第十一章。
② 《道德经》第十六章。

变得运思可感、伸手可触，由天地之空阔落实到人间之世俗，是由自然之道推及人事的学说，并非习见所谓的消极遁世之学，其知识结构如图1.1：

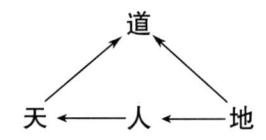

```
        道
       ↗ ↖
      ↗   ↖
   天 ← 人 ← 地
```

图1.1　道—天—地—人关系示意图

由于天地是没有意志的，反倒能自发地遵循道的规律运行，"天地不仁，以万物为刍狗"①。人是有灵之物，欲望是难免的，欲望的膨胀又导致行为的张扬，常常做出些背道而驰的举动，非"无为"莫以矫其正。"为学日益，为道日损。损之又损，以至于无为，无为而无不为。"② 概言之，老子的道，其目的在"秩序"，其方法在"无为"，用节欲自律的方法达到万物有序的目的，亦可图示如下：

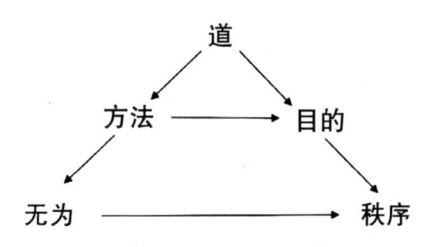

```
         道
        ↙ ↘
     方法 → 目的
      ↓     ↓
     无为 → 秩序
```

图1.2　道之社会功能示意图

（二）庄老论"无为"

庄子继承了老子的无为思想，却未将其推于政治法制层面，所采态度是消极的，表现出法律虚无主义的倾向。《庄子·在宥》说："故君子不得已而临莅天下，莫若无为。无为也，而后安其性命之情。"意

---

① 《道德经》第五章。
② 《道德经》第四十八章。

思是如果不得已而做了天子，最好是用无为的办法去治理天下，听任老百姓之自然，使人人心情安定，天下自然太平。反对用政刑法制、仁义礼智的手段去治理。在《天地篇》中还举例说，远古的统治者就是采用的"无为之治"，以致道德风气良好、民众丰衣足食、社会秩序稳定。①

但是，《庄子》一书中又提出"天道无为，人道有为"、"君道无为，人道有为"的思想。如《至乐》篇中说："天地无为也而无不为也；人也，孰得无为哉？"强调天道与人道有不同，又以天道、人道分别比拟君道、臣道，所以君道和臣道也应有不同，如果混同就会出乱子。"上无为也，下亦无为也，是下与上同德，下与上同德则不臣。下有为也，上亦有为也，是上与下同道，上与下同道则不主。"正确的方法是"上必无为而用天下，下必有为而为天下用"。②这实际上是将道家无为思想由消极转化为积极，体现了战国中期以来成长起来的新兴地主阶级的进取精神，同时也为新时期的君臣关系设计了新的模式，以适应专制主义中央集权的政治需要。这些思想，似与其整个思想体系不符，可能是庄子后学因受了北方黄老道家的思想影响形成的新思潮，又以文献的形式杂入《庄子》书中。

（三）黄老论"无为"

黄老学派将老子的无为思想引入政治法制层面，所采的态度是积极的。我们说"道"对中国法律传统产生深远影响，主要是通过这条路径实现的。

1. 《黄帝四经》之论

《黄帝四经》认为，道是客观世界的总规律，"无为"就是要求人

---

① 《庄子·天地》："玄古之君天下，无为也，天德而已矣。……古之畜天下者，无欲而天下足，无为而万物化，渊静而百姓定。"

② 《庄子·天道》。

类遵循道而不能违背道，其所谓"执道""抱道"，都是这个意思。

在政治法制层面，"无为"就是要求人定法的产生、存在、变化要以道为依据而不得有违，由此制定的法律，谓之"道法"。《十六经》中有《道法》篇，专讲刑名法治。在这里，黄老学者提出一个著名的命题："执道生法"。

> 法者，中（佐）得失以绳，而明曲直者也。（故）执道者，生法而弗敢犯也。①

在法律与道德之间，"无为"要求人类服从道的阴阳和合规则，刑为阴、德为阳，阴阳要结合，法律和道德也应当结合。这是黄老学者提出的又一个著名的命题："刑德相养"。

> 顺天者昌，逆天者亡。毋逆天道，则不失其守。凡谌之极，在刑与德。刑德皇皇，日月相望，以明其当。望失其当，环视其央（殃）。天德皇皇，非刑不行。缪（穆）缪（穆）天刑，非德必顷（倾）。刑德相养，逆顺若成。刑晦而德明，刑阴而德阳，刑微而德章。②

《黄帝四经》的这两个命题，为后世帝制时代皇帝独掌立法权——"法自君出""法权出一"——的立法体制，以及道德与法律合一的伦理法传统，提供了理论依据。传统学见以为，法自君出的理论源于法家，德法并用的理论源出儒家，看来还有再探讨的必要。

2. 慎到、田骈之论

慎到、田骈作为稷下黄老道家的重要代表人物，以"无为"为前

---

① 《黄帝四经·十六经·道法》。
② 《黄帝四经·十六经·姓争》。

提，将道家思想和法家思想结合起来，他们提出"齐万物以为道"[①]的观点，认为人类的一切行为皆不能离开道的准则，包括法制。

法是从属于道的，根据道的原理创制，亦据道的原则而变化。基于此，慎到接着《黄帝四经》提出的"执道生法"的命题之后，提出了"以道变法"的命题。"治国无其法则乱，守法而不变则衰，……以死守法者，有司也。以道变法者，君长也。"[②]田骈因提倡"道术"而闻名，其主张"变化应求（来）而皆有章，因性任物而莫不宜当"[③]，以期达到"无政而得以得（为）政"的"无为而治"的境界。稍后的荀子将他们二人视为同一流派，"尚法而无法……是慎到、田骈也"[④]，也就是后世学者所说的"道法家"的早期代表人物。白奚先生在《稷下学研究》一书中说，慎、田二人"在道法结合方面对黄老之学做出了重要贡献"，尤其是慎到，乃道法之转关，是道家理论向法制理论转化的关节点。[⑤]

另须注意的是，将道家之"道"向"术"的方向引申，恐怕最早也是出于慎到。可以想见，慎到等黄老学者，在齐国享受着十分优厚的待遇，又不从事具体事务，整天住在学宫的"高门大屋"里，"不治而议论"，多少也得给齐国的统治者出点主意吧！司马迁说这些人已不同于特立独行、自命清高的早期道者，其心态是"曲意阿世""苟合而已"，其目的是要巴结权贵，"各著书言治乱之事，以干世主"[⑥]，自不免要搞出一套统治术来讨齐王的欢心，遂把老子之道改造为"君人南面之术"[⑦]。

[①] 《庄子·天下》。

[②] 《慎子·逸文》。

[③] 《吕氏春秋·执一》。

[④] 《荀子·解蔽》。

[⑤] 参见高定彝：《老子道德经研究》，北京广播学院出版社1999年版，第32—33页。

[⑥] 《史记·孟子荀卿列传》。

[⑦] 詹剑峰先生在《老子其人其书及其道论》中就说：大概把老子之学说成"君人南面之术"，是从慎到之徒开始的。参见高定彝：《老子道德经研究》，北京广播学院出版社1999年版，第32页。

3.《管子》四篇之论

《管子》四篇将"无为"概括为一个"因"字。既然道的权威、规律无法抗拒、无法违背,与其被动地顺应,不如主动地因循,"因也者,舍己而以物为法也。感而后应,非所设也;缘理而动,非所取也"①。认识、对待事物要排除主观成见和偏执,所谓"缘理而动",就是强调依循事物的规律来处置自己的行为。道家思想于此由消极转向积极。

作为新兴社会阶层的代言之作,《管子》四篇用"无为"的方法论为当时的变法热潮寻求理论依据,发扬了《黄帝四经》中的"道生法"的思想,指出"法"的终极依据就是"道"。"故事督于法,法出乎权,权出乎道。"② 法是调整社会事务和人的行为的规范,来源于人对得失利害的权衡,人的这种权衡则是以道为根据的。

沿着"无为"的思路,《管子》四篇将稷下道家"道术相通"的工作做得更加细致,其《心术》上、下两篇,专讲这个问题。君主控制臣下,要用"无为"的办法,不必亲自代替臣子做什么工作,臣下的积极性和聪明才智才能得到发挥,为君主所用,这就叫"君无为,臣有为"。就像马夫不必代马奔走,养鸟的人不必代鸟奋飞是一样的道理。更为重要的是,无为可以让臣子莫测君主之高深,"不出于口,不见于色",臣子既不能投其所好,又不能抓住弱点,只好乖乖地听从指挥。"人主者立于阴,阴则静。故曰:动则失位,阴则能制阳矣,静则能制动矣。"③ 实际上是在教君主如何躲在阴暗角落里玩弄政治权术。这种"术治理论",对韩非的"法术势"理论有直接影响,进而成为帝制时代政治法制实践中的一种思想暗流。

---

① 《管子·心术上》。
② 《管子·心术上》。
③ 《管子·心术上》。

4. 黄老新道家之论

战国后期的黄老新道家，对"无为"的论述更加积极。《文子》曰："所谓无为者，非谓其引之不来，推之不去，藐尔不应，威而不动，滞而不流，卷而不握"，而是"不先物为也"，即在顺应客观法则的前提下，因势利导、主动去为，这样才能"循理而举事，因资而立功"①。《鹖冠子》的态度更为激进，认为道的力量虽不可违，但"天高而可知，地大而可宰"，只要顺应自然规律，就能探知事物的奥秘。"道回之，故能知度之；尊重焉，故能改动之；敏明焉，故能判断之。"②

在政治法律层面，黄老新道家坚持"无为而治"的思想，继续阐发稷下道家提出的"道法结合"与"道术相通"这两大命题，成为先秦道家联结秦汉新道家的重要学术脉络。

（四）秦汉新道家论"无为"

秦汉新道家对"无为"的论述更加系统化，可以从两方面来看。一方面是理论上的总结。首先，阐明"无为"绝不是无所作为。《淮南子·修务训》说："或曰无为者，寂然无声，漠然不动，引之不来，推之不往，如此者乃得道之象。吾以为不然。"十分鲜明地表达了作者的见解，与先秦道家较为抽象的措辞风格大为不同。其次，强调遵循规律的重要性。《管子·心术上》所说的"静因之道"，就是要因循事物的客观规律。再次，发挥人的能动性。客观规律虽然不可违背，但能因势利导，也可以适当加以改造，野马虽烈，逐步进行驯化，也可能会变得俯首帖耳，为人所用。③

另一方面是政治法律含义的扩展。秦汉新道家自免不了要谈先学

---

① 《文子·道原》。
② 《鹖冠子·泰鸿篇》。
③ 《淮南子·修务训》："夫马之为草驹之时，跳跃扬蹄，翘首而走，人不能制，……及至圉人扰之，良御教之，……则虽历险超堑，弗敢辞。"

的"道法"和"道术",但并非完全拾人牙慧,而是加入了一些新的内容,使道家学说变成一门成熟的政治法制理论。

第一,吸收儒家的仁礼观来丰富"道法"理论。以前学术界认为先秦儒道是不相融的,现经考古新资料证明,老子时期,道家与儒家并无冲突,是到了后来的黄老学派与孔子后学,双方才发生分歧,竟至互相攻讦。再到秦汉新道家,又出现互融的格局。《吕氏春秋·先己》篇中所说的"无为",就包容了儒家的仁义礼的思想因素。"故反其道而身善矣,行义则人善矣,乐备君道而百官已治矣,万民已利矣。三者之成也,在于无为。"在此,道家的"无为"已糅进了儒家的"仁义"。

第二,用"公私"观念丰富"执道生法"的理论。"若吾所谓无为者,私志不得入公道,嗜欲不得枉正术"[1]。先秦道家说,道是法产生、制定的依据,但对怎样成为这个依据的操作性问题,却谈得很少,让人读后不胜了了,经过这种新的诠释后,就好理解多了。道的价值是立公去私,当然法的价值也应该立公去私,后世立法以集体为法律保护重点,忽视个体权利,走上"义务本位"的路子,在这里,已种下了思想的种子。学治法律史者,不可不辨矣!

第三节　道与理

一、道理

"道"的概念,为先秦道家提出,但其他诸家的学者也常常用来分析问题,只是在使用时的含义却大有不同。儒法诸家主要局限于人际

---

[1] 《淮南子·修务训》。

范畴之内来使用"道"的概念,用来对人类社会某种社会关系和社会行为的规律、规则进行抽象和概括,如"君臣之道""父子之道""夫妇之道"等。钱穆在《论十翼非孔子作》中说:"《论语》上的道字,是附属于人类行为的一种价值品词。"① 道家之"道"却是关注人类而又超人类的,是关于宇宙、社会、人生的系统概念。

道在古代民众的生活中,运用得更加频繁。有做人之道,有待人之道,有求学之道,有求财之道,为官者有官道,为师者有师道,衣食住行各有其道,强身健体有养生之道,甚至强盗土匪也要讲"盗亦有道"。现代社会,"道"这个字眼一般不单独使用,代之以"道理"一词。

"道理"这一复合概念的提出,在中国思想史上,最早还是要推道家。稷下黄老道家的代表人物慎到,在他的遗著中可以明确地看到"道理"一词。《慎子·威德》篇记云:"官不足则道理匮,道理匮则慕贤知。"除了他的自著外,《庄子》书中也说他是以"道理"立论的学者,"是故慎到弃知去己,而缘不得已,泠汰于物,以为道理"②。

慎到的著作多已亡佚,从今存的《慎子》很难探知他是怎样来界定和论述"道理"以及"道"与"理"的关系的。但至少能肯定,慎子是较早提出"道理"概念的思想家。

二、道与理

慎子之后,探讨"道理"以及"道"与"理"的关系,已不再是道家的专利,其他各个学派的学者也纷纷涉足这一领域。大致而言,在宋明理学以前,"道"与"理"的关系被描述为一般规律与特殊规

---

① 载《古史辨》第三册,上编,上海古籍出版社1982年版。
② 《庄子·天下》。

律的关系，其中以韩非子的论述最具代表性。宋明理学产生后，理的内涵日益丰富，"理"被理学家抬升为与道齐同，甚至取道而代之的概念。

（一）韩非之论

道家所讲的道，既具有本体的意义，又具有规律的意义。当其把道视作规律时，只能说明事物的一般规律，无法深入对具体事物的特殊规律进行考察。庄子大讲"道不离物"，东郭子就问他，道究竟在哪里？庄子说："无所不在"，蝼蚁、稊稗、瓦甓、屎尿里都有道。[①] 这种回答，听起来深不可测，实际上也是有漏洞的。因为光用道的理论，只能说明万事万物皆有道，却不能说明蝼蚁、稊稗之道与瓦甓、屎尿之道有什么区别。但道家并没有故步自封于单纯的形而上的思考，黄老学者开始将道向法、术等具体物事上推引，"道法""道术""道理"等概念的提出，标志着道家在认识论上的进步，也就是由探求一般规律向探求特殊规律迈进。

韩非是先秦法家思想的集大成者，但其思想本原，却受到了道家尤其是黄老道论的深刻影响，所以司马迁评价他的学术"皆原于道德之意""而其归本于黄老"[②]。韩非对道家理论的了解、掌握，不亚于正宗的道家后学，他著作中的《解老》《喻老》两篇，就是用法家思想注释《老子》的典范，其他如《主道》《扬权》《内储说》《外储说》《难三》《难四》《五蠹》《六反》等篇，无不掺杂着道家的思想意识。

韩非认为："道者……万理之所稽也。理者，成物之文也。"道是各种理的总纲，也是理的凭借；理是道在各种具体事物上的体现，也是具体事物得以存续的依据。"道"与"理"的关系，是一般规律和

---

① 《庄子·知北游》。
② 《史记·老子韩非列传》。

特殊规律的关系。世界上的万事万物之所以千差万别，乃理所使然，一般寓于特殊之中，道正是从这千差万别的特殊规律中抽象出来的总规律。

如果说道是只可体感而无法把握的，因为它抽象，那么，理则是既可认知又可掌握的，因为它具体。韩非的这种论述，打开了人类认识特殊规律的大门，是认识史上的一大飞跃。他说，理有方圆、长短、粗靡、坚脆、轻重、黑白之分，"理定，而后物易割也"，有了这些特性，就可以把握事物的本质进而利用之。也正是由于理有了长短、方圆、黑白等具体的属性，就不可能像"无形""无名"的道那样永恒，而会随事随时发生变化。

总的来说，在韩非看来，"道理"是对事物规律的不同反映，也是客观存在，是不能违抗的：

> 夫缘道理以从事者，无不能成。无不能成者，大能成天子之势尊，而小易得卿相将军之赏禄。夫弃道理而妄举动者，虽上有天子诸侯之势尊，而下有倚顿、陶朱卜祝之富，犹失其民人而亡其财资也。①

"缘道理以从事"，简单地说，就是按规律办事。韩非的这一理论是对道家"无为"思想的进一步改造。经过改造后，"道"变成了"道理"，更容易为黎民苍生所理解、接受了。

（二）宋明理学之论

宋明理学的哲学构思，主要是以道家的道论为参照系，但又不愿借用道家现成的哲学范畴，便用"理"字来替代"道"，以之为宇宙

---

① 《韩非子·解老》。

的本体、世界的本原，将这个先秦时代用来体现事物特殊规律的范畴，上升为本体论上的最高范畴。理学思想体系的创立者程颢、程颐兄弟还颇有得色地说："吾学虽有所受，天理二字却是自家体贴出来。"①

二程说"理"是自家"体贴"发明出来的，实则不过是改头换面，用"理"的新瓶装"道"的旧酒而已。程颢、程颐的老师，是堪称理学开山鼻祖的周敦颐，周从不隐晦其对道家哲学范畴的直接袭用。②二程既然说自己学有所自，就免不了和周敦颐的，进而和道家的本体论有了渊源关系。加之，二程在其他地方也说漏了嘴，承认"道"是化生万物的本体，"道则自然生万物"，"道则自然生生不息"③，可见"理"正是来源于"道"。有的时候，二程还直接宣称道就是理，理就是道④，有的时候又"道理"并称⑤。关于道家之"道"与理学之"理"的关系，王廷相早有洞见，他说："老子谓道生天地，宋儒谓天地之先只有此理，此乃改易面目立论耳，与老庄之旨何殊？"⑥

在宋明理学中，道与理的关系和先秦的道、理关系不同。先秦的道和理各有所指，道代表一般规律，理代表特殊规律。理学中的道和理是混同的。"理"作为核心概念，一方面相当于先秦的"道"，用以指代一般规律。二程的四传弟子、理学的集大成者朱熹讲得明确："道即理之谓。"⑦又说："理也者，形而上之道也。"⑧另一方面，又相当于韩非子说的"理"，用以指代具体事物的特殊规律。朱熹说："所谓天理，

---

① 《二程外书》卷十二。
② 周敦颐在《太极图说》中说："太极本于无极"。"太极"出于《老子》，"无极"出于《庄子》和《易传》。显然是在发挥道家"有生于无"的自然本体论。
③ 《河南程氏遗书》卷十五。
④ 《河南程氏遗书》卷二十二上："又问天道如何，曰：只是理，理便是天道也。"
⑤ 《河南程氏遗书》卷二上："天理云者，这一个道理，更有甚穷已？不为尧存，不为桀亡。人得之者，故大行不加，穷居不损。这上头来更怎生说得存亡加减。是它元无少欠，百理具备。"
⑥ 王廷相：《雅述》上篇。
⑦ 《周濂溪先生全集》卷五，《通书解》。
⑧ 《朱文公集》卷五十八，《答黄道夫》。

复是何物,仁义礼智信岂不是天理?君臣父子兄弟夫妇朋友岂不是天理?"[1] 直接将儒家的"三纲""五常"的具体人伦规范说成是理。[2]

看来,宋明理学与先秦道学,在渊源关系上,是"新瓶装旧酒";在理论诠释上,真还是有所发明的:"理"既可以指抽象的"道",又可以指具体的"理",还可以等同于"道理"的连称。通过这种诠释,只要一提到"理",人们就会想到"道"、想到"道理"。"理""道理"成了一个既抽象又具体的多元概念,具有极强的文化渗透力,一直适用至今,是中华民族对待、处理问题最基本、最常用的分析手段。

古风如尘去,当今世界殊。看今朝,虽然我们已不再言必称"××之道",但是,"摆事实,讲道理",可以说是各种社会生活都无法脱离的基本法则。由此可见,道家之"道",在文字层面,已穿过两千多年的时间轨道,入驻到现实生活和当代文化之中。至于道的精神、价值是否在今世得以存续,则又另当别论,待后详述。

第四节 "道"之我见

在我看来,道的内涵是如此的深远广博,虽上下求索、万般思想,也难以采英撷华,只谈得上对"道"有了一些自我感受。

就大的方面而言,"道"是中国传统文化的支点。愚以为,道家之"道"是关于"宇宙—社会—人生"的系统概念,与儒、墨、法诸家单重人事的理论截然不同。正因如此,它也具备了抽象性、思辨性的理论长处,不易被驳倒,其所确立的宇宙观和世界观,对中国文化产生了潜在而深远的影响。诚如海外学者怀特海(A. N. Whitehead)所

---

[1] 《朱子文集》卷五十九。
[2] 《朱子文集》卷七十,《读大纪》:"宇宙之间一理而已,……其张而为三纲,纪之为五常,盖此理之流行,无所适而不在。"

分析的："人类活动中如科学、美学、伦理学与宗教等都可能产生宇宙观，而又受宇宙观的影响。"① 任何一种文化都有一个支点，它就像大树的根一样，支持着干枝花叶的生长，文化体系内的种种思想、知识、智慧，无不是从这根处获取营养、从这支点处得到合理性证明。② 英国学者李约瑟曾意识到："中国如果没有道家，就像大树没有根一样。"③ "道"，就是中国传统文化的"根"。

具体到法律层面而言，"道"所包含的价值理念、思维方式和方法论，通过对整个中国文化传统的影响，进而在深层次影响到了中国法律传统的形成、发展和变化。

一、"道通为一"：权威意识

商周以前，中华民族的意识形态中，鬼神观念占据主导地位。商周之际，鬼神的权威性遭到质疑。由此以降，权威意识日渐跌落，民心散乱，无以维系。先秦道家率先提出"道"的观念，以后其他如儒、墨、法诸家也纷纷谈论道的问题，道逐渐成为替代鬼神意识的新的权威意识，以挽救意识形态领域中的混乱。

道的本质是"一"，万物由道产生，又回归于道，来于一途，又归于一途，其唯一性和绝对性确定了它的权威性。比方道家所说的"域"

---

① 怀特海：《科学与近代世界》，何钦译，商务印书馆1989年版，中译本序言第1页。
② 谁又来证明这个支点的合理性呢？它自本自根，自然而然，不言而喻，是天经地义的，不需要证明，所以是支点。有的人又称其为"共识""终极原则""终极依据"，斯宾格勒在《西方的没落》一书中认为，每种文化都有一个基本的象征，亦即支点，是关于世界的概念，文化的一切表现形式都由其决定。参见葛兆光：《七世纪前中国的知识、思想与信仰世界》，复旦大学出版社1998年版，第40页。
③ 李约瑟：《中国之科学与文明》第二册，陈立夫主译，台湾商务印书馆1972年版，第25页。鲁迅也曾注意到："中国根柢全在道教，……以此读史，有多种问题可迎刃而解。"《1918年8月20日致许寿裳》，《鲁迅全集》第十一卷，人民文学出版社1981年版，第353页。

（"域"的现代话语就是宇宙①），原本是没有的；又比方这日月星辰，原本也是没有的；再比方这天地万物、草木虫鱼、人间万象，原本还是没有的。他们原本都没有，但又生成出来，而且各自运行又相互牵连，还能做到井然有序。这个由无到有的过程总是有道理的，不可能胡乱地造将出来，这个道理又是人类所无法完全解释和把握的，只好强行给它安个名字叫"道"，或者叫"大"。由道产生的万物之归依仍在于道：星辰由无到有，最后终将陨落，又由有到无；无灵之草木，由无而生，最后终将枯萎，又复归于无；有灵之人蛇鸟兽，亦由无而来，最后终将死亡，也归于无（如恐龙，原也是有的，现在却绝迹了）。因此，宇宙的种种"有"，都来源于"无"，最终又回到"无"；换言之，宇宙万物，都来于"道"，最后又回到"道"；三言之，他们都来源于一个途径，又回到了那一个途径。

如果说商周前的鬼神是迷信的结果，那么周秦之道则是思辨的结果，是反鬼神而又超鬼神的。《道德经》第四章说："道冲而用之或不盈，渊兮似万无之宗……。吾不知谁之子，象帝之先。"道是万物生成的宗主，即便有代表鬼神的上帝，道也在上帝存在之前就早已存在了，是无上的权威。道的权威性不是神秘的，而是可以用体验的方法获知的。比方生死问题，有生必有死，谁也无法抗拒，用药物延缓寿命是可以的，但要想阻止死亡的到来，却是违背"道"的。所以，道的权威就在于它揭示的是事物的规律，非人力所能抗拒，亦非人力所能改变。

在道的权威观照下，人的定位是不自由的。人应当节制欲望，自律内敛，才能使人与人之间、人与自然之间和谐相处，宇宙中的万事万物才能达至有序共生的佳境，由此生发出"天人合一"的宇宙观和

---

① 《道德经》第二十五章中说，"域"包括道、天、地、人四大部分，"道大、天大、地大、王亦大。域中有四大，而王居其一焉"。王是人间的代表。

人生观。中国文化传统正是在这一哲学理念的指导下得以发展变化，它歌颂自然而不敌视自然，赞美自然而不鼓励征服自然，政治文化仿天象设计出大一统的官僚体系，生产劳作依天时而动，诗词歌赋以天地日月、高山大川、荒漠草原、小桥流水为颂扬主题……好一派天人合一的景象！

法人类学认为，法律是文化的一个方面。[①] 中国古代法律制度，自然也是整个文化传统中的亚文化系统，自然也无法免于道的影响。道的深入发展，使古代中国人普遍培育起自律意识，视国家法律为道的体现，形成特殊的"道法"观，道法就是"王法"，是不可违背的戒律。与此相匹配：

第一，在政治上，法律制度以大一统为基础，形成王法观念。因为这样的法律观念最适宜于约束民众的欲望，也只能在有着自律意识的群体中才得以产生。在有着自由意识传统的群体中，这样的法律观念是没有文化土壤的。

第二，在内容上，法律不能鼓励权利观念，而是以设定义务的方法来强化人的自我约束机制，形成义务本位的法律传统。权利观念与自由意识相伴，义务观念与自律意识相随。

第三，在形式载体上，法律不能过分细化，因为法条只规定义务不确定权利，过细过密容易导致暴政，宜走法网宽疏的路子，形成立法宽简的法律传统。

二、道即阴阳：和合思维

道的本质在"一"，道的运动规律在"二"。"道生一，一生二，

[①] 美国人类学家 E. 霍贝尔说："从人类学的观点看，法律仅仅是文化的一个方面——即运用组织起来的社会力量，调节个人和群体的行为，并防止偏离既定的社会准则，惩处违反这些准则的方面。"《原始人的法》，严存生等译，贵州人民出版社1992年版，第4页。

二生三，三生万物。万物负阴而抱阳，冲气以为和。"①"二"指阴阳，任何事物都是在阴阳的矛盾运动中产生、发展、壮大直至灭亡的。

《易传·系辞》也说："一阴一阳之谓道。……百姓日用而不知。"②世间万物、人间万象，都是在阴阳的对立统一中而存在、而延续、而发展，任何孤立、片面的事物都是不能长存的，更谈不上发展。《九家易》解释说："阴阳交合物之始；阴阳分离物之终也。合则生，离则死。"自然界有春花也有秋实，有夏阳也有冬雪。人世间有和平也有战乱，有繁荣也有衰亡。人生中，有快乐也有哀伤，有幸福也有祸败……对待这一切，都应当抱持联系的、综合的、变化的心态，而不是孤立的、片面的、静止的。这就是"道"的思维方式。我们的祖先在日常生活中总是自觉或不自觉地运用着这一道理。"山重水复疑无路，柳暗花明又一村"的诗意表达，"船到桥头自然直，车到山前必有路"的民间谚语，"居安思危"的经验总结，便是最好的说明。

道分阴阳的思维方式，注重事物的整体性，既要看到事物之间的不同，又要关注事物之间的联系，偏向于用系统的方法来对待问题、思考问题、处理问题，是一种综合性的思维方式，类似于今天所说的"辩证思维"。用传统术语来加以概括，称之为"和合思维"较为恰当。

"和合"是中国古代关于综合性思维的又一代名词，喻指万物万象

---

① 《道德经》第四十二章。阴阳的概念系《国语·周语》最早提出。公元前827年，周宣王即位，大臣虢文公劝谏周宣王不可废除"籍田"的仪节时说：每年春耕时令一到，稷官"则遍诫百姓，纪农协功，曰：'阴阳分布，震雷出滞，土不备垦，辟在司寇'"。周幽王二年（前780年）出现地震，伯阳父说："周将亡矣，夫天地之气，不失其序，若过其序，民乱之也。阳伏而不能出，阴迫而不能蒸，于是有地震，今三川实震，是阳失其所而镇阴也。阳失而在阴，川源必塞。"从这两条记载来看，西周晚期，人们已开始用阴阳的矛盾运动来解释节气、地震等自然现象。后来的道家继承这一概念，以之作为道的基本属性之一。

② 传统学术以为，《易传》是儒家作品，亦有学者提出质疑，《易经》十传包括《彖传上》《彖传下》《象传上》《象传下》《文言》《系辞上》《系辞下》《说卦》《序卦》《杂卦》，非全是儒家作品，从其所包含的宇宙观、思维方式、思想倾向来看，可能是道家解释《易经》的作品，在《系辞》《彖传》《象传》《文言》等篇有明显的表征。参见陈鼓应：《易传与道家思想》，生活·读书·新知三联书店1996年版，第3、43、102页。

各有不同,却可以调和起来,这是第一层意思;但这种调和又不会使各物象改变其内在实质,仍保留其自身的不同,这是第二层意思。因此,和合的关键在"和"。《说文解字》云,"和"即"和调也"。早在公元前774年周太史史伯就有论述:"夫和实生物,同则不继。以他平他谓之和,故能丰长而物归之;若以同裨同,尽乃弃矣。……合十数以训百体。"①阐明了异质事物在对立统一与结合中产生新事物并得到发展的道理,相同事物的简单相加,则不能产生新事物,也不能发展。晏婴、管子等继承、改造了这一思想。再后的老子提出"万物负阴而抱阳,冲气以为和"的命题,将和合视为宇宙生成、大化流行的法则。孔子又将其落实到人文层面,"君子和而不同,小人同而不和"②。《墨子·尚同》篇则直接将"和合"二字连用。③

在"和合"思维的统率下,人们深知,任何事物皆有其对立面存在,有大就有小,有强就有弱,有多就有少,有荣就有耻,不能将对立的两面割裂开来,单纯追求一面,只喜欢大、强、多、荣的一面,不考虑小、弱、少、耻的一面,而应将两方面结合起来,思考问题才能更全面,处理问题才会有更好的效果,化腐朽为神奇。老子说"知其雄,守其雌"、"知其白,守其黑"、"知其荣,守其辱"④,就是这个意思,是保证事物延续、发展的最佳法宝。

受和合思维的影响,中国文化的方方面面无不留下阴阳的痕迹。兵法讲阴阳,自孙武的《孙子兵法》以迄戚继光的《纪效新书》,莫

---

① 《国语·郑语》。
② 《论语·子路》。
③ 此后典籍,时有所见。《吕氏春秋·有始览》:"天地合和,生之大经也。"《淮南子·天文训》:"阴阳合和而万物生。"《汉书·公孙弘传》:"百姓和合于下。"《礼记正义·中庸》:"情虽欲发,而能和合道理,可通达流行。""北宋五子"之一张载将和合学说做了精辟总结,"有对斯有象,对必反其为;有反斯有仇,仇必和而解"(《正蒙·太和篇》),展示了古代辩证法的规律,矛盾无时不有,无处不在,正确的方法不是让矛盾绝对对立以至白热化,而是和合调解。
④ 《道德经》第二十八章。

不以阴阳虚实的变化为主要运思；工营造作讲阴阳，自古及今留下了不可胜数的名胜古迹，大都以阴阳取定其朝向；农业讲阴阳，春夏为阳，重在播种耕耘，秋冬为阴，重在收获储藏；医学讲阴阳，阴阳学说可以说是中医学的理论基础，人体内部分阴阳，人与外部世界相连接，又可分出阴阳，阴阳失序、四时失调，是导致病症的原因，中医学名著《内经》说："阴阳者，数之可十，推之可百，数之可千，推之可万，万之大，不可胜数，然其理一也。"①

任何时候，任何地方，人们都忘不了"阴阳"，有了阴阳之分，就忘不了讲"和合"，讲对立统一、对立转化，甚至一般的老百姓，也深深谙熟"三十年河东，三十年河西"的道理。比方医学上的阴阳，如能够进行调和，就能防病治病；军事上的阴阳，如能进行有机的结合，"阴则阳之，阳则阴之。虚则实之，实则虚之"，就能出奇制胜。甚至文学艺术创作，也须贯穿阴阳和合的原则，音乐以"和声"为美，声音太大令人心性狂乱，声音太小使人萎靡不振，"小者不窕，大者不摦，则和于物，物和则嘉成。故和声入于耳而藏于心，心亿则乐"②。绘图与诗歌相通，以人与物、动与静、虚与实和合为妙境，如柳宗元的《江雪》，"千山鸟飞绝，万径人踪灭。孤舟蓑笠翁，独钓寒江雪"，亦诗亦画，人物对称，动静相间，虚实结合。

和合思维对中国文化的影响，至广且深，任何人仔细体味，都会感受到它的存在。具体在中国法律传统这个问题上，我感觉到，道分阴阳的和合思维方式，使得中华民族在思考和处理法律制度问题时有着不同于其他民族的独特见解，法律的创制、运行及其目标追求，均以和合为指针，形成一以贯之的礼法传统。

首先，法律、道德和合的伦理法。法律不是建构秩序的唯一之物，

---

① 《内经·素问·阴阳离合》。另参见明代大医家张介宾之说："阴阳者，一分为二也"（《类经》"阴阳类"）。无不以阴阳解释病理、病症。

② 《左传·昭公二十一年》。

它与道德相对而成。法律和道德，犹如阴阳的关系一般，是相辅相成的，前以禁恶，后以导善，单纯重视某一种而忽略另一种，都难以发挥出更好的治理效果，道的精神在于遏制人欲，以使人与人、人与自然和谐有序，如能用法律、道德双管齐下，使人的欲望不敢膨胀也不愿膨胀，人人自觉循道而为，宇内秩序自然会和谐。

其次，形式正义与实质正义和合的理想法。至少在道家看来，道代表了人类的理想法，虽然人类很难达到这一目标。著名法律史家蔡枢衡先生说：评价法制善恶的标准，"是法哲学上所谓理想法或自然法，是儒家之所谓天或天道"[1]。这话算说对了一半，儒家尤其是先秦儒家是罕言天道的，他们专重人伦，对"礼"更有兴趣，道家才是讲天道的[2]；但说"天道"是传统法文化意义上所指向的理想法，却是不错。中国人几千年来都呼吁"天理、国法、人情"的统一，正好说明了这一点。

天理就是天道，法律要顺应天理、人情，才能渐次向理想目标靠近。法律以文字条款为载体，体现的是形式正义；天理、人情以情感体验为度量，表达的是实质正义。形式与实质一般能够统一，但也有不尽一致的地方，所以，单纯地追求形式正义或实质正义，都有失偏狭。前者可以导向法治之路，但纯任法治并不能解决所有社会问题，"法律万能主义"在当今社会也不再权威，而受到了多方的挑战；后者则可能走向人治主义的泥潭。理想的办法是将二者结合起来，当形式正义与实质正义统一时，则严格依法办事，维护法律尊严；当其不能统一甚至发生冲突的时候，则"舍法而任情"，放弃形式正义，不因法律的形式限制而使天理人心遭到压制。

---

[1] 参见蔡枢衡：《中国法律之批判》，正中书局1942年版，第86页。
[2] 司马谈在《论六家要旨》中分析了儒、道两家的区别，指出：儒家的学术旨趣在于"序君臣父子之礼，列夫妇长幼之别"，而"道家使人精神专一，动合无形，瞻足万物。其为术也，因阴阳之大顺，采儒墨之善，撮名法之要，与时迁移，应物变化，立俗施事，无所不宜，指约而易操，事少而功多"（见《史记·太史公自序》）。

在这两可之间，也不是随心所欲，而应尽可能做到有机的结合——"和合"。如在复仇这个特殊问题上，守法与任情的原则应当结合，才能使人的孝心、亲情、友情得到满足，彰显公道；"首匿"须与"容隐"的诉讼原则结合，才能使人们不至于因恪遵律条而贱视亲属间的感情；平等应与差序的法制原则结合，才能适应上尊下卑的伦理道德要求。中华古代法律制度中，正是设计了这一系列既对立又统一的原则规定，与世界其他法系相较，形成了一脉相承而又卓然不群的文化传统。

三、道常无为：指导社会、人生的方法论

道所确立的权威法则和阴阳和合的运动规律是不可违背的，人应当在这一前提下来处置自己的行为，"不先物为"，在没有认识事物本质之前，不要凭主观臆断去做；"因物而为"，在掌握了事物规律之后有目的地去做，这就是"无为"，通俗地讲，便是不要蛮干。"无为而无不为"，道所彰显的"无为"是一种方法论，竟有"无不为"的奇效，自然是不得了的了。

中国人讲与世无争、淡泊名利、俭朴谦逊、谨小慎微；讲以柔克刚、以退为进、以守为攻、以静制动；讲刚柔相济、虚实结合、指桑骂槐、含沙射影；讲委曲求全、忍气吞声、知难而退；甚至讲"装蒜"、装糊涂、大智若愚、深藏若虚；如此等等，都与这个"无为"有密切的关系。所以《庄子·天下》的作者将道家这一套称作"道术"。是一种上通于道即饱含着理想追求、下通于术即可以付诸实行的应时处世的系统方法论。古代社会生活的方方面面，无不透出"无为"道术的影子。

具体到政治法律层面，"无为"的方法论要求在"道法"的大前提下来决定法律实践模式。道法是大一统之法，是王者之法，在此前

提下，法律制度只是政治的附庸，不可能取得独立的价值，不可能像现代法治所崇尚的那样：法律是至上的。在这种体制之下，法只是帝王手中的一种工具，而不是唯一的，因而在实际的法制建设中，就必须考虑这种工具和其他工具之间的协作关系，法与人、法与德等对立项便被推到台前。在这几种关系中，孰轻孰重？如何在对立中求得统一？如何运用来为政治服务？如此等等，光论"道"是无法解决的，必得有相应的"术"才行。"无为"作为"道术相通"的方法论，又可以发挥指导作用。

第一，"治人"重于"治法"。"治人"与"治法"，不可等同于今日所称的"人治"和"法治"。在王法传统中，帝王们用"内圣外王"的理论将自己打扮得神圣伟大，"治人""治法"成为他们统治天下的两手，既然有两手，就可以交替使用，便有了术的味道了。由于传统的政治体制所决定，法律不具备至高的价值，要想人们主动遵从是不可能的，因而必须先重视治人。"徒善不足以为政，徒法不足以自行"，要通过"治人"来推行法制，这是中国法律传统中特殊而又不可或缺的部分。

第二，"治法"必得以"治德"为补济。古代法制以义务为本，若过分强调，民众的权利范围会更小、义务范围会更大；且调整手段通常为刑制，故"法""刑"同义，对法的寄重，难免有重刑主义的倾向。因此，法制建设要趋于适中合理，就必须以道德建设来调剂，于是"德主刑辅"成为汉以后两千年不变的法制方针。但在实践中，有了"德""刑"两手，统治者遂又有了玩术的周转余地：表面上重视德，暗地里重视刑，一阴一阳、一表一里，自汉的"外儒内法"、"霸、王道杂之"的"汉家法度"，到清末思想家所指出的"两千年之政，秦政也"[①]，莫不皆然。所谓"德主刑辅"，不过是治法道术的代名词。

---

① 谭嗣同：《仁学——谭嗣同集》，辽宁人民出版社1994年版，第70页。

第三，民众由"无为不争"的心理性格，生发出"息诉无讼"的法观念。在上述的法制环境下，法律不规定权利，只设定义务，制裁措施端赖于刑罚的威慑，对诉讼的亲近无疑是自找麻烦、自寻苦恼，敬而远之应当是唯一明智的选择。"小心以奉国法，勤俭以办国课"，映衬出大多中国人的心态：法律就像老虎的屁股——碰不得。要远离它！

综上所述，道所蕴含的价值理念、思想方式和方法论，对古代中国的法律传统产生了深远影响。在政治属性上，道的权威意识激发了大一统的政治结构模式，使法律制度表现出义务本位的价值倾向，形成"道法"传统。道法为王者之法，不设定权利，又仅以刑罚为调整手段，需要与体现人心情理的德礼相结合，才符合阴阳和合的思维，才能"上体天心，下恤民意"，由此又形成了一贯的"礼法"传统。"道法"也好，"礼法"也罢，要付诸实践，需要方法论的指导，但一旦进入实践，任何设计完美的理论都会走样，"内圣外王"的人治理论转化为"王而成圣"的世俗的"治人"之术；"德主刑辅"的理想模式转化为"外德内刑"甚至"德辅刑主"的实用主义；民众无法将法律作为保护权利的武器，只能视为不可触犯的不祥之物，明哲保身以曲全于法网之下，法律实践体现为"道术"传统。

本书的立意，旨在考察、分析这三大传统及其与"道"的关系，言预于此为纲。

第二章　权威意识与道法传统

"道"作为中国古代最高的哲学概念，对传统的政治、经济、文化、宗教、科技乃至日常生活的各个领域，都产生了广泛而深刻的影响。这种影响就像太阳的光芒，虽然每天都在普照着我们，而我们却很少留意它。

现代人谈及政治法律传统，言必称儒家之礼，似乎其是统率传统法律之精神；偶或也将法家的重刑主义放在传统的库存中，作些斧斫笔伐；对道家之"道"，则戴上"道家学者是法律虚无主义者"的老光镜，把"道"视为否定"法"的概念，看不见它对中国法律传统的深层影响。其实，儒、法文化是中国传统文化中的表层结构，尤其是儒家文化，最容易被看得清，也捧得高。而道文化是传统文化中的深层结构，亦如道者们自己所揭示的，"大道无形"，它隐而不显，以致人们难以看清它的庐山真面目；而它又无所不在，人们的生活、行为、思想、精神，等等，好像都与道所蕴含的哲理、知识和智慧有着说不清道不明的联系。我们已知，道在价值理念上确定了中国人取神而代之的权威意识。这种权威观念在价值层面上对中国法律传统产生了影响。

道在人与自然之间，确立了自然的权威地位，用以限制人欲的过度发展和行为的无限张狂，自由思想无从产生，这种价值选择制约着法律的价值选择。法律是关于权利、义务的行为规范，一种法律制度是以保障权利为主，还是以设定义务为主，先得有个判断。认为前者对，便选前者，于是形成"权利本位"的法律传统；以为后者好，则选后者，于是形成"义务本位"的法律传统。其中的判断选择就是一个价值问题。而"道"正是影响中国人做出判断选择的关键所在。

既然道以限制人欲为总的价值，那么法也应当以限制人的欲望为价值，法的价值不过是道的价值在政治法制领域中的延伸和具体化，当然也要以限制人的自由为目的，这就需要建立强大的公共权力来约束人的行为，从而为大一统之法的创设、运行打下了思想基础，阻碍了民主、自由传统在中国的产生，形成了独特的民本、自律传统。马克斯·韦伯说："个人自由在任何领域都未得到自然法的认可。在中国的语言里，甚至没有'自由'这个字眼。"[1] 中国法律传统的主流正是沿着这一思路来建置的，形成义务本位的法律体系和法文化。

道是宇宙的最高秩序，法不过是人间秩序的构建工具，当然必须以道为准则。道家推出的"道法"思想，就是强调法律要在"道"的统率下创制、变更、运行。"道法"思想作用于中国古代法制建设，使其沿着这几个重要方向发展：从政治属性上，法作为政治的附属，走上大一统之法的路子；从传统法制的内容上，走上轻权利重义务的义务本位的路子；从法律体系的构织上，走上法网宽疏的路子。"道"成为中国古代法的精神，"存在于法律和各种事物所可能有的种种关系之中"[2]，立法者、执法者、守法者思考和处置法律及与法有关的各种问题，莫不以之为率。

"道法"传统是道影响中国历代法制建设的重要表现之一。

---

[1] 马克斯·韦伯：《儒教与道教》，洪天富译，江苏人民出版社1997年版，第172页。
[2] 参见孟德斯鸠：《论法的精神》上册，张雁深译，商务印书馆1982年版，第7页。

第一节　道法的概念

道家以道论法，就是用"道"作为法的产生、制定、运行的终极依据，这一思想的发展是个渐进过程，一开始并无"道法"的概念。

一、老子的道法观

老子时期，以道论法主要表现为"法自然"的思想。《道德经》第二十五章系统阐述了这一致思模式。"有物混成，先天地生。寂兮寥兮，独立而不改，周行而不殆，可以为天下母。吾不知其名，字之曰道，强为之名曰大。大曰逝，逝曰远，远曰反。故道大，天大，地大，王亦大。域中有四大，王居一焉。人法地，地法天，天法道，道法自然"。宇宙是一个整体，绵绵续续，牵牵连连，相互制约，相互联系，共为一体。人类生活在地上，不能违背大地的规律；地为天所覆盖，不能违背天体运行的规律；天体不能违反道的规律而乱窜；道是宇宙间的总法则，万物遵循的总规律。法律制度作为人类社会政治生活中的一部分，当然也不能超越道的规则，而应该在道的指导下进行设计和建置。反过来说，符合道的法制才是好的法制，它不伤害人的本性，不伤害天地自然界的本性，能够长久。

"道"是天然生成的自然良法，规制着天地、万物和人间的秩序，且独立于人的主观意志之外。通俗地说就是，不管人们是否认识到它、是否承认它，都不影响道的存在。"法"是人间的规则，是人定法。法之于道，始终要差几个层次，这是老子的著名论断。他说："失道而后德，失德而后仁，失仁而后义，失义而后礼。"[①]后人常以此作为老子反对现实礼法制度的依据，实际上是大大的误会。道是宇宙大法，人类

---

① 《道德经》第三十八章。

得其一部分为"德",故"德"通"得";人不能坚守德的全部,只能以内心的善端为标准,为"仁";人不能坚守仁的全部,只好以行为是否符合时宜、情理为标准,为"义",故义通"宜";人不能坚守义的全部,只好以礼法制度为标准,为"礼",礼是情理外化为制度、条文的结果。当我们将这段话倒过来释读、理解时,便知道老子是为人定法的进步和完善设定了可资追求的理想目标:礼法制度要尽量符合人的情理、进而符合人的良知、进而符合德,最终才能逐渐接近道的要求,成为良法。

这就是老子设计的"道法"的原型。

二、黄老学派的道法论

以老子为代表的早期道家,他们智慧超群、思想深刻、言论高深玄妙,其理论很难为世俗人群接受、理解。当然,老子也预料到了这一缺憾,曾不无自嘲地说了句:"下士闻道,大笑之,不笑不足以为道。"由此可以想见他的愤世嫉俗,何等的落寞悲怆。加之,早期道者的人格超逸、行为怪诞,厌恶与尘世为伍,隐游于山林之间,其理论也不便传播,也不利于和其他各家学说争鸣。

战国时期,社会变革加剧。风云激荡之中,道家后学改变了先师们不与社会合作的孤傲之态。黄老道家的学者们,将以前较为抽象的道论落实到现实政治中来,将"道"与现实生活中日益流行的法治思想结合起来,提出了明确的"道法"概念,冀望人们能接受它,主要还是想引起当政者的重视,所以司马迁才说他们是"各著书言治乱之事,以干世主"。

"道法"概念,首见于早期黄老作品《黄帝四经》。四经之中,有专门的《道法》篇目,其中既承袭了老子以道论法的思维理路,又吸收了法家的思想成果;其他篇目中也不时对道法理论进行补充、完善。

道法涵摄两大政治哲学和法哲学命题：一是"执道生法"；一是"执道变法"。

（一）执道生法

道家设想人间的秩序，应仿照自然之道的秩序进行构建。人间立法要以道作指导，是谓"道生法"。老子的"侯王得一为天下正"，"圣人抱一，为天下式"，要求统治者按道的"一"的标准立法，其中已包括了法由道生的含义。

"道生法"命题在战国中后期逐渐明确。中期的稷下黄老道家提出"执道者生法"的主张；后期的黄老新道家提出"道生法"的主张，其代表作之一的《鹖冠子·兵政》中有"道生法"的明确主张。道生法就是用道作为立法的依据和指导，道所支持的，法亦不问；道所反对的，法予严禁，君主按照这一原则制定法律制度，所立之法便是符合道的法，才是合理的"良法"。

"道生法"的主要言论，见于《黄帝四经》《管子》和《鹖冠子》等著作中：

《经法·道法》："法者，中（引）得失以绳，而明曲直者也。（故）执道者，生法而弗敢犯也，法立而弗敢废也，□□能自中（引）以绳，然后见知天下而不惑也。"

《经法·道法》："故执道者之观于天下也……无私也。""使民之恒度，去私而立公。"

《经法·君正》："法度者，政之治也。而（读作能，下同）以法度治者，不可乱也；而生法度者，不可乱也。精公无私而赏罚信，所以治也。"

《经法·名理》："是非有分，以法断之；虚静谨听，以法为符。"

《称》："案法而治则不乱。"

《鹖冠子·兵政》:"贤生圣,圣生道,道生法。"

《管子》①书中多处提到"道法":

《法法》:"明王在上,道法行于国。"
《君臣上》:"是以知明君之重道法而轻其国也。"
《任法》:"百姓辑睦,听令(命)道法,以从其事。"

《管子》中的这些篇目,虽不能说是黄老道家的作品,但其"道法"并称的措辞,显然来自早期黄老学者的"道法"概念,至少可以说有道家思想倾向。在已被学界公认为道家作品的四经之中,作者对"道生法"的命题作了较为详尽的阐述。

《枢言》:"人故(通'固')相憎也,人之心悍,故为之法。法出于礼,礼出于治(通'辞'),治礼,道也。"

说明礼法皆由道派生出来。

《心术上》:"礼者,因人之情,缘义之理,而为之节文者也。故礼者谓有礼也。理也者,明分以谕义之意也。故礼出乎义,义出乎理,理因乎宜者也。法者所以同出,不得不然者也,故杀戮禁诛以一之也。故事督乎法,法出乎权,权出乎道。"

法是规范人们共同行动的行为规范,需要用杀戮禁诛等手段迫使

---

① 《管子》一书的学术派别,学界多有争论,有法家说,有道家说。但其《心术》《白心》《内业》《枢言》(或说《心术上》《心术下》《白心》《内业》)四篇,也已被学界公认,系稷下道家的作品。

人们将行为统一到法的轨道上来。所以法是权衡得失而来，权衡得失最终还是以道为准绳。可见，法产生的必然依据是道。道为法之渊源，人类之法是效法道的产物和结果。此其所论，还是说法是从道派生出来的，实际上是对老子的"四失论"的翻新。

（二）执道变法

较早提出"以道变法"思想的黄老学者，恐怕要数慎到、田骈等人。但有人认为，慎到、田骈等人是最早提出"道法"概念的学者，说他们"共同创立了道法结合的思想体系，对尔后的学术思想影响十分重大"[①]。笔者以为，《黄帝四经》中已有专门的"道法"概念，而该书又早于慎到等人。故称慎到、田骈等最先提出"以道变法"思想尚可，称其最早提出"道法"概念则不可。其言论如下：

> 《慎子·逸文》："治国无其法则乱，守法而不变则衰……以死守法者，有司也，以道变法者，君长也。"
> 《慎子·君人》："大君任法而弗躬，则事断于法矣……。是以怨不生而上下和矣。"
> 《慎子·君臣》："官不私亲，法不遗爱，上下无事，唯法所在。"

（三）"道法"论的法文化分析

归纳起来考察，黄老的道法理论的成功之处在于：用道的哲理来论证法的合理性和必要性，为政治实践中的法治浪潮找到了终极依据。从法文化要素分析，主要有以下四个方面的内涵当予提炼：

第一，从立法上讲，道法是依照道制定的法律制度。立法的依据在道，立法权应由"执道者"掌握，而人间能够理解道、掌握道的，

[①] 见黄钊主编：《道家思想史纲》，湖南师范大学出版社1991年版，第97页。

只有君主。所以老子说："故道大，天大，地大，王亦大。域中有四大，而王居其一焉。"有人说老子是企图逃离社会的自由主义者，但其实他是一个赞扬君主制度的现实主义者，只是他的思想是以超现实主义的行为表现出来，个中言语表达了他对春秋末期王权旁落的不满，冀望有新的代表"道"的绝对权威的产生。

第二，从法的内容上讲，符合道的法制须以"立公去私"为标准。这里，既包含了公平、公正的价值观念，又包含了个人服从集体、义务高于权利的团体意识和义务本位观念。

第三，从法的作用上讲，有道之法是治理国家、调整社会秩序、避免混乱的有效工具。

第四，从法的形式结构上讲，法律制度应当与天道自然相一致。道尚自然，法律制度的设计要仿效自然的状态，才能更好地调节人与自然界的关系，使之和谐相处，达到"生生不息"，永无枯竭，"两相养，时相成"[①]的佳境。

第二节　道法执一与王者之法

一、道法即王法

道家的"道法"指的是什么样的法律制度呢？从上述道家言论和笔者的分析可知，道法指的是国家最高统治者用以治理民众的王者之法。道法者，王法也。所以，中国老百姓几千年来都习惯把国家法律称为"王法"，看似通俗，其实反映了古代法律的本质特征：法是最高

[①] 《十六经·姓争》，该书系战国前中期之际稷下黄老道家的著作《黄帝四经》之一。《黄老四经》包括《经法》《十六经》《称》《道原》，成书时代有四说：（1）战国前期之末到中期；（2）战国中期之末；（3）战国末期；（4）秦汉之际或汉初。笔者从第一种说法。

统治者的治国工具。

从政治属性上讲，法是维护君主政体的工具，是"国之利器"，是君主的"神器"，可称为"王者之法"。荀子曰："故王者之制名，名定而实辨，道行而志通，则慎率民而一焉……故壹于道法。"① 从法的内容设计看，它以设定民众的义务本位为核心，"法律政令者，吏民规矩绳墨也"②，可称作"义务本位之法"。这两个概念，既可以互换又彼此诠释，适度限制民众的自由、权利，才能使王者之法具备权威而畅行无阻，如果人人都挥舞着权利的旗帜而无视权威，王者之法也殊难运行；反之，王者之法的运行，目的不是剥夺民众的自由和权利，而是通过适度限制权利，以构建和谐的秩序，"悠兮其贵言，功成事遂，百姓皆谓我自然"③。这种法律制度，自战国秦汉以来，流行了两千多年，形成中国法律传统的核心内容。

王者之法能演变成为传统，必须在理论上有合理性，也就是要说得通，解释得通。如果在理论上解释不通，人们就无法接受，就不会选择它，也就不能形成一以贯之的传统了。道法概念以道释法，主要解决了"王法"中的法权归属问题。

王者之法极重要的特征就是立法权由最高统治者独操，叫作"法自君出""法权出一"。这种立法体制，与大一统政治的结构形式紧密相关，学术界一般认为是法家思想的实践结果。实际上，道家也谈这个，不但谈，而且比法家谈得有水平、有高度。

老子说："侯王得一以为天下正。"④ "正"⑤ 是道家称呼政策法律等

---

① 《荀子·正名》。
② 《管子·七臣七主》。
③ 《道德经》第十七章。
④ 《道德经》第三十九章。
⑤ 《道德经》第五十七章："以正治国。"第四十五章："清静为天下正。""正"作为"法"的代称，在《管子·法法》篇中也可得到印证："圣人精德立中以生正，明正以治国，故正者，所以止过而逮不及也。"

行为规范的专有名词，该段话的意思是，侯王按照"一"的自然之道为人间制定法制。河上公注释老子书，将本章安上"法本"的标题，即"一"就是人间立法应效法的版本①，应是深得老子原意。老子还说，"是以圣人执一，为天下式"②，唐杨倞《注》云："牧，治也"，仍然是按道的"一"的规则为天下立法。这是道家论证法权出一的滥觞。

循着这种思路，道家后学都将"一"解释为天地人间的自然范式，以此作为法权归一的依据。

《庄子·天地》言"通一"："通一而万事毕。"

《管子·心术下》言"执一"："执一之君子，执一而不失，能君万物。"

《文子·自然》③言"执一"："立天下之道者，执一以为保。"《下德》说："夫一者，至贵无适于天下，圣王托于无适，故为天下令。"

《淮南子·原道训》言"得一"："道者一立而万物生矣，是故一之理，施四海；一之解，际天地"；《诠言训》说："夫无为得于一也。一也者，万物之本也；无敌之道也。"

各家所谈"执一""通一""用一""得一"，其在政治法律上的意义便是讲立法的统一性，包括法的内容的统一性和立法权的统一性。

---

① 受道论影响，战国后期的儒家也开始用"一"来论证法权问题。《荀子·正名》说："夫民易一以道，而不可与共，故明君临之一势，道之以道，申之以命，章之以论，禁之以刑，故其民之化道也如神。"这和孔子强调的"道之以德"已有了极大的不同。

② 《道德经》第二十二章。

③ 《文子》系道家著作。早年以其为汉以后的伪书，1973年河北定县40号汉墓出土《文子》残篇，说明并非伪托之作。但成书年代仍有争议，有先秦遗著说，有汉初著作说。吾从第一种说法，且认为其系战国后期作品。

二、"法权出一"的终极依据

之所以说以道法思想谈法权问题比法家来得高超，是因为法家单纯从加强君主权威的角度来论证这种做法的重要性，"权制独断于君则威"[1]，"人主使人臣，虽有智能，不得背法而专制"[2]，而对为什么这样做的道理却没有过多的说明，缺乏终极依据的支撑。道法思想则将"法权出一""法自君出"的问题，放在"道"的观照之下来进行论证，使之变得毋庸置疑。

（一）立法统一于"道"

"一者，……道其本也。"道的本质是"一"。从哲学角度考虑，"一"有本体论和宇宙生成论的含义，宇宙在生成之前或生成之后，都是一个不可分割的整体；从人文角度考虑，"一"表明人类与天地、万物共存于一个整体之内，应当将自身行为统一到"道"的要求上去，才能与自然和谐相处，达到"长生久视"有序共生的佳境，立法作为人间的活动之一，当然也应统一到"道"的要求上去。那种认为人是万能的，可以尽情地役使万物的"人类中心主义"的看法，会纵容人欲的膨胀，破坏天人之间的和谐秩序，这种价值观自不能为人间立法所采纳。

道法所确立的立法价值观，就是按照道来立法，以道的价值为法的价值。道的价值过于玄虚，很难让人领会，自黄老道家始，遂用"因""因循"的方法将高深的道和具体的事物联系起来，道的抽象价值可以通过各物各事的具体价值体现出来，逐渐世俗化。在立法问题上，黄老道家通过人性分析论来说明立法要统一于道。道虽然难为人

---

[1] 《商君书·修权》。
[2] 《韩非子·南面》。

所见，但人的常情常理，却是人人都有感受的，这些"人情义理"，就是道在人间的具体表现，法律制度如果考虑、照顾了这些因素，就符合道的价值，就是道法、良法；反之，则悖逆了道的价值，所立之法就是无道之法、是恶法。

对以上理由，《管子》四篇中是这样论述的。"礼者，因人之情，缘义之理，而为之节文者也。故礼者，谓有理也。理也者，明分以谕义之意也。"① 《淮南子》的立论大致相当："礼者，实之文；仁者，恩之效也。故礼因人情而为之节文，而仁发饼以见容。礼不过实，仁不溢恩也，治世之道也。"② "节文"指制度、条文。礼法制度就是将人情义理归纳、总结为制度条文。

将哪些民性人情外化为"节文"？为什么要这样立法？《淮南子·泰族训》里有详尽的分析：

> 先王之制法也，因民之所好而为之节文者也。因其好色而制婚姻之礼……因其喜音而正雅颂之声……因其宁家室乐妻子而教之以顺……因其喜朋友而教之以悌……因其性则天下从，拂其性则法县（通"悬"）而不用。

道法要求人间立法必须照顾基本的人性、人情，甚至还要注意吸收民间良善的风俗习惯，"所谓礼义者，五帝三王之法籍风俗，一世之迹也"③。这样的法律制度才能得到民众的遵守。试想，一部法律对儿女谋杀父母的行为不加禁止，而对民间的轻微争斗却处以重刑，对巨额的贪污、受贿行为不加禁止，对盗窃一片桑叶、一枚铜钱的小偷却要判处砍手、斩首的刑罚，这样不讲情理、无视人性的法律制度会得到

---

① 《管子·心术上》。
② 《淮南子·齐俗训》。
③ 《淮南子·齐俗训》。

人民的支持和遵从吗？还能指望用它来治国安邦吗？答案必然是否定的。因此，国家立法，从小处着眼，必须因人之性、合情合理；从大处立论，必须统一于道。

（二）立法权统一于君

立法要符合道的要求，立法权就需要由专人操持，而不应由多人分享。按"万物负阴而抱阳"的矛盾论观点，多人之中，如民众、思想者、权力者等，其中有体道的，也有不能体道的，都来参与立法，所立之法，不过是"体道"之人的意见与不能"体道"之人的意见的折中罢了，永远也无法和"道"的精神相统一，形成"庸人政治"。这有些类似西方历史上"一个人的专制优于多数人的专制"的说法。所以立法权只能由一人统一掌握，由此而定之法才有可能与道的精神吻合。而这个人选，在道家眼里，就是侯王、君王或者叫圣王。理由有二：

1. 君主是人间的总代表

老子说："道大，天大，地大，王亦大。域中有四大，而王居其一。"[1]如果说"道"是宇宙间的最高权威的话，那么，王就是人间的最高权威，由他们制定法律，可以保证法律在人世层面的统一性。

吕不韦在《吕氏春秋·序意》中，学着黄帝教诲颛顼的口气，对秦始皇说："爰有大圜在上，大矩在下，汝能法之，为民父母。盖闻古之清世，是法天地。"意思是君王要效法天地自然之道以制定规矩，才能为民父母。换一个角度来剖析这句话，意即君王是苍生黎民的父母官，有义务去体察道的大圜、大矩，而且自古以来的盛世君主，都是"法天地"以立法的。

---

[1] 《道德经》第二十五章。

2. 君主是人间的至圣精英，他们能体察"道"的本质

君主有圣贤之品学才能，可以体道悟道，甚至执道，由他们制定法律，可以在宇宙层面保证人与自然的统一性。战国中期道家称此为"执道者立法"，"道生法。法者，引得失以绳，而明曲直者也。故执道者生法而弗敢犯也，法立而弗敢违也"①。

战国后期的黄老道家著作《鹖冠子》分析得更透彻，认为道是天地万物的根本法则，"天高而可知，地大而可宰"，但要圣人才具备这种能力，"惟圣人究道之情，唯道之法"；"事治者招仁圣而道知焉，苟精牧神，分官成章，教苦利远，法制生焉"。世间万物，人间万象，虽纷繁复杂，但仁圣之君只要做到"守一道，制万物"，就能制定出上体天心、下顺人情的法制，而这种法律制度正是合于道的法律制度。

基于上述两条，君主是人间立法的唯一主体，其他任何人都没有资格立法。"势者，制法之利器，群下不可妄为。"②

讲到这里，道法思想遂从高渺玄远而又无法抗拒的天道开始论证，层层落实下来，最后将立法权说成是君主的专利，解决了"法自君出"的合理性问题。难怪李泽厚先生说，《老子》的政治—哲学理论，"对中国专制政治起了长远影响"③。

第三节　节制欲望与义务本位

道法思想"以道论法"的思维模式，就像如意法宝，什么样的法律问题都从道的角度进行解释，关于立法的操作性问题亦复如此，由此引导着中国传统法律制度向义务本位的方向发展。

---

① 《经法·道法》，《马王堆汉墓帛书（壹）》，文物出版社1980年版，第43页。
② 《尹文子·大道上》。
③ 李泽厚：《中国思想史论》（上），安徽文艺出版社1999年版，第83页。

一、节欲：道法之鹄的

道以节欲自律为价值，法当然也要以此为价值。人生而有欲，本来无可厚非，只要适度，便是符合道的自然权利，"君子爱财，取之有道"。但过度的欲求则是导致犯罪的直接思想根源。

老子说："罪莫大于可欲，祸莫大于不知足。"黄老道家认为"（弛）欲伤法"。战国中期的黄老学者宋钘、尹文等，也强调敛欲，并以此为基推导出自己的政治法律思想，"以禁攻寝兵为外，以情欲寡浅为内"[①]。只有做到"情欲寡浅"，方能减少争斗之心，消除人与人之间相互争夺仇杀的动机，消除国与国之间征伐掠夺的欲望，"见侮不辱，救民之斗；禁攻寝兵，救世之战"，是最根本的犯罪预防之法。

鉴于上述，法律应该对那些超过"道"所允许的范围之外的人欲[②]，进行规范和限制。

（一）限制过度的物欲

过度的物质欲求，会打乱人与人之间的和谐秩序。

所有人都欲壑难填，则会争斗以至大乱；部分人贪得无厌，又会造成财富集中，贫富分化。要避免这些现象，首先要约束统治者的物质欲望。他们居于社会上层，处于强势，想满足贪欲，易如反掌，"服文采，带利剑，厌饮食，财货有余"[③]，如此做法与道大悖，故有著名的"三去"理论对此进行限制，"去奢，去甚，去泰"[④]，即不要搞极端的、

---

① 《庄子·天下》。
② "欲"在古代多指对物质的欲望，对知识的追求则称"性"。比方"知多知少难知足"一语，知多知少是知识化后的理性识别，是"性"；难知足则是人的本能反应，是"欲"。虽皓首穷经之知识人，也难免有无限之贪欲；虽家藏万贯之富豪，却不一定有求知的渴望，故"性"与"欲"二字有严格区别。但现代汉语则将求学、求财、求名等想法统称为"欲望"。
③ 《道德经》第五十三章。
④ 《道德经》第二十九章。

奢侈的、过分的行为，也就是不能向民众索取太多，要实行轻徭薄赋的法制政策。

反之，如果剥削过重，会引发众多的社会问题，导致政治法制的失序。"民之饥也，以其取食税之多也，是以饥；百姓之不治也，以其上有以为也，是以不治；民之轻死，以其求生之厚，是以轻死。"① 这样的法违背道的要求，即恶法也，打破了不同利益集团的对立平衡，物极必反，对稳定政权反倒有害。

同时，统治者不尚物欲，对树立良好的社会风气大有裨益，"以正治邦，……法物滋彰，盗贼多有。是以圣人之言曰：我无事而民自富，我无为而民自化，我好静而民自正，我欲不欲而民自朴"②。这里的"无事"、"无为"、"好静"、"欲不欲"（王弼本作"无欲"），都是在"道"的总概念下发展而来的具体概念，共有的内核是要求统治者收缩欲望，给民众造就良好的物质条件和社会风气。

于是，道的思想与儒、法思想相通。法家"仓廪实而知礼节，衣食足而知荣辱"，以富民政策达到预防犯罪的目的之思想，与"民自富"何其相似；儒家提倡"明礼导民"、增强民众的道德自律意识，与"民自化""民自正""民自朴"又有何异？

看来，民众物欲的消长，主要取决于上层的做法。"不贵难得之货，使民不为盗；不见可欲，使民心不乱。"③ 上面的人"少私寡欲"，下面的人自然能"见素抱朴"，上行下效，乃理之当然，相当于儒家"君子之德风，小人之德草，草上之风必偃"的说法。同时，上层节欲，可以给下层腾出更大的生存空间，符合"损有余以奉不足"的天

---

① 《帛书老子校订本》。转引自许抗生：《帛书老子注释与研究》，浙江人民出版社 1985 年版，第 260 页。

② 《老子》郭店竹简本。转引自高定彝：《老子道德经研究》，北京广播学院出版社 1999 年版，第 311—312 页。

③ 《道德经》第三章。

之道，民众能够"甘其食，美其服，安其居，乐其俗"①，形成爱惜生命的"厚生重死"的价值观念。在此基础上，再制定以威胁恐吓主义为特征的法律，对为非作歹之人进行打击，便能收到最理想的效果。"民不畏死，奈何以死惧之。若使民常畏死，而为奇者，吾得执而杀之，孰敢？"②

（二）反对无节制的认知欲

人类无节制的认识自然的欲望，会破坏天人之间的和谐秩序。

世界观的不同是不同文化分野的源头。"道"要求人与自然和谐相处，从而给人和自然的运行范围划出一条界线，人只能在此界线内认识自然，因为认识是思想的先导，而思想又是行为的前兆，无限认知自然的欲求必然带来无限征服自然的行为，最终破坏人与自然的合理秩序，这是东方的世界观，也是东方文化发展的总方向。

道所确立的权威意识，在任何时候都不应该、也不能够违抗。法律作为为人类"设范立制"的工具，在制定的时候必须考虑这个前提性的问题，对人类认知欲作必要的限制。老子说："是以圣人之治，虚其心，实其腹，弱其志，强其骨。常使民无知无欲，使夫智者不敢为也。为无为，则无不治。"③庄子也说："上诚好知而无道，则天下大乱矣。"④老庄之言的法律义⑤，就是要约束人类对自然无限的认识和征服的欲望。中国不重自然科学而重人文科学的文化传统，于此可寻见思想渊源，因为前者是器物类的"末"，后者才是精神性的"本"，这也是

---

① 《道德经》第八十章。
② 《道德经》第七十四章。
③ 《道德经》第三章。
④ 《庄子·胠箧》。
⑤ 古代哲学中，政治义与法律义是互通声气的。"在中国文化的大领域下，宗教、法律、政治、哲学、艺术都是配合和谐而无此疆彼界可言。"（金耀基：《从传统到现代》，中国人民大学出版社1999年版，第194页）

"道"与"器"的体用关系。法律正需要在"道""本""体"上用功。

认识、认知、知识在古汉语中表述成"知",又通"智"。笔者粗略统计,《老子》书中用"知"或"智"字有40处,其中作限制人欲使用的有11处,有无知、知常、知止、自知、知无为、知足、知不知等用法。法律内容对此作适当限制,可以使法更接近道的要求,理由在于:

首先,帮助人体察"道"的本质。世界由道生成,又由道的法则控制,"道"既表现为一种终极精神,又可以表现为纷繁复杂的物象。人的认知欲过强,将误导人对事物的表象作过多的关注(西方自然科学正是这样发展而来),"好知而无道",认知欲越强,离道的要求越远。只有无知无欲,即对认知欲有所限制,才能体察到"道"的真谛,"常无欲以观其妙,常有欲以观其徼"[1]。所以,体察道最好的办法是"静观"、"涤除玄览"("不出户,知天下,不窥牖,见天道。"[2]),无需使用具体的分析手段。现代科技表明,精细如微粒子理论也不可能找到物质的最小底限,大至宇宙航天科学亦无法寻访宇宙之大的边界。有科学家公开指出,人类对自然世界的认知不到整个自然界的5%。道确实是"其大无外,其小无内"的,除了用静思默想之法来感悟它的精神之外,我们还有什么更好的方法呢?

其次,有利于人类生存发展。在道家看来,法的任务不仅在实现人间的公平正义,其最高意义还在于维护人与自然之间的公正秩序。要达到如此远大的目的,自应对人的欲望有所节制。事实上,人对自然的认识能力是有限的,不可能穷尽一切,明白这一点,才能树立正确的宇宙观和世界观,"知不知,尚矣;不知知,病矣"[3]。自以为能完全认识进而操控客观世界的观点,反倒有毛病了。因此,人在物质世

---

[1]《道德经》第一章。
[2]《道德经》第四十七章。
[3]《老子》帛书乙本,第七十三章,今本第七十一章。

界面前，应该"知止""知足"，"天地相合以降甘露，民莫之令而自均，始制有名，名亦既有，夫亦将知止，知止可以不殆"①。老子在《道德经》第四十四章中又重申："知足不辱，知止不殆，可以长久。"这才是避免自取灭亡的办法，才是与天地共长久的妙方。这种外似消极而内实积极的知识理念，其人文价值是永恒的②。

有了以上两条理由，用法律手段限制人的认知欲望，貌似怪异，实则顺理成章，表现在政治法制上，即坚持"不以智治国"的原则。"古之为道者，非以明民也，将以愚之也。夫民之难治也，以其智也。故以智治国，国之贼也；不以智治国，国之德也。恒知：此两者，亦稽式也。"③ 稽式者，"法式"、模式、准则之意，国家政治立法的不变原则就是反对"以智治国"，坚持"以不智治国"，也就是不鼓励人类无休止的认知欲，相反要加以限制，使民众变得朴实、宁静而不浮躁、不急功近利，如此才能与万物之理相合，给人类自身带来益处。老子的著名的"三绝"理论之———"绝圣弃智，民利百倍"，讲的仍然是

---

① 《道德经》第三十二章。
② 西方文明在"为知识而知识"的理念下发展而来，近代西方以之为对一切事物作无穷追求的思想支点，斯宾格勒称之为"一求无限权力之浮士德精神"。这种精神，表现于自然便是培根的"戡天主义"，表现在民族国家则为帝国主义，表现在政治法制领域则是法律至上的"法治主义"，进而促进了自然科学的迅猛发展，乃至有了"科学之外无学问"的倾向。科学发展造就的工业文明和现代信息文明，给人类生活带来了极大的方便，但不一定就带来了幸福，因为幸福更大程度上是精神层面的东西，不是物质丰富就能完全解决的。相反，人们在科技之路上无止境地追求，自然资源被无限攫取，生态环境被工业文明造出的文明之怪物破坏，各国的核武器可以在一夜之间毁灭地球，此时此刻，人已不再是科学的主人，反倒成了科学的"俎上肉"了。面对那些可以上天入地却冰冷无情的高科技产品，人的意义和价值在哪里呢？人类的前途又在哪里呢？答案似乎只有一种，那就是"吾与汝皆亡"。这难道是人类追求的价值目标么？
③ 《老子》帛书乙本，第六十五章。参见高定彝：《老子道德经研究》，北京广播学院出版社1999年版，第351—354页。文中"智"字，注家各有释义，多作"智诈""伪诈""奸诈"解，柳诒徵先生释为"小智私欲"。笔者赞同以欲释智，准确地说是人对客观世界的探求之欲，唯有此解，方可和该章后半截文字相匹配。"常知稽式，是谓玄德，玄德深矣远矣，与物反矣，然后乃至大顺。"意思是不鼓励人认识事物的欲望是最大的德性，而大德非常深远，表面上看来与事物的属性相反，实际却与其内在本质契合。河上公注："玄德之人与万物反异，故能至大顺，顺天理也。"如果将"智"释为"诈"，不提倡诈伪与事物表面的需要是一致的，谈不上相反。如此，则前后文意不通。

这个道理，就是要限制人类过分的认知欲，而不是摒绝一切文化知识。

这些主张，与现代科技文明发展方向完全相悖，在迷恋物质文明的精英乃至芸芸众生看来，都是愚蠢可笑的。然而，恩格斯早在《自然辩证法》就曾指出："我们不要过分陶醉于我们人类对自然界的胜利。对于每一次这样的胜利，自然界都对我们进行报复。"科学研究的结论又证明：科技发展带来的对自然资源的掠夺，将使地球在50年后遭遇灭顶之灾[①]。如果说，鼓励科学进步的法制是现代科技极度发达的保障，那么，从宇宙的角度来看，它亦可成为促进人类与自然早日灭亡的帮凶。如果说，压制科技进步的法制是现代科学发展的障碍（中国传统法律是最典型的代表），那么，从宇宙的角度来看，它亦可成为延缓人类覆亡时间而与天地同久长的法宝。这种难为世俗人所接受的法思想，就是道家的法思想，对人类的法制建设具有普遍的借鉴价值，但也无法逃脱道家自身早已发现的事物两面性。它既可以是启迪人与自然和谐相处的思想智慧，也可以成为统治者推行愚民政策的工具。中国厉行文化高压的法传统，与这一思想不无关系，却并非道者的原意。

二、义务本位之法的表征

道法思想将法的目的论证为限制物欲与智欲，并将其抬高到了"道"的高度，从而超越了法家"专任法治"的单一性，也突破了儒家伦理法思想形而下的局限，对传统法律的建制产生了哲理层面的影响。所以，古代法一直是以刑法为主来建设的，以体现对重大犯罪行为的打击；且在以刑为主的法律体系中，对民众权利也是不予置问的，从

[①] 《世界野生动物基金会报告耸人听闻，50年后地球面临灭顶之灾》，《重庆晚报》2002年7月8日第11版。

而限制了权利观念和个体意识的发展与成熟。

权利观来源于个体意识。商周及以前，天命、鬼神的权威性地位使人的地位被极度忽略。意识形态里，莫不是"率民以事神"，或听命于天，或明德以配天，在神面前，人是微不足道的，个体意识无法产生。与此相适应，经济领域实行国家所有的井田制——公田，除周王外，个人是没有财产所有权的；在组织结构中，家天下的政权形式使得家国一体，任何单个的人都被融入宗法组织的团体之中，简直可以忽略他的存在，亦莫问权利。春秋战国时期，公田之外出现私田，乃私家占有土地的所有制形式，且逐渐增多并吞食着公田；政治领域，维护宗法等级名分的礼乐典章制度也渐次丧失其严格的约束力，诸侯、卿、大夫开始无视代表天神的"天子"的权威，竟至于"不听天子诏"了；意识形态领域，天神的权威性失落，疑天、怨天、咒天、骂天的思想蜂拥而来，原来被外在"天""神"的权威压抑着的个体意识悄然而生，"人""民"的概念被提上了议事日程，孔子的"未能事人，焉能事鬼"，"伤人乎？不问马"等言词便是明证。我想，如果中国在当时不再树立另一个替代天、神的权威，个体意识将不会受到压制而臻至成熟，那么，中国的法律传统就可能会以权利本位为价值取向，而不是以义务本位为价值取向。遗憾的是（或者说庆幸的是），我们有了新的权威，那就是"道"，是一个比之旧权威更无懈可击的新权威。

"道"阻碍了个体意识的发展，也阻碍了中国传统法律朝着权利本位的方向发展。梁漱溟先生在其《中国文化史要义》中说："到处迷漫着义务观念之中国，其个人几乎没有地位。"以道论法的核心在于限欲，个体意识和权利观念在这种大的背景下，是无论如何也得不到合理性支持的，以此为指导进行的法律制度设计，必然表现出对权利的忽视和对义务的重视。笔者将这些表现归纳为两方面，而中国古代法的内容设置，正是沿着这两方面发展的。

（一）权利无法定

道从自然与人的高度出发，提倡节欲、限欲，以维持人与人、人与自然的合理秩序，但并不主张禁欲，认为人有基本的生存、生活之权利，以及追求幸福的权利，如"甘其食，美其服，安其居，乐其俗"，如"实其腹""强其骨"等。形诸于外，是衣食住行的简朴舒适而非奢华无度；求诸于内，是心态的平和宁静而忘却焦虑。这些权利，是自然赋予的权利，就像鸟翔于空、鱼游于渊一般，自然而然地取得，无需用人为的法律去加以规定，只需在政治上实行"无为而治"，这些权利便不会受到侵害而自然得到保障。

"无为而治"作为道家提出的闻道、体道、安道、成道的总原则，可用于社会生活的各方面。用于政治，则有"为政之道"；用于军事，则有"兵道"；用于日常生活，则为养生之道；如此等等，不一而足。在政治层面上，传统学术认为"无为"是无所作为，放任自流之意，当然谈不上在政治实践上有何意义了。笔者以为，"无为而治"可作正反两解。正面解释是不能做出与道相悖的行为，如战争、贪欲等，并非什么都不做的意思，所谓"为无为""为而不争""为而不恃"皆是此意；反面解释是不要违背道的要求，同"无违"。要之，则是要遵循自然规律来处置政治行为。国外学者统计《老子》书中 12 次提到"无为"，其中 6 次是在政治义上使用的。李约瑟也意识到，道家的无为是反对钳制自然的行为。一个政府只要能在政治上做到"无为"，不搞过重的剥削，不扰民，不强奸民意，老百姓便能过上优哉游哉的生活，"日出而作，日入而息，凿井而饮，耕田而食，帝力于我何有哉？"[①] 其权利自然能得到保障，何须用法律来专加规定呢？故老子的"我无事而民自富，我无为而民自化，我好静而民自正，我欲不欲而民自朴"一句中的四个"自"字，实值得仔细玩味。

[①] 《群书治要》卷十一，引《帝王世纪》。

道法思想将权利列入"无为"政治的保护对象，使其在法律领域失去了存在的位置，在很大程度上影响了古代法律建置的价值趋向：即无需将权利规定在法典之中。公开宣称以"无为"作为国策的汉初和唐初，其立法活动自不待言，整个帝制时代的法律体系中，都不曾对民权、财产权、生存权以及追求自由之权进行规定，因为这些都是不证自明的，就像无需证明"你妈是你妈"的命题一样，何庸法典赘言？现代和西方意义上的宪法、民法，在那时候是没有的，所以英国法史学家梅因在《古代法》一书中就说："中国古代只有刑法而没有民法。"假设我们的祖先真要编一部宪法或民法典的话，那么，宪法里面肯定没有"公民的权利"一章，民法中也会缺少"民事权利"与"所有权"的章节。

（二）义务被强调

有了上述基调，法律的任务就显得很明确了，只用"禁违止邪"四字足可概括，说通俗点，即告诉人们只能做什么和不能做什么，而不用告知其可以做什么。用现代法理学的语言描述，在这样的法律规范体系中，只有义务性规范和禁止性规范，没有授权性规范。老子书五千言，共81章，除了强调"抱一"立法的原则外，关于具体法制内容的设计只有一条，就是第七十四章中用"杀"的办法惩办违法之人。一般的人都以法家为重刑派，很少注意到老子也有类似言辞，朱熹说"老子心最毒"[1]，张舜徽说道论之言的实质"便不外一个装字"[2]，盖源于此乎？

后来的道者，都在沿此思路发论立说，皆主法律以义务为本。《管子·心术上》说："所者，法以同出，不得不然者也，故杀戮禁诛以一

---

[1] 《朱子语类》卷一三七。
[2] 张舜徽：《周秦道论发微》，中华书局1982年版，第12页。

之也。"仍然是单纯使用刑罚方法惩治违法犯罪的主张。《文子·上义》篇说得更明确:"夫法者,天下之准绳也,人主之度量也,县(即悬)法者,法不法也……犯法者,虽贤必诛;中度者,虽不肖无罪,是使公道行而私欲塞也。"法就是用来惩治不法而不是保障权利的工具,守法中度的人,法律只是保证他无罪罢了。这不正是"法即等于刑法"的思想渊源吗?后来的法制建设不正是按照这种模式在进行吗?

首先,历代立法,从秦朝到清朝,除了宋朝称《刑统》外,其余皆以"律"作为法典的名称。自商鞅"改法为律"以来,"律者,均布也",除了有突出其稳定性之用意外,亦在于彰显其作为强制性规范的特征。故《唐六典》称:"凡律以正刑定罪"。以律为名编撰的法,实即刑事法律,同时,律又是"万世不变之常法",也是各朝最重要、最基本、最主要的成文法典,即便有它如令、格、式、制、诏、科等不同的法律形式,而对这些规范的违反,仍然要"一断以律",统统按律的规定处理,从名称的诠释上,我们首先就可断定古代法即刑法。

其次,从历代法典的内容考察,我们也只能看到,其中唯有对何种罪名作何种处罚的规定,这里只有义务性的规范。比方《唐律》中的《户婚》律,一般认为是古代调整民事关系的法律规范之代表,共46条,然而对所有行为都用刑罚方法作为调整手段,统计可知,对该46种行为可处笞、杖、徒三类刑罚,分别情节、后果之不同,量刑幅度(徒刑的年数和笞杖刑的次数)各有等差,即如"辄悔婚约"一类,在现代民事法律中看来根本算不上违法的行为,其行为当事人也要被处杖六十之刑。即便律、令等规范中没有规定,而被视为有社会危害性的所有行为,包括道德违规行为,都可通过比附类推的方法为其定罪,或以"不应得为"的罪名对行为人进行惩罚,少则笞四十,最重可杖八十。于此,古代法为以刑统民的法规范体系的特性昭然若揭。

三、必要的辨析

以刑罚方法调整刑事犯罪、民事违法、道德违规行为的立法体制,形式上表现为单一的刑法典,内容中始终贯穿"轻权利重义务"的精神,这便是中国法律传统的灵魂所在。法史学界将其成因笼统归结为儒家"重义轻利"思想所使然,这种解释,诚虽有理,却不全面。传统就好像一部在两千年时间轨道上缓慢行驶的车,推着这车朝义务本位方向走的,至少有两个,一个是儒家,一个是道家。

从表面上看,儒家,似乎也只有儒家的纲常伦理,成了各朝政权的立法原则。臣对君尽"忠"的义务,便有了"谋反""谋叛""谋大逆""大不敬"的罪名;子对父尽"孝"的义务,便有了"不孝""恶逆""不睦"的罪名;妇对夫尽"节"的义务,便有了"不义""内乱"的罪名。在这样的法律体系中,一个人不是做了他父亲的儿子,就是做了他主子的奴才,法律给他的是那"剪不断、理还乱"的责任和义务,权利是谈不上的。忠、孝、节、义、悌成为法律强制一方向另一方尽单方义务的准据。由此而观,谁敢说义务本位之法不是儒家思想的结果呢?

然而,要是进一步追问,为什么只强求一方向另一方尽义务,而不要求另一方也承担相应的责任呢?这样做合理吗?回答这些问题,光是儒家思想就不够了。因为孔孟之儒,本来是讲权利义务对等的,便是大家熟悉的"民本"主义。孔子说:"君君,臣臣,父父,子子"①,孟子说:"父子有亲,君臣有义,夫妇有别,长幼有序,朋友有信。"②任何一方并非居于绝对性的权利地位或义务地位,君仁则臣忠,父慈则子孝,夫义则妻节,双方是一种"对称性"的关系,具有"契

---

① 《论语·颜渊》。
② 《孟子·滕文公上》。

约取向"的价值倾向,如果法制全按这种思想设计,岂不成了权利义务对等的法制乎?何来义务本位之法哉?恰是儒家后学,受了道家节欲的"道论"的影响,才开出了义务为本的治国药方。

战国后期,学术出现综合之风,道家的"道论",因其"宇宙—社会—人生"的理论构架,有不证自明的终极依据支撑,很难从理论上被驳倒,其他学派纷纷引进"道论",以作己学之依据,加固学说之系统,儒家亦然,故有"道者,儒之本也,儒者,道之末也"的说法。荀子"隆礼重法",无不以道为其论据,他反对人欲,主张制礼节欲,又主张用法制节欲,"严刑罚,以戒其心",这样,道论便成了限制人欲、强调义务之法律制度的最高根据了。百年之后,汉代新儒运用道论将义务本位之法的合理性论证得更加具体化,董仲舒以道的阴阳两种属性区分人伦关系,君、父、夫属阳,臣、子、妻属阴,"阳贵而阴贱,天之制也"[1]。臣、子、妻向君、父、夫尽单方义务,是天道的要求,其合理性是无需也无法追问的了。

由上,窃以为中国法律传统中义务本位的价值取向,在形式层是受了儒家纲常的影响,在价值层则是受了道家道论的影响,二者互为表里,相得益彰。虽然儒道后学往往互相攻讦,"世之学老子者则绌儒学,儒学亦绌老子"[2]。然于对方的长处,还是要偷学的。故司马迁认为,先秦诸子之学是"一致而百虑,同归而殊途。夫阴阳、儒、墨、名、法、道德,此务为治者也"[3]。儒家用人伦纲常确立尊卑秩序,道家以无为少欲遏制权力意识,两家不同的只是方法,目的却是相同的,皆为一个"治"字,都是在为统治者治国安民献计献策。中国人在上尊下卑的等差格局中、在不平等的法制秩序中生活了数千年,却没有强烈的焦虑感和叛逆意识,道论无疑是一服最好的宽心药。面对君、

---

[1] 《春秋繁露·天辨在人》。
[2] 《史记·老子韩非列传》。
[3] 《史记·太史公自序》。

父、夫的法律特权，臣、子、妻会说：哪有什么要紧的呢？人本就应该少私寡欲，何必与他们争平等之权呢？在道的安抚宽慰之下，人人都变得心平气和，世界也变得心平气和，这就是中国的法文化。

第四节　道法自然与法网宽疏

道家的"道法"思想，所涉及的法权出一的政治属性、义务本位的价值取向与法网宽疏的形式要求三方面是相辅相成的。道法所指的法律，不是保障权利而是设定责任的工具，其条款当然不能太多太密，只能对一些亟须禁止的行为进行规定。

一、理论诠释

以道的价值为价值的"道法"，自当取法自然的状态作为法律制度的形式结构。这种主张在老子《道德经》中，一义三见。第七十三章："天网恢恢，疏而不失。"第五十八章："其政察察，其民缺缺。"第五十七章："天下多忌讳而民弥贫。"归纳起来，道家提倡法网宽疏的理由如下：

1. 自然的天道是疏而不密的，人间定法当效法之

"天地之间，其犹橐籥乎，虚而不屈，动而愈出。"[①] 宇宙世界似乎并无太多的禁忌，所以才充满活力。是为后世倡导"天网恢恢，疏而不漏"的哲理之源。

---

① 《道德经》第五章。

2. 宽疏之法容易得到遵从

老子说："希言自然。"① 即指法网不能过密，才符合自然之道。蒋锡昌注曰："按《老子》'言'字多指声教法令而言，……'多言'，多声教法令，'希言'者少声教法令之治。"② 如果法律是设定权利的行为规范，当然是愈多愈细愈明确为好，就像我们现在说权利，一概以法定标准为限，即所谓权利法定。而道法则是设定义务的行为规范，其体系结构为：道之所许，法亦不问，是为权利，是无为政治的保护范围；道所不容，法亦严禁，是为义务，当由法条加以规范。这样的法，只有宽疏，民众应有的自然权利才不会受到过多的侵害，法定的义务也不会多得让人无法承受。

在这种法制环境下，民众幸福无忧，重死爱生，对生活充满热爱，反而能更好地遵守法律的规定，民众那种"帝力何有于我"的自然而然的生活蓝图才能实现。梁漱溟在其《中国文化要义》中说："中国人原来个个都是顺民，同时亦个个都是皇帝"③，恐怕也是基于这些方面来考虑发论的。在此基础上，再对那些违法犯罪之人进行打击，可以轻松地收到杀一儆百的功效，"若民恒且畏死，而为奇者吾得而杀之，夫孰敢矣"④。

3. 苛密之法令人无所适从

由于法律只规定义务不设定权利，所以，法条越多，弊端越多。

在经济上，法网细密意味着民众的经济义务增大，剥削加重。"天下多忌讳而民弥贫。""民之饥也，以其上食税之多。"这与"我无事而民自富"的无为政策是背道而驰的。

在政治生活中，民众的自然权利受到"无为"原则的间接性保护，

---

① 《道德经》第二十三章。
② 转引自高定彝：《老子道德经研究》，北京广播学院出版社1999年版，第158页。
③ 梁漱溟：《中国文化要义》，上海人民出版社2005年版，第61页。
④ 《马王堆汉墓帛书〈老子〉》（乙本），文物出版社1976年版，第46页。

法条增多，意味着禁忌增多，而追求生活幸福和必要的物质满足又是人的本能。面对法律上繁多的禁条，人们不但难以遵守，反而会想方设法规避。"其政闷闷，其民淳淳；其政察察，其民缺缺。"① 河上公解释："其政教宽大，闷闷昧昧，似若不明也。"意即政教法令宽疏，仿佛闷昧不明（但并不等于没有），民众遂可过自然淳朴的日子，同时也能自然淳朴地遵纪守法。反之，"立刑名，明赏罚，以检奸伪，故曰'察察'也。殊类分析，民怀争竞，故曰其民缺缺"②。严刑密法之下，老百姓无奈地变得"缺缺"——狡诈了，且用规避法律的办法来谋取生机。

当刑网严密到事无巨细、皆有法式的程度，老百姓举手违禁，抬足犯法，统治者与被统治者之间对立统一的平衡，就会因一方过甚而被打破。"若民恒且不畏死，奈何以杀惧之也。"人民生活在水深火热之中，势必铤而走险，最后将统治者自己也置于危险境地，"民之不畏威，则大威将至矣"③。谁能逃脱"反者道之动"的对立转化规律呢？当知天道好还，故要"莫为己甚"。道家的这些预见性的语言，不幸在后来秦朝的头上得到应验。

综上理由，法律的制定，应以简要原则为纲，做到"清静以为天下正"④，即制定简明扼要、疏而不漏的法律。道家的这一理论，对后世法制建设的思想和实践都产生了深远的影响。西晋著名律学家杜预提出"简直"立法观，显然是受到道家法网宽疏思想的启发。

---

① 《道德经》第五十八章。
② 《道德经》第五十八章，王弼注文。《百子全书》（八），扫叶山房本，浙江人民出版社影印版。
③ 《老子》甲、乙校对本。参见许抗生：《帛书老子注释与研究》，浙江人民出版社1985年版，第259页。
④ 传世本和帛书甲本为"清静（可）以为天下正"，竹简本为"清静为天下定"，无论是"正"是"定"，皆系定法立制之意。参见高定彝：《老子道德经研究》，北京广播学院出版社1999年版，第253页。

二、历史见证

统一天下后,秦仍欲用"法"来维持其"至于万世,传之无穷"的政权,特别注重法制建设,从生产到生活,从行为到思想,"皆有法式"①。甚至连仓库鼠洞、牛瘦一寸,对管理人员如何处罚都有规定,有"秦法繁于秋荼,而网密于凝脂"②的名声。秦朝如此重视法治,却落得个二世而亡,前后存续时间不足16年,问题出在哪里呢?吾以为,秦朝"垂法而治"的精神没错,错在其法制建设的方法背离了"道"的要求。

秦法的政治属性是大一统主义的,"皇帝临位,作制明法,臣下修饬"③。其价值取向亦以义务本位为选择,不过是束缚民众手脚的"治道"。这样的法愈细,民众的责任就愈多,自由就愈少,当其细化得连吃饭、穿鞋的自由都要限制时,"勿敢履锦履"④,造反便是早晚的事了。陈胜、吴广一行正是以秦法繁苛——"失期,法皆斩"⑤——的理由劝说九百戍卒反叛的,秦朝江山遂不可收拾矣!杜牧在《阿房宫赋》中分析秦亡原因时感叹:"族秦者,秦也,非天下也。"从特定角度思之,可以说:"族秦者,秦法也。"

秦朝迅速灭亡,促成后人对法制问题的反思。汉初谋臣贾谊在其《新语·无为》中指出:"事逾繁,天下逾乱;法逾滋,而奸逾炽",最好的办法还是搞无为政治,"道莫大于无为"。道家的法尚宽疏之思想进入法制领域,七十余年的实践,收到了良好的社会效果,"从民之欲,而不扰乱,是以衣食滋殖,刑罚用稀"⑥,证明了这一思想的价值。

---

① 《史记·秦始皇本纪》。
② 桓宽:《盐铁论》。
③ 《史记·秦始皇本纪》。
④ 秦简《法律答问》。
⑤ 《史记·陈涉世家》。
⑥ 《汉书·食货志》。

汉武帝"罢黜百家，独尊儒术"后，法尚宽疏的价值观念却从未改变，亦未曾受到怀疑，只是董仲舒以降的新儒们，口头上无不大谈重德轻法，"德主刑辅"，似乎也包含了立法从简的价值倾向，且儒学又是国家政治法制的总纲，致使后人多误认为这一思想源于儒家的德刑理论，看不见其原本是由道家"无为"中演化出来的历史真相。

魏晋以后，立法尚简的思想得到理论界的进一步强调。西晋著名律学家杜预大力提倡"简直"立法观，认为"简书愈繁，官方愈伪，法令滋章，巧饰弥多"。所以立法要做到文字简洁明了，规定明确直接，概念单一而无歧义，条文简约而不烦密，使人一看就知道哪些行为是不该做的，知所避就，法律反而能得到更好的遵循，"去繁就简，则简而易从也"①。西晋另一法制实践家刘颂也提出立法宽疏的主张，他在实践中观察到，法网过密只会使那些"贤人君子"受到打击，当司法者孜孜于惩治"微罪"时，一方面使大奸大恶趁机逃脱法网，另一方面也有损国家的德政形象，故立法应做到"纲举网疏"。纲举即对大奸豪强坚决打击，"大罪必诛"；网疏则"小疵"不究，民众的基本权利才不会受到更多的侵害。②

隋唐时期，法尚宽疏的思想得以巩固。隋文帝杨坚在总揽北周朝政时进行法制改革，就赢得了"大崇惠政，法令精简"的美誉，称帝后，更注重立法宽简，并定下"刑网简要，疏而不失"的八字方针，供立法时遵循，故在制定《开皇律》时，删除死罪条款81条，流罪条款154条，徒、杖罪条款千余条，只保留500条刑律。

唐初的统治者，以宽疏作为立法指导。高祖李渊在修订《武德律》时，定下"务在宽简，取便于时"③的原则；太宗李世民对立法简约的

---

① 《晋书·杜预传》。"文约而例直，听省而禁简。例直易见，禁简难犯。易见则人知所避，难犯则几于刑措。"

② 《晋书·刘颂传》。

③ 《旧唐书·刑法志》。

思想也作了全面具体的论述:"国家法令,惟须简约,不可一罪作数种条。格式既多,官人不能尽记,更生奸诈,若欲出罪即引轻条,若欲入罪既引重条。"① 以此指导订立的《贞观律》,史称其"凡削烦去蠹,变重为轻者,不可胜记"②。

高宗李治沿袭这一思想,"高宗即位,遵贞观故事,务在恤刑"③,所定《永徽律》仍然保留 500 条(一说 502 条)。后世成文法典的条目,都没有超过这个规模。《宋刑统》为 213 门,元朝的《至元新格》尚不足 500 条,《大明律》为 460 条,《大清律例》为 436 门。

纵观由汉到清的法制里程,立法宽简的价值观念得到一以贯之的坚持,而这一以贯之的理念,便是流淌不息的传统之一。虽然在实践中,法网宽疏的原则并未得到严格的执行,一个朝代的中后期往往法令变得越来越多④,但在理论上,却无人对此原则提出质疑,理论上的说法与实践中的做法总有些脱节,这种说的不做、做的不说的反异现象,从特殊的角度反映立法宽简的价值是不可否认的,所以没人愿意站出来公开说它有什么不对。而且,任何新朝代更替旧朝代后,无不将法网宽疏的口号喊得响亮,并付诸实施,一段时间后,又走上说做不一的老路,如此循环往复,中国法统总在原地踏步。

第五节 小结

道是中国传统文化中的枢纽概念,运用十分频繁。天、地、人有

---

① 《贞观政要·赦令》。
② 《资治通鉴》卷一九四。
③ 《旧唐书·刑法志》。
④ 如汉朝自武帝始,法令趋繁,"律令凡三百五十九章,大辟四百九条,千八百八十二事,死罪决事比万三千四百七十二事。文书盈于几阁,典者不能遍睹"。连国家的司法官都读不完,一般百姓更无法搞懂了。宋朝中后期,编敕、编例增多,亦是其例,至有"以敕代律""以例破律"的现象。

道，君臣、父子、夫妇、长幼、朋友有道，治国、用兵、立法、听讼有道，衣食住行、言谈举止亦有道焉。如此种种不胜枚举的"可言"的具体之道，来源于道家那不可言名的"常道""恒道"。道的总体价值在于引导人类用收缩欲望、节制行为的"无为"，以达至秩序的和谐；演化为中国人各种生活中的具体价值标准就是：凡事不走极端，皆以自我约束的办法求取"适度"，避免过激追求。人的思想、行为，始终受到"道"的权威性调节和控制，文化的各方面无不表现出一个共同的特点：自律内控。

在"道"这个至上权威面前，人的定位是不自由的。其思想、行为合乎道者，法律不予干涉，由道所支持的"无为政治"保护民众的基本权利；超越道所允许的范围者，则以法禁之，法律由是表现为单一的惩戒功能。所以传统法律制度的政治属性是王者之法，内容设计是义务本位，以便对违道背理的行为进行有效的打击。正因如此，法的条款不宜过细过密，法网宽疏的原则可以保证民众应有的权利不受侵害。法律传统的这几方面相辅相成，同时又服务于整个文化之限制过度发展的价值目标。

"保此道者不欲盈"[1]，不求极度发展的"道"，使中国文化传统在循环往复中缓慢行进[2]，它赞美自然而不鼓励征服自然，它歌颂和平而厌恶人际冲突，它提倡用内心宁静去享受人生……"道"曾经给中国人带来了幸福，也阻绝了中国文化向民主、自由、科技的道路发展。

我们每个人都站在过去与未来联结的某个时点上吃饭、睡觉、学习、思考，等等等等。当我感觉到自己是在如此严肃的时刻思考问题时，委实不敢妄断："道"给人类带来的是福音，还是灾难？

---

[1] 《道德经》第十五章。
[2] 梁漱溟说："百年前的中国社会，如一般所公认是沿着秦汉以来，两千年未曾大变过的。我常说它是入于盘旋不进状态，已不可能有本质上之变，因此论'百年以前'差不多就等于论'两千年以来'。"（氏著《中国文化要义》，香港集成图书公司1963年版，第11页）

思考一。"道"教会我们敛欲节用，但守内心通达宁静，不求身外物质进步，一切都在缓步向前，就连与人格斗的拳术，都要以化刚为柔为最高境界，太极拳尤以轻柔舒缓著称。一般人看来，这样做简直是愚不可及，这样做的人更是朽木不可雕也，他们实在无法相信太极拳那慢悠悠的动作有何技击价值。道之宗主老子曾预测，世人对道的评价有三种，"上士闻道，勤而行之。中士闻道，若存若亡。下士闻道，大笑之，不笑不足以为道"①。我仿佛已看到大笑者脸上溢出的讥嘲与不屑，却全不在意。因为这种文化因缓慢而不得发展，固然是缺点；却又因缓慢而似乎不会轻易走到物极必反的终点，又自有其优点，与天道不求偏执过激的理由暗暗相合，恰能与天地共长久。能延缓整个人类的生存寿命，难道不是福音吗？

思考二。道所确立的文化价值，是在中西文化发生大规模交流碰撞后，才开始受到质疑的。和合、寡欲、不争、知足等价值观念，使中国人将唐朝就已发明的火药只用来造烟花鞭炮，以为世俗生活增添喜庆，而不拿去作杀人的武器；宋朝就已发明的连珠枪，也没有得到官方的提倡和推广。自鸦片战争以来，面对西人的坚船利炮，我们毫无抵抗力，当我们提出"师夷之长技"的口号时，意味我们开始怀疑并逐步放弃传统道文化的价值，转而向西方文化学习。② 西方有高度的物质文明和法治文明，其法治文明又保障了物质文明的稳步发展，使之变得强大无比。我们不学他的物质文明与法治文明，可以符合道的要求，却免不了落后、挨打；我们学习他，虽违背了"道"的要求，但可以变得一样的强大无敌。当地球上的人类都变得强大，都有原子

---

① 《道德经》第四十一章。
② 近百年来，我们都热衷于传统与现代的话题，却忽略了一个根本问题：虽然传统文化的种种要素还在制约着我们，但传统文化的基本精神在现代生活中已不存在。曾经拥有的那个文化支点——"道"，已被新的文化支点——"器"替代，追求高度物质文明正成为中国文化乃至世界文化的最高价值。

弹以及其他种种之弹,可以将人类、地球等在瞬间摧毁,又难道不是灾难么?

在这两难之间,我的确不知孰对孰错。在一些人眼中,中国的"道"不足为论,而西方的上帝却不敢不敬。《圣经》的记载反映,上帝似乎也希望人类少私寡欲,当人类偷食禁果、无所顾忌地走向没有底线的智慧之路时,他只能无奈地摊开双手,说:那是一条不归路!

第三章　阴阳和合与礼法传统

如果说"道法"这个字眼，尚有些生僻，那么"礼法"的概念则耳熟能详。最早提出这个概念的是战国末期的荀子。他说："是百王之所同，而礼法之大分也。"[①] 西汉董仲舒在此基础上进一步提出"礼法并用""德主刑辅"。近代以来，社会学家费孝通，法律史学家瞿同祖等人，都曾用"礼法"来概括中国古代社会的特征。在此，笔者将"礼法传统"作为中国法律传统的第二种体现，至少在概念的使用上，没有多大问题。

什么是"礼法"？简单地说，就是道德与法律结合的法律制度。在古代，"礼"与"德"对应。孔子言必称"导德""齐礼"[②]，说明德、礼关系密切。人内心的仁善美意为"德"，外化为"节文"即为"礼"，礼与德是同一事物的形式和内容的关系。"法"与"刑"等同。《说文解字》云："法，刑也"；又云："刑，法也"。在古代中国人眼里，"法"与"刑"是相通的，只要一说到犯法，就想到犯罪，就想到要受刑罚的制裁，法即刑成为稳定的文化心理。经此分析，我们可以进一步说，"礼法"就是中国传统的"礼法结合""德刑并用"的法律制度。

[①] 遍查《荀子》书，"礼法"一词凡四见。其中《修身》篇1处，《王霸》篇3处。
[②] 《论语·为政》："导之以政，齐之以刑，民免而无耻；导之以德，齐之以礼，有耻且格。"

笔者的立论是，道所蕴含的阴阳和合的辩证思维方式，启发了礼法结合、德刑并用的思想，其理论原型由黄老道家提出；同时影响了儒、法两家的理论改造[①]，各自从对方理论中取长补短。到西汉前期，礼法思想成为意识形态领域中的共识，新道家、新儒家（法家因秦亡而消隐）都承认这一点。到汉武帝时，礼法思想脱去道家"道""无为"的符号，披上儒家"王者""德政"的绚丽外衣进入政治实践，古代法律制度在其指导之下进行设计、建设，逐渐形成"礼法"传统。

第一节　礼法思想的产生及其应用

如果说"道法"传统是道家思想与法家思想结合、并作用于中国法律传统的产物，那么，"礼法"传统则是道家思想作用于儒、法二家并使之融合、进而作用于中国法律传统的结果。

道是礼法思想的助产师，是礼法得以结合的黏合剂。笔者提出这一观点，似有些胆大妄为、异想天开，但也不是空穴来风。最开始是受了白居易《刑礼道论》[②]的启发。

> 臣闻人之性情者，君之土田也。其荒也，则薙之以刑；其辟也，则莳之以礼；其植也，则获之以道。故刑行而后礼立，礼立而后道生，始则先道而后礼，中则先礼而后刑，终则修刑以复礼，修礼以复道。故曰刑者礼之门，礼者道之根。知其门，守其

[①] 陈鼓应先生认为，道家的思辨哲学对儒、法都产生了深远影响，尤其是战国中期之后，"哲学思潮以道家居于主导地位，在哲学领域内老学与黄老之影响法家为众所周知，以伦理思想为主体的儒家自孟至荀，其受稷下道家之影响亦趋明显（荀学及后的《学》、《庸》实为儒道互补之作）。"陈鼓应：《易传与道家思想》，生活·读书·新知三联书店1996年版，第58页。

[②] 白居易：《白香山集·刑礼道论》。汪立名编注，清康熙间一隅草堂刻本传世。

根,则王化成矣。然则王化之有三者,犹天之有两曜,岁之有四时,废一不可也,并用亦不可也,在乎举之有次,措之有伦而已。何者?夫刑者可以禁人之恶,不能防人之情;礼者可以防人之情,不能率人之性;道者可以率人之性,又不能禁人之恶,循环表里,迭相为用。故王者观理乱之深浅,顺刑礼之后先,当其惩恶抑淫,致人于劝惧,莫先于刑;刻邪窒恣,致人于耻格,莫善于礼;反和复朴,致人于敦厚,莫大于道。是以衰乱之代,则弛礼而张刑;平定之时,则省刑而弘礼;清静之日,则杀礼而任道;亦如祁寒之节,则疏水而附火;徂暑之候,则远火而狎水,顺岁候者适水火之用,达时变者,得刑礼之宜,适其用,达其宜,则天下之理毕矣。

文中观点透出,为礼为法,都应有道的统率;正因有道的统率,礼与法才需要循环表里,迭相为用。

礼为儒家所崇,法为法家所尚,双方各执一端、互不相让,甚至互相攻讦,至少在战国中期及以前是这样的格局。荀子作为儒家传人,怎么会产生礼与法结合而治的想法的呢?可以这样形容,儒法两家的思想就像两条平行的直线,任其无限延伸,终无相交的机会,除非有外力的作用。刘长林先生对此曾有评说,他指出:"儒家和法家在社会管理上各执一端,都有合理性和积极性,同时也都有片面性和消极性。他们的共同特点是,没有将个体系统与社会系统的矛盾辩证地处理好。"[①]

"道"所蕴含的阴阳和合的思维方式,便是改变这种局面的外力。郭沫若认为:"初期道家可能有一种合理的动态,便是站在黄老的立场

[①] 刘长林:《中国系统思维》,中国社会科学出版社1990年版,第273页。

以调和儒墨。"[①] 道家站得更高，他们以道为本，认为道展现出阴阳交合的属性，人间当效法之，"凡论必以阴阳明大义"[②]，"帝者体太一，王者法阴阳"[③]。人间的治理工具有法、刑，也有德、礼，二者不是舍此取彼、非此即彼的关系，而应像自然界中阴与阳的关系一样，既对立又统一，是可以并用的。以此为指导，道家，准确地说是黄老道家，开始吸收儒家的德治、礼治思想和法家的法治、刑治理论，使德、礼与法、刑共同融入同一个思想体系之中，推出"刑阴德阳"论，这是礼法结合最早的思想渊源。

一、"阴阳和合"的哲理化

在本书第一章已提到，"阴阳"的概念，最早见于公元前827年虢文公的言辞（《国语·周语》），用以说明不同的自然现象。"和合"的概念，最早见于公元前774年周太史史伯的论述（《国语·郑语》），提出"和实生物"的重要命题，阐明了异质事物在"和"的过程中产生新事物并得到发展的道理，但尚未用"阴阳"来指代异质事物。

道家始祖老子提出"万物负阴而抱阳，冲气以为和"的命题，将"阴阳"抽象为反映各种事物的两种不同属性的普遍概念，率先将"阴阳"与"和"联系起来，使"阴阳和合"得到哲理提升。"阴阳"表示两种不同的质素，它们以"和合"的方式运动，从而产生万物。"阴阳和合"乃"道"的运动规律，被视为宇宙生成、事物成长、大化流行的法则。

[①] 郭沫若：《青铜时代》，科学出版社1961年版，第264页。该书写于1934—1945年，1945年重庆文治出版社初版，新中国成立后多次再版。

[②] 《黄帝四经·十六经·称》。

[③] 《文子·微明》。

二、"阴阳和合"的法律化

作为老子后学,南方的庄老学派虽然也用"阴阳"理论来阐释自然、社会和人生,但由于采取消极避世的态度,最后走上了精神自由主义的道路。但北方的黄老学者却十分的激进,稷下道家最先将"阴阳和合"的理论引入政治法制领域,他们率先强调自然界的阴阳之不可分,"刚柔阴阳,固不两行;两相养,时相成"[1];再用阴、阳来喻指法刑和德礼,进而用阴阳和合来阐明法刑与德礼不应分离而应结合的理由,提出了"阴刑阳德"[2]的观点。这应当是后来叫得响亮的"礼法结合""德刑并用"理论最原初的形态。

我们知道,自汉武帝以迄清末的古代社会,法律建设的基本指导思想之一就是"礼法"思想,其中包括:德刑并用、先德后刑、大德小刑、礼法结合等要素。法律史学界的通行观点,认为这一思想理论是董仲舒系统提出来的,进而成为"统治中国达两千年之久的封建正统法律思想",有的称之为"主流法律思想"。[3]实际上,"礼法"思想的上述基本要素,早在黄老道家的思想体系中已经完全具备了,到秦汉新道家时就变得更为系统化了。

(一)阴刑阳德之要素

春秋战国之交的范蠡,是老子道论的重要传播者,是他最早将"阴阳"与"刑德"的概念联系在一起:

---

[1] 《黄帝四经·十六经·姓争》。
[2] 帛书《黄帝四经·十六经·姓争》中,明确提出了阴刑阳德的观点:"刑德相养,逆顺若成。刑晦而德明,刑阴而德阳,刑微而德章。其明者以为法,而微道是行。"
[3] 参见杨鹤皋主编:《中国法律思想史》,北京大学出版社1988年版,第259页。俞荣根主编:《中国法律思想史》,法律出版社2000年版,第139页。其他著述也多持此观点。

> 因阴阳之恒（常规），顺天地之常，柔而不屈，强而不刚，德虐之行，因以为常；死生因天地之刑（法），天因人，圣人因天；人自生之，天地形之，圣人因而成之。
>
> 天道皇皇，日月以为常，明者以为法，微者是行。阳至而阴，阴至而阳；日困而还，月盈而匡。[1]

范蠡虽然将"阴阳"和"刑德"放在一起来论述问题，但没有明确将"刑—阴""德—阳"对应起来。到成书于战国中前期之际的帛书《黄帝四经·十六经·姓争》中，才明确提出了阴刑阳德的观点。

> 顺天者昌，逆天者亡。毋逆天道，则不失其守。凡谌之极，在刑与德。刑德皇皇，日月相望，以明其当。望失其当，环视其央（殃）。天德皇皇，非刑不行。缪（穆）缪（穆）天刑，非德必顷（倾）。刑德相养，逆顺若成。刑晦而德明，刑阴而德阳，刑微而德章。其明者以为法，而微道是行。

从行文造句考察，"天道皇皇""明者""微者"等为《黄帝四经》、范蠡共用，二者在思想上有直接的渊源关系。

《黄帝四经》的作者认为，社会政治生活中，刑与德就如宇宙自然界的阴与阳的关系，是不可或缺、不可分离的。阴阳结合是"天道"的要求，万物违背其规律，只有自取灭亡。因而，属阴的"刑"与属阳的"德"，也要结合使用，才符合道的要求。德以刑为救济，才能得以光大发扬；刑以德为统率，才能得其所用。"刑德相养"就是说的刑与德不可偏废，这和董仲舒的德刑并用又有什么不同呢？

---

[1] 《国语·越语》。

（二）先德后刑之要素

《黄帝四经·十六经·观》中说：

> 不靡不黑，而正之以刑与德。春夏为德，秋冬为刑。先德后刑以养生。……夫并时以养民功，先德后刑，顺于天。

在这里，黄老道家根据自然现象来说明社会现象的安排次序。一年中的四季运行，先有春夏，后有秋冬。春秋属阳，可比为"德"；秋冬属阴，可比为"刑"，所以要"先德后刑"，这是自然之道给人提出的要求。道家的"先德后刑"和后来董仲舒的"前德后刑"，又有什么本质区别呢？

（三）大德小刑之要素

《管子·枢言》篇说：

> 所谓德者，先之之谓也。故德莫如先，应适莫如后。先王用一阴二阳者，霸；尽以阳者，王；以一阳二阴者，削；尽以阴者，亡。……其德不足以怀其民者，殆；明其刑而贱其士者，殆。

我们已经懂得，《管子》虽系法家著述，但《枢言》篇却是黄老道家的作品。文中之意，显然是将"阴阳"与"刑德"对应起来谈"先王之道"的。作者首先定了调子，就是要以德为先，然后再谈刑的问题。具体可分为：搞小刑大德、轻刑重德（"一阴二阳"）的，可以成就霸业；只搞德治（"尽以阳"）的，可以成就王者之政；搞小德大刑、轻德重刑（"一阳二阴"）的，会变得越来越弱小；光搞刑治（"尽以阴"）的，只能招致灭亡。其对刑、德运用的价值判断已明矣。古人常说"五百年必有王者兴"，圣明之君很是难得，仅靠"德治"来治理国家，不过是一种理想的追求罢了；而"小德大刑"和"纯任刑法"又会导致国家的衰落和灭亡。所以，一般的中人之君就只好实行"大德小刑""重德轻刑"的法制政策了。这种说法，难道不是董仲舒的"德主刑辅"吗？

（四）礼法结合之要素

老子的"四失"论，已包含了礼法同源的思想。礼、法是人间的行为规范，都是由道派生出来，并非绝对对立。儒家、法家，一个崇尚德治、礼治，一个迷信重刑、法治，都是片面的，也是失之偏颇的。黄老道家进一步细化了老子的礼法同源论。

战国后期的《文子》一书认为，无论礼还是法，都是从属于道的。道以阴阳为其运动规律，道系自然天成，是绝对的、不可更改的；礼、法则是人为的，是相对的、可以变化的，不过是人设计出来为人服务的。"故圣人所由曰道，犹金石也，一调而不可更。事犹琴瑟也，曲终改调。法制礼义，治之具也，非所以为治也。"① 礼、法皆是手段，"治"才是目的。因此，礼与法可以联系起来使用，大可不必非此即彼。可见，最早提出"礼法结合"的，是先秦的黄老道家，而不是汉朝的董仲舒。

晚期黄老道家的另一代表作《鹖冠子》也将阴阳和合论引入法制领域。在《环流篇》中讲到阴阳要结合："阴阳不同气，然其为合同也"。进而在《度万篇》中论证礼与法应当结合使用："事治者，招仁圣而道知焉，苟牧精神，分官设章，教苦利远，法制生焉。"②

更有甚者，黄老道家对礼与法的作用、地位也做了适当的划分，与后世所谓德礼高于法刑的腔调是一样的，只是历史上的人和现实中的学人专家不愿承认，或没有意识到——这种腔调是黄老道家先发出

---

① 《文子·上义》。
② 《鹖冠子·度万篇》。

来的。《文子·上义》篇指出,"法之生也,以辅义。重法轻义,是贵其冠履而忘其首足也。"明确了礼义道德的主导地位、法律的辅助地位,并讽刺那些重视法律、轻视仁义的人,就像过分看重帽子、鞋子以致忘记了自己的头和脚那样,本末倒置。在其他篇目中,《文子》详细划分了礼与法的作用,认为礼义道德是治国之本:"古之善为道者,深行之谓之道德,浅行之谓之仁义,薄行之谓之礼智。此六者,国之纲维也。"[①] 法律政令是治国之末:"利善而劝善,畏刑而不敢为非,法令正于上,百姓服于下,治之末也。"[②]

由上可见,汉以后的法制指导思想——"礼法结合"论、"德主刑辅"论,在先秦黄老道家的思想体系中已经比较成熟。到秦汉新道家的思想体系中,这二论得到了反复的强调。

西汉初年的黄老学者贾谊之礼法论,颇具特色。"凡人之智,能见已然,不能见将然。夫礼者,禁于将然之前;而法者,禁于已然之后。是故法之所用易见,而礼之所为生难知也。"[③] 人的认识水平决定了人能够看到已经发生的事情,看不到将要发生的事情。礼是在违法犯罪行为发生之前进行预防,其作用很难为人察知;法是对已经发生的违法犯罪行为进行处罚,其作用很容易让人看到。由于二者发挥作用的领域不同,在运用时应当兼顾,"夫仁义恩厚,人主之芒刃也;权势法制,人主之斤斧也"[④],国家统治者应该搞两手抓。

到道家集大成的代表作《淮南子》面世,礼法论与德刑论的要点得到更进一步的突出。《氾论训》中说:

> 故圣人所由曰道,所为曰事。道犹金石一调不更。事犹琴瑟

---

① 《文子·上礼》。
② 《文子·下德》。
③ 《汉书·贾谊传》。
④ 《汉书·贾谊传》。

每旋改调。法制礼义，治人之具也，而非所以为治也。……天下岂有常法哉？

这段话基本上是抄自《文子》，但"天下岂有常法哉"的一句设问，实在经典。指明在政治生活中，单纯地讲法治，或单纯地讲礼治，都是行不通的，"礼法结合"的必要性被凸显出来。在《泰族训》中又说："治之所以为本者，仁义也；所以为末也，法度也。"对道德评价高于法律评价的关系态势，亦作出了点睛之论。这种观点对后世产生了深远影响，东晋元帝的主簿熊远说："按法盖粗术，非妙道也，矫物割情，以成法耳。"[①] 严格的法治主义是有偏狭的，并不是一条"妙道"，所以法律制度必须与情理道德携手并肩，才能发挥更好的社会治理效果。

三、践行与异化

对思想发展过程的辨析，让我突发奇想：假如没有道的指导，假如没有阴阳和合的综合性思维的"撮合"，中国古代的礼治与法治思想是否会最终走到一起来呢？但历史是没有"假如"的。鉴于此，我们不得不承认，"礼法"思想是在道所蕴含的阴阳和合的思维方式的启发下出笼的。换言之，道及其所蕴含的阴阳和合的思维方式，是礼法思想得以诞生的助产师。

（一）践行

道家的刑德礼法论，有"道"的本体论的支撑，有阴阳和合的辩证思维的呵护，还兼采了儒家、法家的理论长处，但在战国后期和秦朝一统之时，并没有引起统治者的重视。相反，倒是法家的理论十分

---

① 转引自丘汉平：《历代刑法志》，群众出版社1988年版，第60页。

吃香,儒家理论也有些市场。

然而历史是无情的,三晋慕儒而早灭,暴秦重法而速亡。汉朝初年,统治集团认为,法家思想有弊端,儒家思想也有不足,只好选道家思想作为理论指导。人们常说,思想的运用是历史选择的结果,由此可见一斑。张杰的《读陆贾〈新语〉》说:"汉初,惩乎秦亡法治,察乎周之德化,为礼为法,皆有流弊,于是高祖左右(张良、萧何、曹参等)……皆推本黄老之术,而贵清静无为。"① 片面地讲法治或礼治,都不足以治国安邦,黄老道家的"阴刑阳德""法制礼义"可以避免单向发展的理论缺陷。故在由汉高祖刘邦到汉景帝刘启统治的几十年里,"黄老无为之术"是很吃得开的。

刘邦初定天下,就如何确立政权的指导思想,与谋臣陆贾发生过一次争辩。陆贾动不动就抬出《诗》《书》仁义之道。刘邦大怒,说:"我的江山是在马背上打下来的,要那些《诗》《书》有啥用?"陆贾说:可以骑马打江山,怎能骑马治江山,历代圣明君主都是以"文武并用"的方法治国,这才是"长久之道"。陆贾的"文武并用"之道,就是在"无为而治"之前提下礼法并用、德刑兼施,反对单纯地搞法治,认为秦的失败即因于此,"李斯法治于内,事逾烦,天下逾乱,法逾滋而奸逾炽"②。这种思想融入他自己的文章之中,"陆生乃粗述存亡之征,凡著十二篇。每奏一篇,高帝未尝不称善,左右呼万岁,号其书曰《新语》"③,得到刘邦统治集团的采用。

---

① 张杰接着说:"独陆贾与时逆行,说诗书,明仁义,宛然如儒者言"(转引自熊铁基:《秦汉新道家略论稿》,上海人民出版社1984年版,第79页),认为陆贾提倡的是儒家言论。笔者以为不然,陆贾的礼义道德都是置于"道"之下来谈论的,实属黄老一派之后学。"君子居乱世,则合道德,采微善,绝纤恶,修父子之礼以及君臣之序,乃天地之通道,圣人之所以不失也。"(《新语·慎微》)故张先生用了"宛然"二字形容,只能认为陆贾表面上看起来像儒者,实际上却是道者。

② 《新语·无为》。

③ 《史记·郦生陆贾列传》。

在以后惠帝、吕后、文帝、景帝的统治期间,黄老道家的礼法结合论,在政治实践中得到了普遍的推行。史称"窦太后好黄帝、老子言,帝(景帝)及太子(武帝),诸窦,不得不读黄帝、老子,尊其术"①。由此可以窥见道家学说在西汉前期的应用情况。无怪乎清代学者孙星衍说:"黄老之学存在于《文子》,西汉用以治世,当时诸臣皆能称道其说,故其书最显。"② 任继愈主编的《中国哲学发展史·先秦卷》中也说,汉初之世,"黄老之学如日中天"。

(二)异化及其原因粗析

礼法结合、德主刑辅的理论思想,自汉以迄明清,一直被国家统治者奉为立法之圭臬。这一受道家阴阳和合思维启发产生的且最早由黄老道家系统提出的思想理论,为什么自汉武帝开始就被转嫁到儒家学说的门下了呢?两千多年来,为什么人们只要一提到礼法、德刑,就会想到儒家,很少有人甚至就没有人将其与道家思想联系起来呢?笔者以为,这主要是因为董仲舒的理论改造,将道家"阴刑阳德"、礼法结合思想披上了儒学的外衣,而这种改造又得到了统治者的喜好和接受。

中国帝制时代的统治者为什么愿意接受儒家式的礼法刑德理论,而不明说是道家的礼法刑德论呢?其间有深刻的原因,试从如下几方面作一个初步分析:

1. 世界观的不同

道家之道是自然规律、是宇内权威,在道的面前,人人是平等的。"天地不仁,以万物为刍狗。"它没有感情,故无私公正。皇帝在它面前,也不过宇宙万物的一分子而已,不会得到"道"的特殊"关照"。

---

① 《史记·外戚世家》。
② 孙星衍:《问学堂集·文子序》。

董仲舒改造后的新儒学，以神权为其指导，提倡"天子受命于天，天下受命于天子"①，大讲君权神授。在神面前，人与人是不平等的，人间君主是天神的儿子，自会得到神的更多的青睐。汉武帝是个崇神主义者，一生中大搞封禅、祭祀活动，司马迁长期陪同出行，"余从巡祭天地诸神名山川而封禅焉"，说他"尤敬鬼神之祀"。② 在这种皇帝的世界观里，肯定是赞赏儒家的有人格的神，而不会喜欢道家的自然之道。

2. 政治观的不同

道家提倡"无为而治"的政治学说，包含着无私、公平、公正的价值观，又要求统治者轻徭薄赋、节欲自律，起模范带头作用。这种思想在汉初行得通，到武帝执政时，为发动对匈奴的全国性战争，加大财政收支，统治者不愿受到"无为"理论的束缚。《汉书·刑法志》载："及至孝武即位，外事四夷之功，内盛耳目之好，征发烦数。"在这样的政治背景下，统治者需要更为激进的思想理论。

3. 法制观的不同

道家的"无为"，在法制问题上，要求最高统治者也要带头守法。《文子·上义》篇提出："法度道术，所以禁君使无横断也。"《淮南子·主术训》袭之："法籍礼义者，所以禁君，使无擅断也。"在这样的思想指导或者说限制下，汉初皇帝不以私情破法的高尚之举，常有所见。文帝时，张释之为廷尉，有人盗窃高庙玉器，张释之依法判了罪犯"弃市"之刑。文帝痛恨罪犯的行为玷污了皇室祖宗，欲治以"族诛"之刑。张释之却态度鲜明地表示反对，说法律本来就是这样规定的，"法如是也"。文帝只好放弃自己的私见。③ 汉武帝时期，"百姓贫耗，穷民犯法"④，社会矛盾激化，最高统治者不愿被法律条文束缚住

---

① 《春秋繁露·为人者天》。
② 《史记·孝武本纪》。
③ 《汉书·张释之传》。
④ 《汉书·刑法志》。

自己的手脚，自然要另寻其他学说来作理论依据。

假如我是皇帝，纯从个人利益出发，也不会喜欢道家那不可违背的"道"和"法"，而喜欢有一种为自己作辩护的理论。当然，这仅仅是一种调侃式的假设，并不代表笔者的三观。有一些学者说，董仲舒是揣摩到了汉武帝的意图而作的《天人三策》，以致儒学得到了官方的推崇，但董仲舒究竟猜到了汉武帝的哪些心思，却没人深究。笔者以为，他的猜测中，至少包含了上面三点。

道家用阴阳和合思维论证德礼与法刑的关系，既不像先秦儒家那样刻意推崇德礼的作用，贬低法律的功能；更不像法家那样，只承认法律的作用，完全否认德礼的功能，而是将两者论证为可以并存并用的关系，推导出阴刑阳德论、礼法结合论。这种理论，经过董仲舒的改造，撕掉道家原有的"天道无亲""无为而治""法以禁君"等令君主不悦的思想标签，换上了"君权神授""民之父母""君为臣纲"等标签，打着儒家的旗号，让皇帝听起来十分的入耳、受用，进而在政治法制实践中得到广泛的推行，成为两千年不变的法制指导思想，致使中国古代法律制度的建置呈现出一以贯之的"礼法"传统。

古代"礼法"传统，既是受和合思维的刺激而产生、形成，又无处不展现着阴阳和合的理念和精神。这种情形，与整个中国传统文化的大特征是相匹配的。在中国文化的大领域下，宗教、法律、政治、哲学、艺术都是配合和谐而无此疆彼界的，钱穆称这种现象为"完整凝一"[1]，这是一种"和合"文化。法律文化作为传统文化中的亚文化系统，自然也是以"和合"为其总体特征的。细加考察，也可一一得到印证。

用"和合"的大文化观审视，法律与其他学科虽有不同，但并非彼此绝缘，也是和而不同的；法律内部也不是彼此孤立，而是有机统一的，由此构成了中华法系内外和合的文化特征。就外部而言，法律

---

[1] 转引自金耀基：《从传统到现代》，中国人民大学出版社1999年版，第194页。

与道德彼此贯通，互融互济，堪谓"你中有我，我中有你"，实在有些难分难解，是一种"和合"的样式。在价值层面，既不一味追求实质正义，也不单纯追求形式正义，遂有"守法"与"任情"相结合，"告奸"与"容隐"相结合，平等与差序相结合等制度安排，来保障其价值追求的实现，体现的仍然是和而不同的精神。

第二节　礼法传统的历史演进

中国传统的礼法制度，在世界法律文明史上是独一无二的，与其他法系相比较，其独特之处，首先表现为坚持"和合"的态度来对待和处理法律与道德的关系，而其他法系大都用"分析"的态度来对待和处理法律与道德的关系。道德、法律和合而形成的伦理法，是礼法传统的外延特征。

在人类文明早期，法律与道德的混同，几乎是一切法文化类型的共同特征，摩西律法、伊斯兰法等，无不如此，非中华民族独然。但随着时间的推演，其他诸多民族、国家，尤其是西方民族和国家的法文化类型，都由法律、道德混同走上分离的法文化道路，衍生出严密的法律规范形式，形成严格的规范法之治，这可能跟强调"主体性原则"的西方哲学有关。受其指导，人们对人与人、物与物、人与物的关系，多持"分析"[①]的眼光以对待之，强调各物自身的确定性，以及

---

① 我国近代哲学大师方东美曾指出："西方哲学思想，大体上用分析方法，将问题打破，变成许多条件，逐项寻求解决，时或不免忘记了其他连带条件的重要性，忽视了问题的整体……旷视西方一套学术史，不难觉察到那些形上与形下的分截，主观与客观的对立，神权与人权的纷争，阶级与阶级的仇恨，国家与国家的战争。……不论个人、民族或国家，谁能巧妙运用这种思想所揭示的法宝，也能取胜于一时以炫耀光荣，但是随之而起的，也有不少个人的悲剧，民族的灾难，和国家的衰亡。"方东美：《二十世纪之社会科学序》，载于《法律学》第 4 页，正中书局印行，转引自李钟声：《中华法系》（下），华欣文化事业中心 1985 年版，第 800 页。

此物与彼物间的差异性，由此引发了自然科学的发达，在人文社会科学中，亦极力凸显法律与道德的差异，法律规范遂游离于道德规范之外。主张"纯粹法学"的凯尔森说："法的概念无任何道德含义，它指出一种社会组织的特定技术。"① 决绝地否定了法律和道德在内容上的任何联系。新分析法学的代表人物哈特的观点似乎略有变通，他认为法律在实际上可能反映了一定的道德要求，但这样做并不是对的，强调严格区分"实际是这样的法律"和"应当是这样的法律"。② 有如此种种思潮，西人采德法分治之策，实乃自然而然之事。

但在中国，法律与道德由自发混同走上了自觉调和而不是自觉分离的路子，形成"礼法合一"的法文化形态。道家哲学以"和合"为精神，认为自然法则是不可逾越的，人在自然中是不自由的，应与自然和谐相处，讲求"天人合一"；人世间的一切物象也不应是彼此孤立，而是统一和谐的，"统一性"的哲学原则占据主导，人们考虑任何问题，总是抱持"综合"而不是"分析"的眼光。这样的思维方式制约着古代中国人对法律的看法和做法。

可以说，我们的祖先们，从没将法律独立对待，也未曾想过要将法律作为一种独立的人文现象，总是将法律与道德、政治等问题联系起来思考，并在实践中这样去做。深受黄老道家影响的荀子有句话，最能反映中华民族的这种思维方式，他说："治之经，礼与刑。"政治之道的根本，在于道德教化和法刑镇压，交互为用，方能治国平天下。《淮南子》中进一步阐明了道德与法律的关系："故礼义法制者，治人之具也。"③ 无论法律制度，还是礼义道德，都是政治的附庸，二者不可

---

① 凯尔森：《法和国家的一般理论》，沈宗灵译，中国大百科全书出版社1996年版，第3页。
② 哈特说：这里我们所说的法律实证主义的意识，是指这样一个简明的观点："法律反映或符合一定道德要求，尽管事实上往往如此，然而不是一个必然的真理。"转引自张文显：《二十世纪西方法哲学思潮研究》，法律出版社2006年版，第85页。
③ 《淮南子·汜论训》。

割裂，而应相互融通，方能发挥出更好的治理效果。当这样的思想被董仲舒概括总结为"德主刑辅"、礼法并用的系统理论，并以儒家学说为形式载体而用之于实践之中时，就意味着中国法律传统进入了法律与道德有机和合的新阶段。

中国传统道德是以伦理规范为载体的，故道德与法律融合的直接结果就是伦理法的问世。"伦理"一词，最早见于《礼记·乐记》，"乐者，通伦理也"。东汉郑玄注云："伦，犹类也；理，分也。"唐孔颖达解释说："乐得则阴阳和，乐失则群物乱，是乐能径通伦理也，阴阳万物各有伦类分理也。"可见，"伦"应训为"类"，"类"又可训为"辈"。在血缘家族中，父辈为一伦，子辈为一伦，孙辈又为一伦。推而训之，"伦理"即指不同伦次、不同辈分的人应恪守的不同的规矩、规则和道理。孟子说："父子有亲，君臣有义，夫妇有别，长幼有序，朋友有信。"[①] 整个古代社会的人际关系可以归纳为君臣、父子、夫妇、兄弟、朋友这五伦，臣事君以"忠"，子事父以"孝"，妇事夫以"节"，弟事兄以"悌"，朋友之间要守"义"。忠、孝、节、义、悌便成了最基本的"伦常之理"，即伦理。当这些价值标准为民族成员普遍接受，并以之作为衡量是非善恶的标准时，便演化为民族共同的道德意识，凡符合这些标准的行为，即是善；违背这些标准的行为，即是恶。因而中国传统道德是以伦理为基础的伦理道德。

传统的伦理道德，具有世俗性的特点，因而能够深入人心，广为流传。既不同于以超凡出世为特征的宗教道德，因为它空玄神秘，不可捉摸；也不同于先验的以"自然正义"为基本内容的理性道德，因为它不可体感，难以求证。伦理道德由血缘亲情向外推演，其基本点在于父子亲情。"父子之亲……天性也"。在任何一个人看来，父对子的慈爱，子对父的孝顺，都是发自内心的，是善的表现，其合理性能够为每个人

---

① 《孟子·滕文公上》。

所理解接受。以此为出发点推出夫妇、长幼、君臣、朋友之间的伦理，也就自然而然地取得了合理性，变得毋庸置疑了。类似的种种道德观，便深入到整个民族的每一分子心中，成为基本的生活信条和行为准则。西人谓中国儒学为儒教，理由就在这些安身立命的信条、准则，在表面上多是由儒学倡扬，其不是宗教而胜似宗教，如春雨润物，无声无息地浸濡着中华民族，被奉为修身、齐家、治国、平天下的大经大法。当其由人们的内心评判转化为法律制度时，喻示着法律、道德的整合运动不可逆转，伦理法的出现是必然的。

一、法律与道德混同

夏、商、周时期，是法律、道德的混同期。著名历史学家吕思勉说："古有礼而已矣，无法也。"① 三代的行为规范为"礼"。孔子说："殷因于夏礼，所损益可知也；周因于殷礼，所损益可知也。"② 说明夏、商、周各有其礼，但一脉相承。只是由于文献的不足，人们对夏、商之礼已不得而知。③ 至于西周之礼，则洋洋大观，存诸典籍，有"礼仪三百，威仪三千"④，"礼经三百"，"曲礼三千"等记载。按古文经学的说法，周礼可分为吉、凶、军、宾、嘉五类；按今文经学的划分，有冠、婚、丧、祭、朝、聘、军旅、宾盟、乡饮酒九类。无论作何分类，都是当时调整上至军政财法，下至言谈举止的行为准则。不同的礼与不同的乐配合使用，故又称"礼乐"。

近代以来，法理学日趋精细，行为规范中才有了道德、法律之分，

---

① 吕思勉：《先秦史》，上海古籍出版社 2005 年版，第 391 页。
② 《论语·为政》。
③ 《论语·八佾》记："夏礼，吾能言之，杞不足征也；殷礼，吾能言之，宋不足征也。文献不足故也。"
④ 《礼记·中庸》。

以此标准去看待三代的"礼",我们实在不好说它是道德性质的还是法律性质的。实际在三代人眼中,"礼"就是笼统的行为规范,并无道德、法律的属性之分。《礼记·曲礼》记载:

> 道德仁义,非礼不成;教训正俗,非礼不备;分争辩讼,非礼不决;君臣、上下、父子、兄弟,非礼不定;宦学事师,非礼不亲;班朝、治军、莅官、行法,非礼威严不行;祷词祭祀,供给鬼神,非礼不诚不庄。

由上可见,"礼"是包含了道德仁义、风俗教化、争讼决狱、人伦等差、行政教学、军政财法、宗教祭祀等各方面的综合性的行为规范,既可以用来解决纠纷,具有法律的性质,又可以拿来教化民众,具有道德的特征。近代著名学者严复在翻译西方启蒙思想家孟德斯鸠的《法意》时说:"西人所谓法者,实兼中国之礼典。"又可知礼兼具西学意义上的道德与法律的双重含义。栗劲认为:"礼既具备道德规范的形式,又具备法律规范的形式;既符合道德规范的结构,又符合法律规范的结构,因此,'礼'具有道德与法律的双重属性。"[①]

礼乐作为中国早期的治国理政模式,主要特征表现为道德和法律相混同。其与今日之情形迥然不同,当今社会,有的领域归法律调整,有的领域归道德约束,二者各自为政,道德和法律是分开的。考诸世界其他民族,第一个阶段的治理模式都具有相同的特征。如希腊、罗马,最开始的社会控制手段,就是道德、宗教和法律的混同物,日本著名法学家穗积陈重将该混同物称为"礼",道德和法律也是合二为一的,"法"是后来从"礼"中分离出来的。[②] 社会发展到一定阶段,法

---

① 参见栗劲、王占通:《略论奴隶社会的礼与法》,《中国社会科学》1985年第5期。
② 穗积陈重:《祭祀及礼与法律》,岩波书店1928年版,第199—200页。

律才从这一混同物中独立出来,出现道德、法律分离的现象。

或有人以为,三代的"礼"之外,尚有一独立的"刑"的系统,夏有《禹刑》,商有《汤刑》,周有《九刑》《吕刑》,具备典型的法律属性。实则,三代之刑也只是礼的组成部分,其性质只能从属于"礼"的总体性质。《慎子·逸文》中说:"斩人肢体,凿人肌肤,谓之刑。"刑是罚罪的方法,即刑罚。依法学原理分析,法律规范须具备假定、处理、制裁三要素,缺一不可。三代之刑作为单纯的制裁手段,只具备"制裁"这一个要素,不能独立存在,需要与包含"假定""处理"的行为规范联系起来,才有存在的必要,即,对什么样的犯罪行为给予什么样的惩罚。"出礼入刑"的通行说法,正好印证了:"礼"是行为规范,包含了前两项要素;"刑"是保障其施行的强制措施,是后一项要素。因此,刑依赖礼而存在,刑被囊括在礼的范围之中,这正如我们现代刑罚体系也是包容在刑法典之内而不是独立在外一样。

当然,除了纯粹的理论分析外,我们还可以用实证材料来说明这一点。《左传·文公十八年》记载:"先君周公制《周礼》曰:'则以观德'","则"指礼所规定的行为准则;又,"(周公)作《誓命》曰:'毁则为贼,……为大凶德,有常无赦,有九刑不忘'"。"毁则"指破坏礼定规则的行为,构成"贼"的罪名,将按"九刑"的有关规定量刑处罚。可见,刑的存在是以礼的规定为前提的,正因为礼中有"则"的规定,对它的违反将受到刑的制裁。

由上分析可知,三代之礼实即三代之法。礼既有法律的性质,又有道德的特征。这是一个法律、道德混同的时期。

二、法律与道德分离

及至春秋战国时期,社会动荡,秩序大乱。"《春秋》之中,弑君三十六,亡国五十二,诸侯奔走不得保其社稷者,不可胜数"①;又,据著名史家翦伯赞的《先秦史》中粗略统计,在 255 年的战国时代,大小战争多达 222 次。民众生活在"争地以战,杀人盈野;争城以战,杀人盈城"②的惨烈环境里,以前的礼遭到了全面的破坏,出现"礼崩乐坏"之局面,礼失去其应有的秩序构建功能。如何治理国家和社会,诸子百家,各异其说。儒家主张德治,孔子曰:"为政以德,譬如北辰,居其所而众星拱之。"③法家主张法治,提倡"任法而治""垂法而治""缘法而治"④。值此群雄"争于气力"⑤的乱世,战争频仍,儒家思想不受青睐,法家理论得其时运,大多数诸侯国莫不依循其思路进行法制改革,将以前用来保障礼施行的刑罚,从礼当中抽出来,制定成专门的刑书、刑鼎,作为治国重器。

公元前 536 年,法家先驱郑国执政子产将国家的法典铸刻在彝器(青铜做的礼器)上,并向老百姓公布,史称"铸刑书"。公元前 513 年,晋国进行改革,赵鞅向民众征收一鼓铁(480 斤),铸了一个铁鼎,将刑书的文字刻在鼎上,公之于众,史称"铸刑鼎"。其他诸侯国也进行了类似的改革。到战国时期,约在公元前 407 年,法家鼻祖李悝在魏国主持变法,他在搜集、整理各诸侯国公布的刑书、刑鼎的基础上,编纂了《法经》,包括《盗法》《贼法》《囚法》《捕法》《杂法》《具法》六篇,史载曰:"悝撰次诸国法,著《法经》。"⑥梁启超说:"盖《法经》者,集局部法以为一般法者也。我国法律之统一,自《法经》始。"于是一种崭新的行为规范——"灋"登上了历史舞台。⑦约在公元前 4 世

---

① 《史记·太史公自序》。
② 《孟子·离娄上》。
③ 《论语·为政》。
④ 分别见《商君书》之《慎法》《壹言》《君臣》篇。
⑤ 《韩非子·五蠹》。
⑥ 《晋书·刑法志》。
⑦ 又有学者认为:"《法经》开启了以'法'这一指代制度规范的术语作为总括性法典的名称。"(马腾:《由儒入法:李悝法思想旨趣及变法实践》,《晋阳学刊》2015 年第 3 期)

纪中叶,商鞅以李悝《法经》为蓝本,根据秦国的实际国情进行法制改革。《唐六典》称:"商鞅传《法经》,改法为律。"之所以改法为律,要义有二:其一是强调法律的稳定性。法律一旦制定,不能轻易改变;二是强调统一适用性。"所谓壹刑者,刑无等级。自卿相、将军以至大夫、庶人,有不从王令、犯国禁、乱上制者,罪死不赦"。①

当法或律出现以后,以前的礼被抛弃在法律之外,不再用国家强制力来保障实施,转由社会舆论、良心自律进行约束,礼遂变成了道德,道德与法律由此分开。其变化路径如图3.1所示:

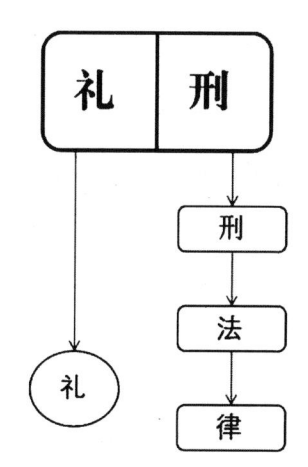

图3.1 礼刑—法律演变示意图

以礼为统帅的道德与法或律分手而别后,法治成为时代的最强音。及至秦灭六国,"海内为郡县,法令由一统"②,奉行"专任刑法""纯任法治""弃礼任法"的治国策略。其实质为只讲法律,不顾道德的单纯法治,与今日之法治自不可同日而语。由于缺乏道德的指导、引领,秦法无视孝道伦理,父子之间不讲亲情,"借父耰鉏,虑有德色。母取箕帚,立而谇语。抱哺其子,与公并倨;妇姑不相说,则反唇而相

---

① 《商君书·赏刑篇》。
② 《史记·秦始皇本纪》。

稽"①；践踏夫妻情义，强制夫妻之间相互告发犯罪。云梦秦简《法律答问》中记载："夫有罪，妻先告，不收。"秦朝奉行法家之法，总是与人的道德情理对着干，失去了民心基础，推行得越彻底，失败得越快，故秦前后统治不到16年即告垮台。

秦朝的过早灭亡，引发人们对其所采法律、道德分离的治理模式进行反思，进而产生质疑。

三、法律与道德和合

历史有惊人的相似之处，然因不同的选择，不同的民族又重新走上不同的历史道路。中国亦曾经历过道德、法律分离的时代，但随后又步入了和合的轨迹。汉初的理论反思运动，所得的结论不是如何仅就法律本身做进一步的完善，继续德、法分治的模式，而是援用道德的力量来改造法律，救济"纯任法治"的不足。如果说三代法律与道德混同、以礼统法是一种自发生成的结果，那么，汉以来的礼法结合、德刑并用，则是经过反思之后所做的理性选择。曾经被排斥在法制门墙之外的道德内容，又被引入到法律之中，开始了道德法律化和法律道德化的运动，因其是人为设计的，避免了以前的含混笼统，从而带上主观调和的色彩。这是法律、道德有机和合的运动。

（一）援礼入法

两汉的援礼入法，是这一运动过程的开端。

首先，在立法中，一些曾被排除在法律之外的礼节仪式和礼义原则被引入法典之中，形成一些标志着法律、道德结合的立法成果。

---

① 贾谊：《治安策》。秦始皇采纳法家代表人物韩非的思想，"君之直臣，父之暴子也……父之孝子，君之背臣也。"（见《韩非子·五蠹》）将忠孝观念对立起来，不惜用法律来压制孝道伦理，导致家庭亲情淡薄。

汉高祖时，由叔孙通主持制定的《汉仪》18篇，就是将文武百官朝见皇帝的礼仪法律化，渊源于三代礼制中的朝觐之礼，因被附于成文法典《九章律》之后，同具法律效力，又称作《傍章》。汉武帝时，命张汤定《朝律》6篇，又叫《朝会正见律》，是诸侯百官朝见天子的礼节仪式的法律制度，乃又一引礼入法的代表。

在以律、令、科、比等法律形式为代表的整个汉律体系中，还厘定了一些体现道德精神的原则和制度。如古老的"刑不上大夫"的周礼原则，汉文帝采纳贾谊的建议，将其作为定制，"是后大臣有罪，皆自杀，不受刑"[①]。又如，为体恤礼中"亲亲有杀（差）"的差序原则，始自高祖而终两汉之世，形成了"上请"的特权原则，凡宗室、贵族及七品以上官吏犯罪，司法机关无权径行裁决，由中央廷尉讨论后，交皇帝定夺，量刑上多有减免。再如，为体现父子之亲的伦理原则，汉宣帝地节四年（前106年），以诏令的形式确立了"亲亲得相首匿"原则，规定：凡子为父、妻为夫、孙为祖父母的犯罪行为进行包庇隐匿，不负法律责任；父为子、夫为妻、祖父母为孙的犯罪行为进行包庇隐匿，一般不负刑事责任，若所犯为死罪，则上报廷尉，享受"上请"的减免特权。

其次，在司法方面，董仲舒在汉武帝时期推出"《春秋》决狱"的审判方式，打破了战国、秦时期坚持的机械的罪刑法定原则[②]，在重大、疑难案件的审理过程中，引礼入法，原情定罪，使案件的处理既遵循法律的规定，又能体现礼义道德的价值指向。董仲舒对此曾作了情理性的分析："是故《春秋》为仁义法，仁之法在爱人不在爱我，义

[①] 《汉书·贾谊传》。

[②] 秦律规定有"不直""纵囚""失刑"等罪名，要求司法官严格按照法律规定审断案件。秦简《法律答问》记载："罪当重而端轻之，当轻而端重之，是谓'不直'"；故意枉法，致使罪犯逃脱罪责，为"纵囚"；因过失量刑不当，有失轻重，为"失刑"。这些规定，虽具有保障罪刑法定原则的立法意义，但由于在实践中要求甚严，乃至盗采桑叶也要处30天苦役，而不问法律本身的良善，遂流于机械对号入座之弊，亦导致了秦朝的暴政。

之法在正我不在正人。"① 用《春秋》之经义决断狱讼,是体现"仁义"的有效途径,司法效果可以借此获得个人和社会公众的道德认同。

传统学术常以桓宽《盐铁论·刑德》中"志善而违于法者免,志恶而合于法者诛"的说法,对"《春秋》决狱"大加讥评,认为是"论心定罪"的主观归罪原则,为罪刑擅断主义大开方便之门。② 这些批评,虽然也自有一些道理,但却忽略了一个至关重要的事实,那就是"《春秋》决狱"在当时当世应有的合理性,否则其何以能流行七百余年而不衰呢? 司法审判是主、客观统一的活动,任何行为,只考虑其是否合法的客观要件,不考虑志善、志恶的主观道德要件,就无法区分罪与非罪、罪重与罪轻,这与现代刑法理论中考虑主、客观要件的定罪量刑原则并无二致。而且,"《春秋》决狱"中"论心定罪"的"心","本其事原其志"的"志",就是指的宗法伦理道德,用以衡量主观心态的善恶或故意、过失、意外,实则是用道德改造司法,以达到道德、法律有机整合的目的。

(二) 礼法结合

魏晋南北朝的礼法结合是法律、道德和合的进一步发展时期。

这一时期,传统伦理观念纷纷进入法律,形成一系列体现道德价值观的法律制度。之所以有这样的局面,主要在于儒生修律、注律。如魏国《新律》由陈群、刘邵等人修订,皆是饱读儒经,提倡"制礼作乐"的信徒。西晋《泰始律》的起草班子14人,除贾充一人是刀笔吏外,其余皆出于儒门,特别是杜预、郑冲,更是当时声名大噪的宿儒。后杜预又与张斐注释《泰始律》,经朝廷批准颁行天下,同样具有

---

① 《春秋繁露·仁义法》。
② 章太炎在《检论·原法》中说,《春秋》决狱是"舍法律明文,而援经诛心以为断",为法吏"因缘为市"、徇情枉法留下空间。刘师培在《儒学法学分歧论》中批评道:"名曰引经决狱,实则便于酷吏之舞文。"

法律效力，在历史上有《张杜律》的美名，为律学的重要代表作。《北魏律》的编修者崔浩、高允等，亦是汉人"豪门强族"之后，深受儒学熏染。这些人熟知儒学精义，对礼中所提倡的道德价值赞誉有加，注律时，以经率法，更礼为律，以伦理释律；修律时，更是直接将礼中的道德准则立定为相应的法律条文或法律原则。

其一，"孝"字入律。有人问孔子，尽孝的难处在哪里？孔子回答："色难"。意思是光是给父母吃饱穿暖，还不算难，难的是对他们自始至终都要态度好。因之，"孝"就是尊老事亲，就是要在生活上、感情上给予父母尊长以最大限度的满足。《墨子·经上》说："孝，利亲也。"《尔雅》云："善事父母为孝。"不能或不愿这样做，将受到舆论的谴责和良心的自责，可见它是个道德范畴。汉魏以来，"孝"亦成为一法律范畴。

曹魏标榜"以孝治天下"，对与此有关的种种行为，用法律而不纯用道德手段来进行调整。《新律》中明文规定可以为父母复仇，以鼓励孝子之心；废除商鞅变法以来成年儿子必须分居的规定，将"父子无异财"定为法律，用法律手段强化"孝"的道德意识。晋律规定，子孙违犯教令，或供养不周，父母到官告子不孝，请求处死的，都应同意；加重对奸伯叔母行为的量刑。南朝刘宋的法律规定："母告子不孝，欲杀者。许之。"注云："谓违犯教令，敬恭有亏，父母欲杀，皆许之。"[①] 北魏孝文帝提倡孝道，其时制定的《北魏律》，多有关于孝道的原则、制度和法条：如子女告发父母、祖父母者，处死刑；如"冒哀求仕罪"，即在父母死后的三年服丧期内出来当官的行为，处"五岁刑"。到北魏宣武帝延昌二年（513 年），还出现一个颇有影响的"冒哀求仕"案例。偏将军乙龙虎为父守丧二十七个月，回朝廷供职。结果领军将军元珍弹劾他："案《违制律》，居三年之丧而冒哀求仕，五

---

① 《宋书·何天承传》。

岁刑。龙虎未尽二十七月而请宿卫，依律结刑五岁。"幸好三公郎中崔鸿为他辩护，认为三年之丧，依郑玄之学应该守二十七个月；依王肃之学则守二十五个月就够了，乙龙虎守丧二十六个月不足二十七个月，判五年徒刑不合情理，改为"科鞭五十"。① 此外"存留养亲"原则的出现，更是将法律与道德的结合推向极致。依此规定，犯死罪者，若祖父母、父母年已70岁以上，家中又无成年子孙照顾，若执行死刑，老人无人赡养，有悖孝道；如不执行死刑，又渎法意，便折中为罪犯赡养老人百年归世后，再执行死刑。判处流刑的罪犯有类似情形的，也可适用。② 遂使道德、法律皆得以维护。

其二，"忠"字入律。忠是由孝推导出来的道德范畴。《左传·文公元年》中称："忠，德之正也。"《忠经》中也说："善莫大于作忠，恶莫大于不忠。"忠与孝相通，在家应做孝子，在国当做忠臣。"事父孝，事君忠。"③ 因而，忠和孝一样，是最大的德性。以现代眼光审视，忠似乎更应当是一条政治准则而不是道德标准，但在传统中国的宗法社会里，家国相通，国是家的扩大，家是国的缩小，一国之君既是国家的政治领袖，又是百姓的父母官，民众对国君敬忠，犹如子女对父母敬孝一样天经地义，"忠"由此获得了道德的属性。

魏晋以降，忠的道德属性得到了法律的进一步支持，强调臣民对国君敬忠，既是道德的要求，又是法律上的义务。《北齐律》中定"重罪十条"，其中涉及"忠"字的罪名有五，反逆、大逆、叛、降、不敬等罪皆是。④ "反逆"指图谋推翻当朝政权的行为；"大逆"指毁坏或侵害皇帝的宗庙、陵寝及宫阙的行为；"叛"指背叛朝廷、投奔敌国的

---

① 《魏书·礼志四》。
② 《魏书·刑法志》。
③ 《论语·学而》中记载孔子的学生有子的话："其为人也孝悌，而好犯上者，鲜矣；不好犯上，而好作乱者，未之有也。"反映了儒家"孝慈则忠"的逻辑推理。
④ 《隋书·刑法志》。

行为;"降"指在作战中投敌的行为;"不敬"指盗取皇家器物、大祀神物及皇帝的车马舆服,伪造皇帝印玺的行为。当然,这五条用以维护皇权的罪名,并非一一始创于北齐律,前朝各代已陆续出现[1],只是到此得以系统化,构织起一张拱卫"忠"的伦理观的法律网络。在它的强化之下,"忠"字成为一个道德观念与法律观念和合一体的复合概念,积淀为中华民族稳固而又特殊的法文化心理。

其三,"节""义"入律。贞节之道作为对女性的道德要求,由来已久,这一时期则由道德、法律进行双重调整。失节行为,既是道德违规,为众人所不齿;亦是犯罪行为,要受到刑罚的制裁。北齐华山王高凝的妃子王氏,因与苍头通奸,事发后,王氏被处死刑;高凝因对王氏的行为放任不管,也被处杖一百的刑罚。[2]"重罪十条"中的"内乱罪",亦是强化"节"的道德意识的立法表现,其中规定,亲属之间的犯奸行为,无论强奸、通奸,都属重罪,包括强奸小功范围内的亲属或祖、父之妾的行为,以及子孙与祖、父之妾和奸的行为。

"义"的道德含义十分宽泛,如公平公正、尊上爱下、先予后取、先人后己、先公后私,以及用正确的手段谋取利益等行为,皆可以"义"冠之。其中,调整非血缘群体中的上下尊卑秩序的这一道德价值,是最主要的。《礼记·中庸》曰:"义者宜也,尊贤为大。"因而,"义"的这一部分道德规范,也在魏晋南北朝时期演化为法律规范。"重罪十条"中"不义"的罪名,专门打击以下犯上的犯罪行为,具体指部下及百姓杀害郡县官吏或丈夫去世而妻子匿不举哀等行为。夫妇一伦,不是平等关系,在道德上,丈夫与妻子的伦理比照父亲与儿子的伦理;故在法律上,妻子对丈夫,适用下对上的原则,由"不义"的罪名加以调控。

---

[1] 汉代有"大不敬"罪,曹魏有"大逆""谋反"罪,晋律中有"侵犯陵墓"罪。"叛""降"在秦汉以来各朝法典中均为重罪。先朝的种种立法成果,在《北齐律》中得到总结。

[2] 《北史·华山王凝传》。

其四,"悌"字入律。弟事兄以"悌",兄弟辈的伦理,也有长幼尊卑的区分。曹魏《新律》规定,殴打兄或姊的行为加重处刑至徒五年,兄、姊殴打弟、妹则可减轻量刑。西晋为发扬兄友弟恭的道德风尚,规定兄弟之间服丧期为一年,居丧失礼者,依律治罪。

(三)礼法合一

隋唐是法律、道德和合的完善时期。

法律道德化与道德法律化的双向互动,经魏晋南北朝的发展,到隋唐已达到高度的融合,史称"礼法合一"。最为明显的标志就是《永徽律疏》的出现。

《律疏》总则《名例》篇首疏文中说:"德礼为政教之本,刑罚为政教之用,犹昏晓阳秋相须而成者也。"所谓"德礼",其核心内容就是宗法伦理,即以"三纲五常"为经纬的道德准则,"三纲"指"君为臣纲,父为子纲,夫为妻纲",是传统道德体系的总目[1],"五常"指仁、义、礼、智、信这五种基本的道德规范,除此以外还有其他道德规范,皆附属于三纲之下。所谓"德礼为本",就是用"三纲"所囊括的各种道德准则作为立法的指导思想,凡符合君臣、父子、夫妇之伦理标准的行为,法律予以保护;凡悖逆君臣、父子、夫妇之伦理者,法律则予以打击。立法的目的不是让法律、道德分而治之,而是要携手并肩,一以惩恶,一以扬善,共同发挥教育民众、打击犯罪、维持秩序、调控社会、治理国家的作用。故后人评价"《唐律》一准乎礼"[2],意指唐律的制定与解释都是以纲常伦理为依据和准绳的。

从《律疏》的内容考察,法律规范与道德规范结合得更加紧密了。凡是与"三纲"有关的道德原则或道德规范,都转化为一一对应的法

---

[1] 《白虎通德论》引纬书《含文嘉》云。
[2] 《四库全书总目提要》。

律原则或法律条文；同时，对律文的解释，也以道德评判为尺度。譬如"重罪十条"改为"十恶"①的名称变化，就反映了这一时代道德评价与法律评价的高度统一。"恶"与"善"相对，是伦理学范畴，以内心评判为价值尺度。细言之，凡道德以为"恶"者，法律必以之为"重罪"，反之，凡法律定为"重罪"者，道德必以之为"恶"的不良品行，二者匹配无隙，无有轩轾。十恶所列各种行为，"亏损名教，毁裂冠冕"②，严重冲击了伦理道德体系，故被置于律典的首篇，用法律进行严惩。《律疏》的出现，有"法外无遗礼"③的评价，就是指道德已基本上为法律所包揽，二者达到了高度的统一：和合。

先看"君为臣纲"的道德、法律分析。

"君为臣纲"是"忠"的道德准则的政治化再现，"忠"的法律化使得政治、道德、法律三者相互贯通。《律疏·名例》篇的疏文说："案《公羊传》云：'君亲无将，将而必诛'……。《左传》云：'天反时为灾，人反德为乱'。然王者居宸极之至尊，奉上天之宝命，同二仪之覆载，作兆庶之父母。为子为臣，惟忠惟孝。"这就从历史观的运思、宇宙论的视野和伦理学的角度，将"忠"与"孝"并列，抬到了最高道德范畴的高度。

比较而言，《律疏》与"忠"有关的罪名有谋反、谋大逆、谋叛、大不敬，和《北齐律》的规定表面上似无大的不同，实际上却非常不同。第一，反、逆、叛改为谋反、谋大逆、谋叛，增加了一个"谋"

---

① 前述已知，《北齐律》首定"重罪十条"，《唐律》以《开皇律》为蓝本，将其改为"十恶"，个中内容亦有适当调整，由以前的反逆、大逆、叛、降、恶逆、不道、不敬、不孝、不义、内乱改为谋反、谋大逆、谋叛、恶逆、不道、大不敬、不孝、不睦、不义、内乱。这种改变，看似没有明显的不同，实则蕴涵了很重要的信息。

② 《律疏·名例》篇说："五刑之中，十恶尤切，亏损名教，毁裂冠冕，特标篇首，以为明诫"。

③ 李光灿认为，《唐律疏议》几乎把一切伦理纲常、礼节仪式全部囊括其中，作为道德规范的"礼"与国家法律已完全融为一体。参见曹漫之：《唐律疏议译注》，吉林人民出版社1989年版。

字,更具有"诛心"的立法用意。《唐律·贼盗律》疏议对"谋"作了解释:"谋危社稷,始兴狂计,其事未行,将而必诛,即同真反。名例称谋者,二人以上,若事已彰明,虽一人同二人之法。"可见,谋是指二人以上策划犯罪,尚未着手实施,相当于现在所说的"犯罪意图"[①];特殊情况下一人"独谋于心"也可构成"谋"。有了这种改变,对反、逆、叛的犯罪,只要有犯意表示,虽未进入实行阶段,也未发生危害后果,即可进行刑事制裁,表现了加重惩罚道德犯罪的政治倾向,比《北齐律》更加包罗无遗了。第二,在立法技术上,《北齐律》相关罪名有五,而《律疏》有四,明为减少,实则更加系统化了。以前的"叛"和"降"分列为两个罪名,没有太大必要,《律疏》将之并为"谋叛"一个罪名,虽简而无漏,"疏议曰:有人谋背本朝,将投蕃国,或欲翻城从伪,或欲以地外奔"[②],包含了"叛""降"两种行为。第三,立法解释更为成熟,对各罪名的疏释,皆以礼义为准据,以道德为旨归。如谋反,释为"规反天常悖人理"的行为;谋大逆,释为"干纪犯顺,违道悖德"的行为;大不敬,释为"皆无肃敬之心"、亏礼废节的行为。

再看"父为子纲"的道德、法律分析。

"父为子纲"是"孝"的道德观念的政治性纲领,也是围绕孝而构织的家族伦理的统帅。"重罪十条"已有不孝、恶逆,李唐统治者承继这一立法传统并适当改作,使法律调整与家族伦理调整结合得更加紧密。其"不孝"罪包括:"告言诅骂祖父母、父母,及祖父母、父母在,别籍异财,若供养有阙,居父母丧,身自嫁娶,若作乐释服从吉,闻祖父母、父母丧,匿不举哀,诈称祖父母、父母死"。显见是对前代立法成果进行有序的整理和概括。"恶逆"罪包括:"殴及谋杀祖

---

① 张斐《注律表》谓:"二人对议谓之谋。"
② 《唐律疏议·名例》。

父母、父母，杀伯叔父母，姑，兄，姊，外祖父母，夫，夫之祖父母、父母者"。其中，将针对祖父母、父母的加害意图作为打击对象，疏议曰"谋，谓谋计"，虽无具体行动，但有犯意表示，即构成犯罪。增设"不睦"罪，使法律调整的范围扩大到整个"五服"之内。《名例》篇注文中说，不睦"谓谋杀及卖缌麻以上亲，殴告夫及大功以上尊长，小功尊属"。按疏议的解释，亦是由"孝"字伦理推广而来，"《孝经》云，'民用和睦'，睦者，亲也，此条之内，皆是亲属相犯，为九族不相叶睦，故曰不睦。"

三看"夫为妻纲"的道德、法律分析。

律文和疏文反复重申，夫妻的法律地位是不平等的。《斗讼》篇"告缌麻以上卑幼"条疏文云："其妻虽非卑幼，义与期亲卑幼同"，即妻子的地位等同于"期亲卑幼"。另有指出，"夫者，妻之天也"[1]，"夫为妇天，尚无再醮"，"妇人从夫，无自专之道"[2]，如此等等，都是强调妻子服从丈夫的支配。

在"十恶"罪中，为人妻妾的女性可能构成四种重罪：妻杀夫，构成"恶逆"罪；妻谋杀、殴打、控告丈夫，构成"不睦"罪；妻闻夫丧，"匿不举哀，若作乐释服从吉，及改嫁"，构成"不义"罪；父祖妾与子孙和奸，或被强奸后又与之和奸的，构成"内乱"罪，疏议释为："为妇人共男子和奸者，并入内乱，若被强奸，后遂和可者亦是。"在离婚制度中，丈夫有绝对的主动权，妻子有"七出"和"义绝"情形之一者，由丈夫立写休书出妻，即使是双方"和离"，也由男方制作"放妻书"，标志着男方在婚姻关系存续和解除的环节占据主动地位，起着决定作用。在一般刑事犯罪的规定中，妻妾可能构成共犯，《贼盗律》注文云："犯奸而奸人杀其夫，所奸妻妾，虽不知情，

---

[1] 《唐律疏议·名例》。
[2] 《唐律疏议·户婚》。

与同罪"①，即奸夫杀本夫，与之通奸的妻妾虽不知情，仍以共犯论罪，处绞刑。

夫妻之间的等级差异，是道德的要求。所以，《律疏》中的有关法律规定，一方面来源于道德规范。《户婚律》疏议及相关"令"规定"七出"条件为"一无子，二淫泆，三不事舅姑，四口舌，五盗窃，六妒忌，七恶疾"，完全源于礼所涵摄的道德规范——"妇有七去，不顺父母去，无子去，淫去，妒去，有恶疾去，多言去，窃盗去"②，只是在先后次序上作了微调。另一方面，即使不是直接源于道德规范，其规定与解释亦须符合道德评价。《名例》篇疏议解释，"依礼：'夫者，妇之天也。'又云：'妻者，齐也。'恐不同尊长，故别言夫。"所以妻子殴打丈夫的行为，若按"常人斗"处理，便不合道德旨意，应视为卑幼侵犯尊长的行为，入"不睦"罪。

法条有限，情状无穷。假如"三纲"的分析尚不足让人完全相信道德、法律的融合，那么，《律疏》正文500条（或说502条），各附注、疏、问、答，其中一条特殊规定，则可打消这点疑虑。《杂律》中规定："诸不应得为而为之者，笞四十。事理重者杖八十"。这简直就是个如意口袋，凡是法律没有规定，但按伦理道德衡量不应当做的行为，都可装在里面，定个"不应得为"的罪名，予以刑惩。该条注文云："律令无条，理不可为者。""理"即"礼"，现代话语即伦理道德。可见，任何道德违规行为，都是应受打击的犯罪行为，法律、道德已没有分际。

隋唐时期的"礼法合一"，历宋元以迄明清，直到20世纪初叶前，虽有局部的量的加减，而无整体的质的变化。清末大理院正卿张仁黼说："数千年来礼陶乐淑，人人皆知尊君亲上，人伦道德之观念，最为

---

① 《唐律疏议·贼盗》卷十七，"谋杀期亲尊长"条。
② 《大戴礼记·本命篇》。

发达，是乃我国之国粹，中国法系即以此。"① 法律、道德融为一体的伦理法，正是礼法传统在外延形式上所表现出来的特征。

第三节　礼法传统的重要表征

道所涵摄的阴阳和合的思维方式，促成了法律制度与伦理道德的和合。以伦理法为核心的中华法系，在形式载体上，表现为一种"实在法"；在价值追求上，又体现为一种理想法。在这个法系中，实在法与理想法以宗法伦理为媒介而互通，外化则为实在的规范体系，内求则为道德的至善，以"顺天理、应人情"为衡量标准。

传统礼法制度表现为一种理想法，并不是说，其以伦理法为特质的实在法体系本身就是理想法，而是指其中蕴含了追求理想的价值目标和实现方法。西方法学奉自然法为理想法，并将其设计得完美无缺、神圣、神秘，人们无法感触，因而也难以对之进行批判，这种理想法具有强烈的工具意义，可以作为一个高高在上的标准来评价、衡量实在法的良善，从而促进人定法的不断完善。

相形之下，中华法系所诉求的理想，既是神秘的，又是世俗的，曾经盛行的"天理、国法、人情"的提法，便是明证。施政执法要"上应天理，下顺人情"。天理即"天道"②，是国法的理想目标，但何为天理，很难说得明白，故其神秘；然天理源于人情，何为人情？即人人皆有感受，故其世俗。所谓"人情"当指人人共知共认的一些常识、常理、常情，并用以判断是非善恶。受传统文化的熏染，中华民

---

① 《清末筹备立宪档案史料》，中华书局1979年版，第834—835页。
② 著名法律史家蔡枢衡先生说：评价法制善恶的标准，"是法哲学上所谓理想法或自然法，是儒家之所谓天或天道"。可见，天理、天道等概念，就是传统法文化意义上所指向的理想法。参见蔡枢衡：《中国法律之批判》，正中书局1942年版，第86页。

族习惯用宗法伦理道德去衡量行为的是与非、善与恶、仁义礼智、忠孝节悌、诚信廉耻便成了他们的常识、常理。这些"民情""民心"成为"天理"的部分根源,"民之所欲,天必从之"①。到了朱熹那里,直接将其作为天理,"所谓天理,复是何物,仁义礼智信岂不是天理?君臣父子兄弟夫妇朋友岂不是天理?"② 于是,这个既神秘又世俗的理想,不再是悬浮于空、不可捉摸的理念,而是可以落实到人定法中可操作的信条。"法顺人情",当法律能够维系、支持这些价值目标时,它就接近于理想法了。

但是,任何实定法都不可以和理想法画等号。老子说:"失道而后德,失德而后仁,失仁而后义,失义而后礼。"③当人类用礼法制度来维持秩序时,它已经离天道差了几个层次了。法律作为人为的规范体系,所体现的是形式正义,在大多数情况下,可以与天理、人情所指向的实质正义相配套,但也有不彻底的地方。一是法条有限而人心无穷,法律不可能完全体现天理人情,在范围上不可能做到严丝合缝般的扣合。二是在判断上,可能出现法律禁止的,人情却予褒扬,人情反对的,法律却予保护。这就涉及,是以法律所代表的形式正义、还是以人情所代表的实质正义为最高评价的选择问题。选择前者,可以避免主观人为因素而步入法治之路,却又难免对号入座式的机械的形式主义的嫌疑;选择后者,虽可避免机械之嫌,力求做到法尽人情,但又容易导致因人的私情、私欲膨胀,而陷于人治主义的泥潭。

在中国的礼法传统中,是坚持"和合"观念来处理这对关系的,认为它们之间不是绝对对立而是对立统一的关系,所做的选择因而也不是非此即彼的单项选择,而是彼此兼顾的双项选择,既要体现形式正义,又要照顾实质正义,追求二者的和谐统一。当法律与人情相一

---

① 《尚书·泰誓》。
② 《朱子文集》卷五十九。
③ 《道德经》第三十八章。

致时,则"任法"以求,通过形式去展现实质正义;当法律不能囊括人情或与人情相冲突时,则舍法而"任情",直取实质正义。究其实,中国传统法律制度在价值层面上的趋向,还是"情理"的评价高于"法理"的评价。正如严复所说,中华民族素来都以是非来衡量法,而不是以法来衡量是非;西方则相反,他们是以法来衡量是非。[①]

形式正义与实质正义的"和合",是实现理想的方法,亦为天理、天道所使然。《易经·系辞》指出:"一阴一阳之谓道"。《道德经》又讲:"万物负阴而抱阳,冲气以为和。"事物的生长,理想的实现,都应在对立统一中去求取,任何偏执一端的做法都有违天道而难以成功,"不道早已"[②]。要达到法的理想状态,在方法论上也不能例外,即保障理想实现的法律原则不应是单一的,而应是"和而不同"的。如在复仇这个特殊问题上,守法与任情应当结合,才能使人的孝心、亲情、友情得到满足,彰显公道;在诉讼制度上,"首匿"与"容隐"应当结合,才能使人们不至于因恪遵律条而贱视亲属间的感情;在法律适用上,平等应与差序结合,才能适应上尊下卑的伦理道德要求。中国传统的礼法制度,正是设计了这一系列既对立又统一的原则规定,以凸显道德对法律的引领作用,夯实法律对道德的保障功能,故与世界其他法系相较,才烙下了卓然不群的文化特色。

一、守法与任情

要求人人守法,是任何法律传统共有的规则。但在一些特殊领域,

[①] 严复在翻译孟德斯鸠《法意》卷一"按语"中说:"然法之立也,必以理为之原。先有是非而后有法,非法立而后以离合见是非也。……盖在中文,物有是非谓之理,国有禁令之为法,而西文则通谓之法,故人意遂若理法同物,而人事本无所谓是非,专以所许所禁为是非者,此理想之累于文字者也。中国理想之累于文字者最多,独此则较西文有一节之长。"

[②] 《道德经》第三十章。

法律的硬性规定可能会与人情的善意表达发生冲突，最典型的莫过于复仇的问题。是压制情感的爆发以维护法律的严肃和神圣，还是变通法律条文以满足人情的需求，在不同法系有不同的做法。

中国至少在战国中期以前，复仇是为国家法律认可的。《周礼》记载："凡报仇雠者，书于士，杀之无罪。"① 可与孟子所说"杀人之父，人亦杀其父；杀人之兄，人亦杀其兄"② 的话互证。前者所指当是礼法制度中的规定，后者所指应为实践中的状况。商鞅变法以后，禁止民间私斗，严格守法原则，"为私斗者各以轻重被刑"③。从此，孝子贤孙的血亲复仇行为被视为非法。

降自汉代，宗法伦理的倡扬与深入人心，使得人们对复仇行为寄予普遍的道德认同，国家亦在政策法律上作了相应的调整。汉章帝建初年间（76—83年），"人有侮辱人父者，而其子杀之。帝贳其死刑而降宥之，自后因以为比。是时遂定其议，以为'轻侮法'"④。轻侮法将允许复仇的精神确立为稳定的法律形式"比"，以供司法实践遵照执行，虽然实施不久，到汉和帝（89—105年在位）即位之初就被废止，但在实践中，司法官在处理复仇案件时，往往还是要规避法律以照顾复仇者；而且也只有这样做，才能符合民意的评价。汉灵帝（168—188年在位）时，赵安为李寿杀害，其女赵娥苦练本领，又将李寿杀死，之后投案自首。办案官员对赵娥为父报仇的"孝行"敬佩不已，庭审时示意她逃走。赵娥深明大义，说"匹妇虽微，犹知宪制，杀人之罪，法所不纵。今既犯之，义无可逃；乞就刑戮，殒身朝市，肃明王法"⑤。该官员无奈之下，令人用车将赵娥强行送回家。这种处理结果

---

① 《周礼·秋官·朝士》。
② 《孟子·尽心下》。
③ 《史记·商君列传》。
④ 《后汉书·张敏传》。
⑤ 《后汉书·列女传》。

在当时社会上得到了舆论的一致好评。

自汉以后,法律对复仇时许时禁。如曹操在建安十年(205年)发布命令:"令民不得复私仇"①。魏文帝于黄初四年(223年)下令重申,"敢有私复仇者皆族之"②。魏明帝修《新律》时,把复仇问题纳入法典,规定了什么情况下可以复仇,什么情况下禁止复仇。对此《晋书·刑法志》有片言诠释:"贼斗杀人,以劾而亡,许依古义,听子弟追杀之。会赦及过误相杀,不得报仇,所以止杀害也。"北周立制:"若报仇者,造于法而自杀之,不坐。"③

及至唐朝,对如何协调复仇所涉及的国法与人情冲突问题,国家采取间接立法的方法。《唐律疏议·贼盗》中有"祖父母夫为人杀"条规定:受害人亲属不得与加害人私行和解,违者处流二千里的刑罚,接受财物的按盗窃罪论处;虽未接受财物但没有在案发三十日内向官府控告的,减二等处刑。又有"杀人移乡"条规定:杀人者因赦免罪的,应移乡千里之外,以避仇家。这两条规定,前一则以法律手段激发人的道德意识,复仇的冲动在所难免。后一则说明民间有复仇之俗,故令加害人迁居,以避免冤冤相报。整个成文律典,对复仇既未明文允许,又未直接禁止,而是间接地表明了优容复仇的立法精神,任由司法机关灵活掌握、运用。

实践中对复仇案件的讨论,积累了如何协调"守法"与"任情"关系的大量经验。

武则天时期,徐元庆因父亲为县尉赵师韫所杀,遂隐姓埋名、等候时机报仇,最后终于亲手杀掉赵师韫。讨论该案的人都认为徐元庆的行为是"孝烈"之举,准备放弃追究其罪责。时任右拾遗的陈子昂却建议,先杀徐元庆以正国法,再对他进行表扬以褒孝义,如此可以

---

① 《三国志·魏书·武帝纪》。
② 《三国志·魏书·文帝纪》。
③ 转引自张金鉴:《中国法制史概要》,正中书局1973年版,第148页。

使国法、人情两不误。①

唐宪宗元和元年（811年），又发生相同案件，梁悦为报父仇杀死秦果，皇帝下令尚书省对此案进行讨论。韩愈认为，子复父仇，合于圣人之礼，若将梁悦正法，则伤孝子之心；若不正之以法，又怕开滥杀之风，允不允许复仇实际上是道德人情（经）与法律制度（律）的关系问题，处理时不应偏执一端，而应综合起来对待，既要体恤经义人心，又要维护法律的尊严，做到"经律两不失"。②

柳宗元认为韩愈的观点不便操作，陈子昂"诛而后旌"的主张又嫌过激，通过分析徐元庆一案提出了更为具体的设想，认为，如果徐元庆之父是被赵师韫泄私愤所杀，其复仇就是守礼行义的行为，不应受到法律制裁；如果徐元庆之父是因罪为赵师韫所杀，则其复仇行为就构成犯罪，依法当诛。

陈子昂、韩愈、柳宗元三人的态度看似不同，在本质上却是相同的，都主张在处理复仇案件时必须考虑伦理道德，只是考虑的程度有差异；都希望将国法与人情这两个对立的范畴有机地统一起来，只是各自设计的方法有不同。理论与实践互动的结果就是，坚持"守法"与"任情"和合的方法解决复仇问题，长此以往，逐渐形成一贯的行为模式，直到清末、民国仍余波尚存，蔚为奇观。③

---

① 《旧唐书·文苑中》。
② 《韩昌黎文集·复仇状》："宜定其制曰：'凡复父仇者，事发，具申尚书省集议奏闻，酌其宜而处之。'则经律无失其指（旨）矣。"
③ 1935年，女侠施剑翘为报父仇，枪杀军阀孙传芳，被判有期徒刑七年，后因舆论压力，国民政府主席林森发特赦令免其刑罚，理由是"论其杀人行为，固属触犯刑法。而以一女子发于孝恩，奋力不顾，其志可哀，其情尤可原。"见施羽尧等：《女杰施剑翘》，北方文艺出版社1985年版，第143页。

二、告奸与容隐

"告奸"指检举揭发犯罪,"容隐"指包庇隐瞒犯罪,二者是中国传统法律制度中两个相对的诉讼原则。从逻辑上讲,它们是水火不相容的。但在"和合"哲理的观照下,二者也不是不可以调和的,而是相反相成的。告奸是国法的要求,具有秩序意义上的正当性;但当所告对象系自己的亲人时,执意为之就失缺了道德意义上的合理性,违背了人的本性。所以,告奸与容隐也应当调和。

先秦思想家早就认识到了这一点,提出了自己的中庸式的调和方案,有两层含义。其一,告发他人犯罪,是每个人的当然义务。如果涉及亲人,则应当有所变通,以符合"亲其亲者"的道德准则,最好的办法就是"告奸"与"容隐"交替为用。其二,在亲属范围内,也不能一概地包庇隐瞒。涉及国家、君主大义等问题,应当告奸,甚至可以"大义灭亲",此外则可容隐,仍然是二者的和谐共济。对此,孔子有过经典之论:"叶公语孔子曰:'吾党有直躬者。其父攘羊,而子证之。'孔子曰:'吾党之直者异于是:父为子隐,子为父隐。直在其中矣。'"[①]

但是,这些思路、设想和理念,在战国、秦时的政治、法制实践中并没得到重视,反倒是法家单纯鼓励告奸的思想十分吃香。商鞅主张:"民人不能相为隐","夫妻交友不能相为弃恶盖非"。[②] 在政策上规定:"不告奸者腰斩,告奸者与斩敌首同赏,匿奸者与降敌同罚。"[③] 强令百姓告发犯罪,不问其与被告对象为何等关系,法律失去了人性支撑,不得不陷入重刑主义的险境。

两汉开始,告奸与容隐的和合理论逐步落实到诉讼法律制度之中。汉宣帝地节四年(前66年)以诏令形式确认了"亲亲得相首匿"原则,

---

① 《论语·子路》。
② 《商君书·禁使》。
③ 《史记·商君列传》。

"自今子首匿父母,妻匿夫,孙匿大父母,皆勿坐。其父母匿子,夫匿妻,大父母匿孙,罪殊死,皆上请廷尉以闻。"①允许祖孙三代亲属和夫妻之间相互包庇罪行,卑幼为尊亲属隐匿,不负刑事责任;尊亲长为卑幼隐匿,除死罪须"上请"以减免罪责外,其他均不负刑事责任。

到《唐律疏议》问世,告奸与容隐结合得更加完善。一是容隐的范围得以扩大。《名例律》中的"同居相为隐"条规定:"诸同居,若大功以上亲,及外祖父母外孙,若孙之妇,夫之兄弟,及兄弟妻,有罪相为隐。部曲奴婢为主隐,皆勿论。即漏露其事,及擿语消息,亦不坐。其小功以下相隐,减凡人三等。"隐匿无罪的范围,由原来的三代直亲扩大到"大功以上亲"并旁及姻亲,还包括为主人隐瞒的同财共居的部曲奴婢,在这个范围内,为罪犯通风报信、令其逃跑的行为,也不负刑事责任;隐匿减罪的范围,扩大到小功以下、五服之内。二是延伸出不得令亲属为证的含义。《断狱律》疏议曰:"其于律得相容隐,……故并不许为证。若违律谴证,减罪人三等。"这就从法律上免除了为亲属作有罪证明的义务,司法官如果强行令人证明其亲属有罪,反倒要构成犯罪。三是容隐的限制条件确定化、制度化。《名例律》疏议中明确指出:"谋反、谋大逆、谋叛,此等三事,并不得相隐。"

至此,道德评价和法律评价达到高度统一:一般犯罪,可以包庇隐瞒,委屈法律以将就人情;危及国家安全的特殊犯罪,则应尽告发之义务,压制人情以维护国法,两边均作一些妥协、让步,遂使告奸与容隐这一对矛盾得以融为一体。诉讼制度中的和合原则及其精神,在宋元明清的律令中均有所体现,民国时期仍有其余绪。1935年公布的《中华民国刑事诉讼法》中就有亲属拒证权的规定。②

---

① 《汉书·宣帝纪》。
② 中华民国二十四年(1935年)公布、三十四年(1945年)修正的《刑事诉讼法》第13章"人证"第167条规定:"证人有左例情形之一者,得据绝证言:一、现为或曾为被告或自诉人之配偶五亲等内之血亲、三亲等内之姻亲或家长家属者。"

近代以来，仿行西法，法律的制定以平等为价值取向，对亲属成员与非亲属成员之间实际存在的伦理差异未做更多的考量，和合精神遂从诉讼制度中退出，代之以绝对的唯一的价值理念，强调检举揭发犯罪的义务，禁绝包庇隐瞒犯罪的权利。比如《中华人民共和国刑事诉讼法》第六十条规定："凡是知道案件情况的人，都有作证的义务"。这一规定，从普遍性的角度考虑是正确的，但没有排除特殊性。如果知道案情的人是犯罪嫌疑人的直系亲属，他也得依照法律的强制规定去作证，进而出现子证父母、妻证丈夫一类的现象。例如众所周知的2008年陕西"周老虎案"，被告人周正龙拍摄虚假的华南虎照片，骗取奖金2万元，因诈骗和私藏枪支弹药罪，被判有期徒刑2年6个月。[①] 这个判决固无不当，但证明周正龙造假过程以及用木制虎爪伪造老虎脚印的细节，是由其妻子和儿子指认的。这种逆情悖理的合法行为，对人的道德底线是一种冲击。

2011年刑事诉讼法第二次修正时，对这一法律规定引发的矛盾给予了关注：不指证自己的亲属犯罪，虽然符合道德要求，却违背了法律的规定，甚至可能会受到法律的制裁；指证亲属的罪行，虽然符合法律的要求，却会受到良心的自责和舆论的谴责，不利于家庭关系的维系。必须对此做适当修改，方能缓解道德与法律之间的冲突[②]。到2012年3月14日，《中华人民共和国刑事诉讼法》修正案正式通过，其第188条第1款："经人民法院通知，证人没有正当理由不出庭作证的，人民法院可以强制其到庭，但是被告人的配偶、父母、子女除外。"这就排除了直系亲属在法庭上指证对方有罪的强制性，可避免法律对亲情的破坏，对维护和谐的家庭关系有着一定的积极意义。但客

---

① 参见百度词条："周正龙（华南虎照片造假者）"。https://baike.baidu.com/item/%E5%91%A8%E6%AD%A3%E9%BE%99/70293?fromtitle=%E5%91%A8%E8%80%81%E8%99%8E&fromid=9474563&fr=aladdin。

② 原立荣：《亲属拒证权研究》，《内蒙古社会科学》2007年第3期。

观而言，这次修正尚有"犹抱琵琶半遮面"之态，因为在公安侦查阶段和检察院审查起诉阶段，面对司法机关的调查，亲属是没有拒绝作证的权利的。欲其有进一步完善，还需对我国古代法制建设的"和合"思维进行创造性吸收和创新性转化，才能使道德与法律之间达到有机结合。

三、平等与差序

平等与差序（即法律秩序上的等级差别），在法律意义上是相对的概念。三代的礼法制度实际是宗法等级制度，从天子、诸侯、卿、大夫、士到庶民百姓，等而下之，血缘宗法组织与政治结构合而为一，法律的价值指向主要是差序。"名位不同，礼亦异数"①，不同身份的人有不同级别的礼。换言之，即各有不同的法律地位。

战国时期，伴随着法家思潮的兴起，始有平等的观念出笼。商鞅第一个提出"刑无等级"的原则，并将其贯彻到法律制度之内，"刑无等级，自卿相将军以至大夫庶人，有不从王令，犯国禁，乱上制者，罪死不赦"②；落实到法制实践之中，公子虔犯罪，竟毫不留情地处之以"劓"刑，绝不因其是当朝国君秦孝公的儿子而破坏律法条文。韩非发展了这一法理念，主张"法不阿贵"，"刑过不避大臣，赏善不遗匹夫"，执法"不避尊贵，不就卑贱"。③平等观念的引入，使秦法面目一新，促成了秦国的富强。

瞿同祖说过："我们只能说法律在秦、汉以后有进一步的平等，贵族不再能置身法外，却断不能过分夸张地说，秦、汉以后的法律已由不平等而进至绝对的平等，……绝对的平等主义始终不能彻底实

---

① 《左传·庄公十八年》。
② 《商君书·赏刑》。
③ 《韩非子·有度》。

行。"① 如果说战国、秦的"平等"是对三代"差序"的否定，那么，两汉则进入"否定之否定"阶段，其结果是既否定了绝对的平等，又否定了绝对的差序，形成了平等与差序"和合"的新的法制原则，由此及唐，趋于成熟。

一般来讲，案件当事人之间没有伦常意义的关系，法律上称"常人""凡人"。凡人之间，在适用法律上是平等的。如果案件当事人之间有伦常意义上的关系，则据其关系的类别、亲疏、远近而适用不同的法律，量刑上也各有等差。以《唐律》"谋杀"罪为例，凡人之间的图谋杀害之行为，定"谋杀"罪，处徒三年之刑；谋杀期亲尊长、外祖父母、夫、夫之祖父母父母的行为，定"恶逆"罪，处斩刑；谋杀五服内的大功、小功、缌麻尊长的，定"不睦"罪，处流二千里之刑。

传统礼法制度中的差序原则与平等原则相辅相成，平等反映的是事物的普遍性，差序反映的是事物的特殊性。在这中间，既没有绝对的平等，也没有绝对的等差。或者说，平等是相对的，差序也是相对的，平等与差序是和而不同的。差序原则由"孝亲"伦理推导出来，子对父的侵害要加重惩罚，父对子的侵害则减轻处罚。这在古代人看来，从心理、情感上是可以接受的，法律中上尊下卑的等差原则便有了人性的基础。问题在于传统法律将这种等差从家族伦理向外无限地推演，使得社会上的良贱之间、主仆之间、师生之间、官民之间、官吏中的上下级之间、君臣之间等，都在法律上有了上下之分，各自的地位是不平等的，适用法律自然也就不同，造成大规模的差序格局。主要有：

1. 亲属关系中的差序

系统表现在"准五服以制罪"的原则中。该原则首定于西晋《泰始律》，《唐律》袭之。五服之内，辈分高的为尊长，辈分低的为卑幼，

---

① 瞿同祖：《瞿同祖法学论著集》，中国政法大学出版社1998年版，第228—229页。

尊长侵犯卑幼，从轻量刑；卑幼侵犯尊长，从重量刑。尊长虽享有更多的法律特权，但亦须承担更多的法律义务。如一家人共同犯罪，不论由谁造意，不论尊长是否知情，都要处罚同财共居的尊长，学界称之为"罪家长制度"。

  2. 特殊社会关系中的差序

  （1）良贱异罚："贱民"侵犯"良人"从重，反之从轻。

  （2）主仆异罚：部曲、奴婢侵犯主人从重，反之从轻。

  （3）师生异罚：学生杀害老师，入"不义"罪，从重量刑。反之则按"凡斗""杂犯"处理，量刑要轻得多。

  （4）老幼病残减免刑罚：汉朝有《王杖诏书令》，其中规定，年70岁以上的老年人，国家赐王杖一根，享受法律特权，其地位相当于六百石的官爵，除了犯首谋杀人罪外，其他犯罪均不受追诉。及至《唐律》，规定更系统，老者年龄越大，幼者年龄越小，疾病或残废程度越重，所负刑事责任越轻，共分三档：年70岁以上、15岁以下及废疾者（痴、哑、侏儒、折一肢、盲一目等）为一档，犯流罪以下可以出钱收赎，不必实际服刑；年80岁以上、10岁以下及笃疾者（盲双目、折两肢及癫狂等）为一档，犯反逆、杀人等应处死的，可以"上请"以求减免，其他犯罪免刑；90岁以上、7岁以下又为一档，虽犯死罪，一般不予追究。

  3. 政治关系中的差序

  （1）民众杀害官员、下级吏员杀害上级官长，加重处刑，入"十恶""不义"条。《唐律·名例》注文中指明："杀本属府主、刺史、县令、见受业师，吏、卒杀本部五品以上官长"的行为，构成不义罪。

  （2）官僚、贵族享受广泛的法律特权。由汉朝"上请"开始，至隋唐形成了系统的官、贵特权法，有议、请、减、赎、官当。"议"指"八议"，亲、故、贤、能、功、贵、勤、宾这八种人物犯死罪，司法机关不得径行裁决，须上报皇帝，交大臣集体讨论，"原其本情，议其犯罪"，之后再交皇帝裁夺，一般都可减刑。"请"即"上请"，八议人物期亲以上亲属及孙、五品以上官爵、皇太子妃大功以上亲属犯死罪，司法机关提出应绞应斩的意见后，上报皇帝最后决定。"减"又称"例减"，上请人物的直系亲属以及兄弟、姐妹和妻，六、七品官员，这两类人物犯流罪以下，依例减一等处刑。"赎"指"议""请""减"人物，八、九品官员，六、七品官员的直系亲属及妻，五品以上官员的妾，犯流罪以下，可以交铜收赎。"官当"是用官品抵罪，如犯"私罪"，五品以上，一官可当两年徒刑，九品以上，一官抵一年徒刑；如犯"公罪"，分别多抵一年徒刑。

（3）官吏在共同犯罪中承担更多的法律责任。《唐律·名例》中规定，外人与监临主守官吏共同犯罪，虽由外人造意主谋，仍以监临主守官吏为首犯，外人按"常人盗"（一般从犯）处理。

今世学者常以"阶级分析论"对传统法律中不平等的现象大加挞伐，诚然有一定道理，但也不是完全没有可商榷的余地。任何时代的法律制度都需要和那个时代的道德价值尽量契合，如果当时的人情伦理认为对的行为，法律却偏加禁制，公德人心认为错的行为，法律却偏加保护，这样的法律制度，很难说得上是"良法"。① 中国传统道德讲求上下次序，法律单纯以等差为原则是偏狭的；绝对讲平等，也似乎无法满足人的道德需求，凡事都应该具体分析、区别对待。英国学者李约瑟对中国传统法文化中的这种特性，似有所悟："中国人有一种深刻的信念，认为任何案件必须根据它的具体情况进行裁决，也就是说，就事论事。"② 假如一个儿子谋杀父亲的行为，和他谋杀其他人的行为，在定罪量刑上是一样的，也就是在法律上是平等的，恐怕任何

---

① 人们往往用西方的民主、自由、平等的标准来衡量中国古代法的良善，民主、自由、平等的价值我们不用怀疑，关键在选择这个标准的"选择"行为上，为什么要选这个而不是另外的标准？换个角度来说，中国传统的民本、自律、和谐也可作为标准，怕也没人敢说它们绝对是错的，如果用这些标准去衡量西方的法制，又将得出何种结论呢？

② 李约瑟：《四海之内》，劳陇译，生活·读书·新知三联书店1987年版，第77页。

一个古代中国人都无法从情感上接受。因此，中华法系在家族范围内以相对的差序补济绝对的平等，恐怕不至于一点道理都没有。只是统治者将这种上下等差由家庭、家族扩展到社会、政治关系中，在某些领域，就难免有了"强人所难"的阶级色彩。遗憾的是，我们的老祖宗对法律所维护的合理的差序和不合理的差序，逐渐模糊了、麻木了、习惯了，法律遂与道德取得价值认同。就像《法门寺》里的那个贾桂，主人让他坐下，他却说："站惯了。"

第四节　小结

用"和合"二字概括中国礼法传统的总体特征，目的不单纯在于为"礼法"画一幅简明的写意图像，而且在于用高度抽象的方法、引进哲学界的研究成果，以期在法制一域中去把握过去、审视现代、展望未来。

近代以来，受西方思潮的影响，分析性思维方式得到推崇，各个领域俱受其影响，法制建设也走上了"分析"之路。沈家本主持修订《大清新刑律》《大清民律草案》以及其他新法，遂使道德和法律得以分离，民事法律与刑事法律各有不同的调整范围和调节手段，在法律制度中，也确定了法制统一的原则、罪刑法定原则等，固有的法律体系至少在形式上已经解体。由此开始，中国跨上了法制近、现代化的里程，同时也告别了曾经拥有的"和合"法文化传统。

西方的思维方式和其成功的"法治"经验，自然有可资借鉴的地方。但百年以来的历史却反映出，在理论和实践两方面，中国的法制建设都有单纯以西方法律价值为鹄的之倾向。以历史和哲学的眼光审视，至少有两个问题应当提出。第一，综合性的法律观和分析性的法律观是截然不同的，完全抛弃固有的法律思维方式，单一地接受外来的法律思维方式，似有不妥。第二，"和合"的观念指导中国的法文化建设已有数千年的历史，而西方的分析性思维方式在中国只践履了百余年的时间，相比之下似乎太"年轻"了。在法制建设的经验上，用年长去否定年轻，是傲慢的；用年轻去否定年长，则是狂妄的。所以，谁也不能说我们向西方学来的那些法治成果就绝对正确。

从现实状况考察，则问题更多：首先，道德、法律分离，使人们只崇尚或者说只畏惧法律的威严，而无视道德的约束，道德价值遭到质疑，道德体系几近崩溃。

传统的违法与犯罪等同、道德与法律合一的格局在制度层面已被改变，惩治犯罪的刑罚也变得文明起来，遗憾的是，这种外在样式的变化并未带动内在罪刑观念的自觉更新，传统的罪刑观念就像一条长长而又难以割断的精神纽带，在与之相适应的制度框架中，能发挥调节人们行为的积极作用；在与之不相适应的制度框架里，反而变成了消解制度功能的古怪精灵。现代法制将违法与犯罪、道德违规与犯罪区别开来，有助于保障人权，其进步性毋庸置疑，但这种制度设计却使传统的法律观念和道德观念像卸掉束缚的精灵，在社会实践中扰人心志，乱人行为，致使某些法律制度和道德规范的约束力大打折扣。

其次，凸显刑事法律与民事及其他法律的区别，使得传统的"法就是刑"的法观念失去了制度约束，一些人意识到民事、经济违法不等于犯罪，便大胆地违背诚信原则，生活中的民事、经济纠纷层出不穷（这当然也有经济快速发展的原因），案件判决之后也难以执行，在某些方面，法律规定流于空文。

在违法等同于犯罪的年代，人们害怕受到刑罚的打击，在国家律法和礼仪良心面前"不敢越雷池一步"。例如，在借贷中违禁收取高息，在买卖交易行为中拖欠货款等民事违法行为，因被赋予犯罪的性质而难逃"笞""杖"一类的皮肉之苦，甚至可能遭受"徒"刑一类的牢狱之灾；又例如，不尊重进而不赡养父母的行为，不但是社会舆论谴责的对象,同时也是刑罚打击的头等目标。法制的尊严、道德的高尚,在冷森森的刑罚的支持下得以树立。

却不料斗转星移,违法不等于犯罪了,道德也不受刑罚的维护了。于是,在借贷、买卖等过程中违反民事、经济法律规范,再也不是犯罪行为,而只是一般的违法行为,吓人的刑罚被依法从违法者的身边撤走,只剩下显得有些温文尔雅的民事、经济制裁手段,诸如返还财产、赔偿损失、支付违约金、赔礼道歉等;于是,不孝敬父母、不诚实信用,也不再是犯罪,不过是道德违规而已,承受的唯有舆论的非议和媒体的曝光。这些方法对数千年都在刑罚刀锯的恐吓下过日子的人群而言,就像纸老虎一般没有威慑力。正如我们所看到的,20世纪与21世纪之交的前后数十年,拖欠国家银行贷款的案件多如牛毛,有的是有钱不还,有的是经营不善或挥霍无度而无钱可还,甚至有的是从借款开始就没打算还,这些人"法律意识的提高"与道德水准的滑坡都在"与时俱进",他们明白了违法与犯罪的区别,借钱不还在以前是犯罪,在现在则只是违法,而道德的谴责又毫发无伤,便生出了"贷款三千万,从没打算还。公安不敢抓,法院不敢判"的勇气。即便法院依民事诉讼程序作出裁决,不外乎偿还债务、承担利息而已,我本无钱或早在诉讼前已转移财产,又何足惧哉?何况现代法制还规定"应当保留被执行人及其所扶养家属的生活必需费用"[①]。

传统的罪刑观念使得我们这个民族对刑罚颇感胆寒,而对民事、经济制裁手段和道德谴责的方法却无所畏惧,简直有了举重若轻的豪迈。当今社会,民事、经济纠纷增多,案件处理后又难以执行,除了经济背景、执法环境、执法力度等因素外,其内在原因恐怕就在于这种失却了禁锢的文化观念。看来,现代法制建设仅靠引进西方的先进法制模式是不够的,必须考虑引进的制度体系与传统的法文化观念之

---

① 《中华人民共和国民事诉讼法》第222条。

间的差距，并尽量缩短这种差距。否则，固有的文化观念在传来的法律制度中失去约束而变得肆虐，进而就会变成销蚀法制功能的怪物。它如"法律至上"的形式正义观的普及，使得一些人在生活中只问行为的合法性，而不管行为的合理性；检举揭发近亲属犯罪的法律义务，足以成为人间温情的腐蚀剂；一味追求平等，既可以成为某些特权人物的辩护词，又会使国家治理体系中必要的权威受到无理的挑剔；如此等等。

中国法律传统与现代法律制度之间的差距，是观念层面与制度层面的差距，也是东西方民族之间的文化差距，这种差距不容忽视又恰恰最容易被忽视。如何缩短差距，是以传统文化为主来设计法制模式，汲取西方成功经验，还是以西方模式为主来设计法制构架，批判继承传统文化，这涉及"体用""本末"的问题。由于近代"中体西用"的观点被扣上保守的帽子，所以在此后法制建设的实践与理论上，都没有人再提"中体西用"；也少有人敢提"西体中用"，害怕被扣上"崇洋媚外"的帽子；大多数是高唱"中西结合"的中庸之调，其实与"西体中用"何啻于五十步笑一百步，不过是中西无别、主次不分的和稀泥的说法。虽然百余年的法制实践中频频出现新成果，但种种老问题却依然如故。于是，我忍不住追问古今，是我们错了吗，因为我们选择了西方模式？还是我们的祖先错了，因为他们铸造了传统？

任何民族的历史都是无法割裂的，现实总是寓于历史之中，而未来也总是寓于现实之中。要想解决现实问题并在未来的法制道路上成功，我们不得不回顾历史。中华民族以综合性思维见长的"和合"文化观或者说法文化观，并非一无是处。不能一说到道德、法律不分就认为是封建落后；也不能一谈到人情、法意兼顾就斥之为人治主义。世界上没有尽善尽美的方法论，也没有不带局限性的思维方式，每个民族自有其不同的法文化传统。"阴阳和合"的综合性的法思维方式，在西方著名的政治理论家、法学家诸如罗尔斯、德沃金等人的著述里，已认识到它的合理性,我们没有必要妄自菲薄。"和合"的文化观和"分析"的文化观,各有其优劣长短。我们既不能躺在传统的故纸堆里自我陶醉,也不能"言必称希腊",专搞"拿来主义",而应在自身的文化传统的基础上,吸收他人之长。

第四章　无为而治与道术传统

就中国传统法律制度而言,"道法"解决的是它的合理性问题,"礼法"解决的是其内部和外部设计问题,"道术"则是解决这样的法律制度如何运用的问题,换言之,就是法律实践的操作性问题。

中国有句古话:"徒法不足以自行"。古代的法律制度,叫"道法"也好,叫"礼法"也好,归根到底都是"王法",是王者之法。其内在精神和外在样式虽然深受"道"的影响,但王者、统治者如何推运法律制度,仅凭一个"道"字,就说不清楚了。道论中所包含的"无为""无为而治"的方法论,使得抽象的"道"和具体的"术"可以相接,这在历史上称作"道术相通"。有了道术的方法论指导,统治者在法律实践中便有了种种惯常的"做法"(用现代化语言可表述为"行为方式"[①]),后来者代代沿袭,渐至形成传统。与此同时,在道术的指导下,民众对法律的"看法"也表现得冷静而理智,在行为上表现出"敬而远之"的态度,形成独特而又稳固的法文化心理。兹举其要者:

第一,"治人"传统。道家的"无为而无不为",历来被视为"人

[①] 笔者在行文中多采用中国人熟悉的通俗词汇,如"想法""做法"等,本可换作"思维方式""行为方式"等,更为时髦。朱熹曾说,读书人有四大毛病:"本卑也,而抗之使高;本浅也,而凿之使深;本近也,而推之使远;本明也,而必使至于晦。"(《朱子语类》卷十一)今世治学者不乏这种倾向,把本来简明易懂的词汇偏换成艰涩难懂的词汇,以示学富才高。笔者自叹才力有限,故审慎用之。

君南面之术",也就是统治术的核心。"君道无为,臣道有为",君王无需事必躬亲,要任用臣下去干,国家的法律制度也应该由庞大的官僚体系去推行。所以,君主的任务首先是要把人治好,准确地说,是把官治好。故历代皆有"明主治吏不治民"①的说法,从来都很重视对官吏集团的治理。官吏得不到有效的治理,法制就得不到有效的推行,"治人"是"治法"的前提。梁启超说过,光搞法治不行,"当以人治济法治之穷"②。正是从这种意义上考虑,"治人"传统也被纳入法律传统之中。而要治人,就得有相应的办法——"术"。

第二,"治法"传统。君主"无为",臣下有为,臣下按照什么去"为"呢?答曰"法律"。由是,"道术"引出了"治法"传统。即,官吏集团在服从君主统治的前提下,其所作所为还得要有一定的规矩,故要重视法制。按梁氏之论,就叫"当以法治济人治之穷"③。需要辨明的是,笔者所界定的"治人""治法",是相济互补的,与传统学术所谓的"人治""法治"有所不同。最早将"道"向"术"的方向引申的思想家之一慎到说:"大君任法而弗躬,则事断于法。法之所加,各以分蒙赏罚,而无望于君。是以怨不生而上下和矣。"④ 重视法制,既可减轻君主的负担,各种社会事务亦可有序进行,上下关系还能融洽相处。且,刑法为盛世所不能废,亦为盛世所不能倡,故对法律的倚重,只能是暗地里的,不可表面张扬。《易传·系辞》云:"显诸仁,藏诸用,鼓万物而不与圣人同忧,盛世大业至矣哉!"仁德礼义以教育感化为

---

① 《韩非子·外储说右下》:"人主者,守法责成以立功者也。闻有吏虽乱而有独善之民,不闻有乱民而有独治之吏,故明主治吏不治民。说在摇木之本与引网之纲。故失火之啬夫不可不论也。救火者,吏操壶走火,则一人之用也;操鞭使人,则役万夫。"明主治吏不治民的道理,就像摇树应摇树干、拉网须拉网纲一样,又如发生火灾,地方小吏啬夫(秦时为乡的官吏)如果只是自己拿着水壶去救火,就要论他的罪,他应该手执权鞭驱赶众多的人去救火。
② 梁启超:《梁启超法学文集》,范忠信选编,中国政法大学出版社2000年版,第100页。
③ 梁启超:《梁启超法学文集》,范忠信选编,中国政法大学出版社2000年版,第100页。
④ 《慎子·君人篇》。

手段而导民向善，必欲其显，当大肆宣传；律令法刑以惩罚威吓为手段而经世致用，必欲其隐，故不宜张扬，如此方可成就盛世大业。另有两千年"德主刑辅"的法制建设口号，更是最好的例证。此为道术的运用。

第三，"息讼"传统。百姓对待法律的态度，也受到"无为"的方法论的影响。在他们看来，法律就是"王法"，是不可违背的自上而下的规则和命令，"犯法"等于"犯罪"，至少要受皮肉之苦（笞杖刑罚），不小心便会有牢狱之灾、砍头之虞。他们从未想象过法律是保障权利的武器，只知道它是设定义务的工具。在法律的规制之下，全身保命的最佳办法就是"无为""不争"，这便是生存的智慧，即便与他人发生纠纷，也先通过调解的方法大事化小、小事化了，不愿诉诸法律。这样的心理特征，积淀为中华民族一贯而稳定的"息讼"传统。

以上种种，笔者认为，都是受了"无为"方法论的影响，进而在法律实践中体现出来的文化现象，从汉唐以至明清，两千年来一脉相承，无有大变，故谓之"道术"传统。

第一节 "道术"

"道术"一词，在《庄子·天下》中7见。通篇对"道术"的属性、各流派的观点、界说等，作了全面的介绍和适度的评价。该篇作者的总体看法是道术无所不在、无处不有。"古之所谓道术者，果恶乎在？曰：无乎不在。"然后介绍了研习道术的五大流派，包括：墨翟、禽滑釐；宋钘、尹文；彭蒙、田骈、慎到；关尹、老聃；庄周、惠施。其中对关尹、老聃一派推崇备至，大叹："关尹、老聃乎！古之博大真人哉！"

一、早期道家之"道术"

关尹、老聃之道术,即早期道家之道术。《庄子·天下》篇作者说:

> 古之道术有在于是者,关尹、老聃闻其风而悦之。建之以常无有,主之以太一,以濡弱谦下为表,以空虚不毁万物为宝。关尹曰:在己无居,形物自著,其动若水,其静若镜,其应若响。芴乎若亡,寂乎若清。同焉者和,得焉者失。未尝先人,而常随人。老聃曰:知其雄,守其雌,为天下谿;知其白,守其辱,为天下谷。人皆取先,己独取后,曰受天下之垢。人皆取实,己独取虚。无藏也,故有余,岿然而有余。其行身也,徐而不费,无为也而笑巧。人皆求福,己独曲全,曰苟免于咎。以深为根,以约为纪,曰坚则毁矣,锐则挫矣。常宽容于物,不削于人。可谓至极。

细读上文可知,道家的术,核心是"无为"。在有无、高下、动静、得失、先后、雄雌、实虚、荣辱等等之间,一般人都求取前者,但在道者看来,这无疑是"巧取",其结果并不一定能真的得到;即使得到,也不一定能保有,所谓"揣而锐之,不可长保;金玉满堂,莫之能守;富贵而骄,自遗其咎"①便是明证。所以老子、关尹才会"无为也而笑巧",强调要注意上述对立项中的后者,表面上看起来似无所作为、无所求取、无所追求,实际的效果反而会更好。例如:

(1) 在先、后之间。老子说:"后其身而身先,外其身而身存,非以其无私耶? 故能成其私。"② 道家的"无为",并不是毫无私心,不想

---

① 《道德经》第九章。
② 《道德经》第七章。

争先；而是不能、不敢争先。若如此，被人一眼就看穿了，稍加阻挠，便不容易达到占先的目的了；反之，如果表面上装出不争先的样子，别人毫不在意，便不会遇到阻挠，悄悄地就达到了占先的目的，毫不费力。"夫唯不争，故天下莫能与之争。"① 孰优孰劣，明白人自然懂得其中奥妙。

（2）在得、失之间。什么都想得到，反而什么都得不到。"上德不德，是以有德；下德不失德，是以无德。"② 晋王弼注云："德"通"得"，上德之人不追求德之美名，也不希求得到什么，反而会"不求而得，不为而成"；下德之人总想得到、不愿失去，结果反而有所失，"求而得之，必有失焉；为而成之，必有败焉。"

早期道家的道论中，已包含了"术"的基本成分，只是没有自称为"术"。这种以"无为"为纲，且包揽了以柔克刚、以退为进、以弱胜强、以舍求取等具体计策的智谋之法，老子称之为"微明"。

> 将欲歙之，必固张之；将欲弱之，必固强之；将欲废之，必固兴之；将欲夺之，必固与之，是谓微明。柔弱胜刚强，鱼不可脱于渊，国之利器，不可以示人。③

所谓"微明"，指其内在道理精微难察，而外在功效却显而易见，是一种神秘莫测的术。进而析之，术包括内敛和外显两部分。微、明分指内、外之说，可旁证于《管子·霸言》："圣人畏微，而愚人畏明。圣人之憎恶也内，愚人之憎恶也外"。"微"是指术中不能让人知晓的那一部分，如"歙""弱""废""夺"，是不能让对手知道的。术的这一部分，笔者谓之"微术"。"明"是指术中可以让人看到的那一

---

① 《道德经》第二十二章。
② 《道德经》第三十八章。
③ 《道德经》第三十六章。

面,如"张""强""兴""与",是故意让对手看到的。术的这一部分,笔者谓之"明术"。当微术与明术结合起来使用时,效果呈几何倍数增长。举个简单的例子来说明,比方拳术:"手是两扇门,全靠脚打人",手法是"明术",脚法是"微术",前者以诱敌,后者以攻敌。光用手法这一明术,很难打击到对手,因为对手有防备;只用脚法这一微术,没有手法的掩蔽,也很难对敌形成有效的打击。但手脚交替使用时,手为明,则脚为微;脚为明,则手为微,虚实相间,让敌人摸不着头脑,自可克敌制胜。

老子的"微明"之术,也是有所本的。此前的《金人铭》中已发明序意。如"执雌持下,莫能与之争者","内藏我知,不与人论技"。① "内藏我知,不示人技"。② 与《道德经》相比较,何其相似。按《孔子家语》和刘向《说苑》的记载,《金人铭》是孔子入周时看到的刻在金人背上的语录,而老子和孔子基本上是同时代的人,只不过年龄稍长于孔子。《金人铭》作为成文的思想格言,想必流传已久,其形成时代当早于孔子,自然也当早于老子。

《庄子·天下》的作者将老子的"无为"方法论概括为"道术",无疑是恰当的。只是老子的无为之术,不仅仅是针对君主统治而设计的,而且对社会生活各方面的思想、行为都有所启示。譬如:作为智谋之术,可以启示兵法家,也可能其本身就受了兵家的影响。故唐代王真说,老子的"五千之言,……未尝有一章不属意于兵也"③。苏辙说,老子之书,"此几于用智也,与管仲、孙武何异?"王夫之说老子是玩计谋的祖宗,"持机械变诈以徼幸之祖也"④。

作为权谋之术,直接启发了"人君南面之术"。《道德经》中多处

---

① 转引自刘向:《说苑·敬慎篇》。
② 转引自《孔子家语·观周》。
③ 《道德真经论兵要义述·叙表》。
④ 王夫之:《宋论·神宗》。

提到"侯王""王""圣人",并将王视为人间的总代表,与道、天、地的地位等量齐观,说明老子是赞同君主主义制度的。他说"国之利器,不可以示人",意即神秘而有效的治国方法,不可轻易告诉别人,后世都认为这句话是"人君南面之术"的最初设计,只不过老子没有明说这就是政治统治术。道家后学,以及受道家思想影响形成的"道法家",他们根据老子的无为"微明"之术发展出系统成熟的"人君南面之术"。其中包括,由"微术"发展而来的"微道""潜御群臣"之术;由明术发展而来的"法术""循名责实"之术,以及二者的结合。

作为谋生之术,演化为中华民族的生存智慧。"后其身而身先,外其身而身存"演化为谦虚为怀的民族性格。"夫唯不争,故天下莫能与之争",演化为恭敬礼让的生活信条。"上德不德,是以有德;下德不失德,是以无德",演化出"得之不喜,失之不忧"以达到自我平衡的心理机制。至于"国之利器,不可以示人"一句,不同职业、不同阶层的人读了,会得到不同的启迪,所谓"真人不露相,露相不真人",所谓"有财不外露",所谓"神光内敛"等,皆是其例。士人阅之而喜,以为文韬武略不能轻率地表现出来,应当深藏不露;农人知之而喜,以为农桑之艺不可轻易告人;工人闻之而喜,以为工营绝技不可随意传授;商人见之而喜,以为商业窍门不可公之于众;如此等等。道术对国人民族性格、心理的影响,既广且深,留待后文详述。

二、黄老道家之"道术"

战国时期的黄老道家,已开始直接使用"术"的概念来阐述思想。典型的如《管子》一书,有《心术》上、下篇。其他黄老学者和道家著述,虽然没有或少用术的字眼,但他们的思想共通处,就是将早期道家的无为"微明"之术向政治权术的方向引导。

(一)《黄帝四经》的"微道"之术

老子讲"微明",《黄帝四经》讲"微道",都是术。

> 刑德相养,逆顺若成。刑晦而德明,刑阴而德阳,刑微而德彰。其明者以为法,而微道是行。①

注意文中的"法"字,不是法刑、法律的"法",而是效法、取法的"法"。全文意指德礼与法刑要交替使用,废一不可。但德的属性为"明""阳""彰",刑的属性为"晦""阴""微"。所以在实践中,面子上要效法"德",以之为行为准则;暗地里却要注重"刑",采用"微道"。按照余明光的说法,就是"用刑阴德显相配合的办法治理国家"②。

如果说老子的"微明"之术是泛指,那么《黄帝四经》的"微道"之术则是特指,将术引入政治法律层面,作为一种狡猾的政治权术,为统治者搞德、刑两手提供方法指导。

此外,《黄帝四经》大讲"刑名",除了用以阐明事物的名实关系外,已涉及法术之学。

> 《经法·道法》:"刑名立,则黑白之分已"。"是故天下有事,无不自为刑名声号矣。刑名已立,声号已建,则无所逃迹匿正矣。"
>
> 《经法·名理》:"天下有事,必审其名,名□□循名究理之所之,是必有福,非必为灾,是非有分,以法断之。"
>
> 《十六经·姓争》:"居则有法,动作循名,其事若易成。"

---

① 《黄帝四经·十六经·姓争》。
② 余明光:《黄帝四经今译今注》,岳麓书社 1993 年版,第 129—130 页。

道家之术核心在"无为而无不为",演而为"君道无为,臣道有为"。君无为,以名法的条条款款去控制臣,约束其按照这些条款去作为;如此则君主就可以当甩手掌柜了,臣下也能够充分发挥其主观能动性,是为"循名",乃刑名法术中的一种外显的办法,后来发展为"循名责实"的术治理论。

(二)《管子》中的"心术"

《管子》四篇进一步将老子的"无为"方法论,改造为单纯的君主统治术,并首次以"术"命名之。书中辟《心术》上、下两篇,专门研究君御臣之道。

《心术上》说:"无为之道,因也。因也者,无益无损也。以其形因为之名,此因之术也。"术的关键之一在于"因"。做到了因,也就等于做到了"无为"。所谓因,即因循,因循事物的规律、因循人物的能否,来处理自己的行为。具体而言,就是君主不要率先做出动作,也不要率先表达意见,"不出于口,不见于色",先观臣下的表现,然后再根据实际情况来决定如何进行控制。"是故有道之君子,其处也若无知,其应物也若偶之。静因之道也。"

术的关键之二在于"制"。"心术者,无为而制窍者也。"君之制臣,犹如心之制九窍。君相当于人的心,百官相当于人的九窍。"心之在体,君之位也;九窍之有职、官之分也。心处其道,九窍循理;嗜欲充益,目不见色,耳不闻声。故曰:上离其道,下失其事。毋代马走,使尽其力;毋代鸟飞,使弊(充分利用)其羽翼。"[1]心的作用是指挥九窍各自发挥自己的功能,而不是代替其发挥功能,君的作用亦然,就像马夫不必代替马而奔走、鸟主人不必代替鸟而飞翔一样。君主怎样"制"臣下呢?当用以静制动、以阴制阳的办法。"人主立于

---

[1] 《管子·心术上》。

阴，阴者静。故曰：动则失位，阴则能制阳矣，静则能制动矣。"① 又回到"因"字上，"因"与"制"交互为用。

在《心术》之外的其他篇目，也谈到了任法之术的问题。"是以圣人之治也，静身以待之。物至而名自治。正名自治之，奇名自废。名正法备，则圣人无事。"② 君主要想"无为"，必须建立完备的法律制度，确立各级官吏的名分，让他们各依名法的规定而为，便做到了"君无为，臣有为"。这和《黄帝四经》的"刑名"之术基本一致。

（三）慎到的"法术"

作为稷下黄老学者的代表人物，慎到有了强烈的法家倾向，甚至被后人视为法家，称其为"重势派"的代表。笔者以为，慎到的思想体系是以"道"为支点的，虽然也言法、尚法、重势，但应属道家的范畴，或属于"道法家"的范畴。故有人认为他是"道法转关"的第一人。在他的言论中，已明确出现了"法术"的概念。

> 寄治乱于法术，托是非于赏罚，属轻重于权衡……不引绳之外，不推绳之内；不急法之外，不缓法之内。③

慎到的思路和《黄帝四经》《管子》四篇的思路相同，仍然是将《老子》的"无为""无事"引入君臣之道，以法作为术的运用手段，是将"道术"引入法制理论的重要人物。《庄子·天下》云："古之道术有在于是者，彭蒙、田骈、慎到闻其风而悦之。……是故慎到弃知去己，而缘不得已，泠汰于物，以为道理。"他的理论貌似怪异，以"弃知去己""舍是与非"为主张，好像这天下全无客观标准一般，以

---

① 《管子·心术上》。
② 《管子·白心》。
③ 《慎子·逸文》。

致遭到当时人的嘲笑,说他的"道理"不是活人的道理,而是死人的道理。① 其实,慎到之道术,不是没有标准,而是以"法"为标准,从而摒弃任何主观臆断的成分。请看这段话:

> 为人君者,不多听,据法倚数以观得失。无法之言,不听于耳;无法之劳,不图于功;无劳之亲,不任于官。官不私亲,法不遗爱,上下无事,唯法所在。②

有了"法"这一客观标准,君主的术就好运用了,尽管让臣下依法而为。"大君任法而弗躬,则事断于法矣。"③ 由此,慎到推出了他的"法术"的功用——"臣事事而君无事"。君臣关系应当是:君什么都不干,臣什么都干;君只管安逸享乐,臣任劳任怨;臣竭尽心智体力搞好本职工作,君不去干预参与,只管坐享其成就是了。这样,国家的各种事务都能得到有效的治理。反之,如果国君事无巨细都去干,则是"代下负任蒙劳",把自己降到臣下的位置,臣下反倒坐享安逸;如果事情没办好,臣下反过来还要责怪国君,此乃"逆乱之道"。④ 因此,人君必须用术来处理好君与臣的关系,确保大权独揽,严防"君臣易位"、君轻臣重的"倒逆"现象出现。

慎到的术,主要是"法术",实际是对老子"明术"一面的发挥,即劝诫君主通过法来运作术,通过法来使群臣"各尽所能",其中包含了"君之智未必最贤于众"的正确观点。他认为,君主之所以要用术,主要原因就在于他们不一定是最聪明的人,如果事无大小,都由自己

---

① 《庄子·天下》:"慎到之道,非生人之行,而至死人之理。"
② 《慎子·君臣》。
③ 《慎子·君人》。
④ 《慎子·民杂》:"君臣之道,臣事事而君无事,君逸乐而臣任劳;臣尽智力以善其事,而君无与焉,仰成而已。故事无不治,治之正道然也。"

一人去干，很可能什么事情也干不好。即使君主比臣下聪贤高明，单靠他一人去干臣下应干之事，势必精疲力竭、劳顿不堪，也干不完。①如果施之以术，验之以法，使群臣百官循法而行，国君只要有"中人"之资，就可治理好国家。②

综上可知，黄老道家将早期道家的"无为"理论引入政治法制领域，为统治者设计一套统治术，后人称之为"人君南面之术"。《汉书·艺文志·诸子要略》说："道家者流，盖出于史官，历记成败存亡祸福古今之道，然后知秉要执本，清虚以自守，卑弱以自持，此君人南面之术也。"（王念孙说"君人"当为"人君"之讹）可见，该书作者班固是较早将道术称为"人君南面之术"的人。

之所以叫"南面术"，因为古代房间建造，都是坐北朝南，夏天可以迎风，冬天可以避寒，延以为俗。家中长者，端坐中堂，面向南方，发号施令；家中卑幼，面向北方，听其号令。董仲舒《春秋繁露·天辨在人》中说："当阳者，君父是也。故人主南面，以阳为位也。阳贵而阴贱，天之制也。""南面"遂延伸出"统治"之义，南面术也就喻指统治术了。

三、道法家之"道术"

道法家思想的共同特征是道法结合，又可分两种情形：一种是吸收了法家思想的道家，如前述的慎到，本书将其归入黄老道家的流派；一种是受了道家思想影响的法家，如申不害、韩非者流。本处所论，指的是后一种情形。司马迁说："申子之学，本于黄老而主刑名"，韩非"喜刑名法术之学，而其归本于黄老"，两人的学术，"皆原于道德

---

① 《慎子·民杂》："一以君而尽瞻下则劳，劳则有倦，倦则衰，衰则复反于不瞻之道也。"
② 《慎子·逸文》："厝（措）钧石，使禹察锱铢之重，则不识也；悬于权衡，则氂发之不可差，则不待禹之智，中人之知，莫不足以识之矣。"

之意，而老子深远矣"。[1]说明这二人深受黄老道家思想的影响，共同继承并发扬了道家的"人君南面之术"。故后人将申不害、韩非的思想统称为"申韩之术"。

（一）申不害

申不害（约前395—前337），郑国人，是战国中期法家思想的代表人物之一，学术渊源于道家而偏重刑名，是以重术著称的"道法家"。他从道家的"人君南面之术"受到启迪，提出君主要独揽行政、立法、司法大权，使群臣听由自己摆布，就必须重视"术治"。术可以帮助君主集大权于一身，做到"独视""独听""独断"，"独视者谓明；独听者谓聪；能独断者，可以为天下主"[2]，防止大臣专权。他形容君主与臣就像身体与手的关系，手足应当听从身体的支使："君如身，臣如手；君若号，臣如响；君设其本臣操其末；君治其要，臣行其详；君操其本臣事其常。"[3]申子还从反面论证了术的重要性，君主无术御臣，就会大权旁落，群臣就会"蔽君之明，塞君之听，夺之政而专其令，有其民而夺其国"，最终导致"弑君而取国"的恶果。[4]

申不害的术有两方面的具体内容：一是"循名责实"之术。即君主先按臣下的才能授予其官职，然后考察臣下所做工作（实）是否符合其职责的要求（名），并据以进行赏罚，是一种公开用来任免、监督、考核臣下的方法，也是一种可以放在台面上讲的术，是对老子"明术"，以及黄老道家以术行法、循名究理思想的沿袭和发展。申子之所谓"名"，即官吏选拔、考核、黜陟的公开条件和规则，而这些条规不是人为主观设定的，而是由法确定的。故循名责实之术的关键在

---

[1]《史记·老子韩非列传》。
[2]《申子·佚文》。
[3]《申子·大体》。
[4]《申子·大体》。

于"任法",通过法定条款来考察臣下,君主借此对"为人臣者,操契以责其名"①。其积极功效有:一可以做到公平公正,论功行赏、因能授官,施政执法不以感情用事。申子曾对韩昭侯说:"法者,见功而与赏,因能而授官。今君设法度而听左右之请,此所以难行也。"② 二可以摒弃主观臆断。"尧之治也,善明法察令而已。圣君任法而不任智,任教而不任说。黄帝之治天下,置法而不变,使民安乐其法也。"三可以帮助人君树立权威。"君之所以尊者,令。令之不行,是无君也。故明君慎之。"四可以统一臣下的行为,便于君主控制掌握。"君必明法正义,若悬权衡以称轻重,所以一群臣也。"③

二是"无为制臣"之术。这是一种阴谋术。君主应"藏于无事,窜端匿疏(迹),示天下无为",不但要有公开控制群臣的办法,还要有暗中驾驭臣下的手腕。国君只有装作"无为",才会使臣下莫测其高深。怎样才做得到呢?就是在说话、做事上都要谨慎,最好是少说、少做,甚至不说、不做,让人摸不着头脑。"慎而言也,人且知女(通"汝",下同);慎而行也,人且随女。而有知见也,人且匿女;而无知见也,人且意女。女有知也,人且臧女;女无知也,人且行女。故曰:惟无为可以规之。"④ 君主在言行上都无所表示,便是无为了,能保持绝对的冷静和理智,并能窥视群臣的言行举止、识别忠奸。前面讲到,道家的术大致有"明术"和"微术"两类,法术是"明术",是公开的术,欲其显;"无为制臣"是微术,是秘密的术,欲其隐。申不害的"无为制臣"之术,是对微术的发挥。

申不害的术,不光是嘴皮上的功夫,亦曾用于实践。他原本是郑

---

① 《申子·大体》。
② 《韩非子·外储说左上》。
③ 《申子·佚文》。
④ 《申子·佚文》。

国的贱臣,"学术以干韩昭侯"①,被任命为相,执政十五年,使韩国兵强国富,说明他的术还是有用处的。后来的韩非,继承了申子的术,却多有批判。重点是批评他"徒术而无法",意思是只晓得术,不懂得法。韩国本是晋国的别国,"晋之故法未息,而韩之新法又生",看到旧法有利就用旧法,看到新法有利就用新法,不注意法制的统一,"不一其宪令",致使"故新相反,前后相悖",终于被奸臣钻了空子,造成韩国"七十年而不至于霸王者"的弱势局面。②其次是说申不害在"术"这个问题上,也没有完全搞透彻,"申子未尽于术"。即如"治不逾官,虽知不言"的话,申子认为百官对自己职权范围之外的事,即使知情也不许说。韩非认为这就是申子不精通术的表现,有碍于国君了解臣子是否守法的真实情况。

慎到讲术,偏重于"法术";申不害讲术,偏重于阴谋诡计之术,又主张严刑酷罚,以致在汉以后落下不好的名声,为君子所不齿。梁启超在《先秦政治思想史》中称其为"术治主义",郭沫若在《十批判书》中说他是"术家",斥其本人"是一位不择手段的人",其理论"是一种恶性的专制独裁主义"③。

(二)韩非

韩非(约前280—前233),韩国人,为韩国诸公子之一,与李斯同为荀子的学生。荀子为儒家思想集大成者,韩非却"喜刑名法术之学"。老师荀子在世时,他就走向了批判儒家的道路,成为法家思想的集大成者。因其思想受了道家思想的深刻影响,也是"道法家"的重

---

① 《史记·老子韩非列传》:申不害"故郑(国)之贱臣,学术以干韩昭侯,昭侯用为相。内修政教,外应诸侯,十五年。终申子之身,国治兵强,无侵韩者"。
② 《韩非子·定法》。
③ 郭沫若:《十批判书》,第327、330、333页。该书是其研究中国古代社会及诸子思想的名著,写于1943—1945年,重庆群众出版社1945年9月初版,后多次再版。

要代表人物。

韩非认为,"法"是治国的根本,"势"是推行法刑之治的前提,"术"是实现法刑之治的策略,三者不可偏废。他批评重法的商鞅"无术以知奸",重势的慎到不知"抱法",重术的申不害"不擅其法",强调"以法为本",法、势、术结合,使法家的这一理论系统化。其中,尤其是重视"术"的作用。

1. 术的内容

"术"是专门研究君臣关系的理论。道家是发明术的宗主,至战国中后期,讲术之风浓烈,儒家荀子讲术,纵横家也讲术,法家更讲术。术分君驭臣之术、臣弄君之术。韩非所讲乃前者,即指君主掌握权势,公开或暗中制驭官吏的策略和手段。包括:

(1) 公开考察臣下之术。"术者,因任而授官,循名而责实,操生杀之柄,课群臣之能者也。此人主之所执也。"① 这是古代考课监察之法,于治理官吏起到了积极作用。主要标准有两条:一是"因任授官",即按能力大小授予相应的官职。来自州部的小官、出身行伍的士卒,只要有能力,都可以升为宰相、将军。二是"循名责实",即按法定职责来考察官吏的实际履行情况。"功当其事,事当其言,则赏;功不当其事,事不当其言,则诛。"②

(2) 暗中控制臣下之术。"术者,藏之于胸中,以偶众端,而潜御群臣者也。"韩非讲的术主要偏重这一类,通俗地说就是搞阴谋诡计。他认为,英明的君主不一定要找廉洁高尚的人来当官,只要有办法控制他们就行:如"大不可量,深不可测",深藏不露,让臣下摸不清自己的意向;"例言反事",故意说假话,试探臣下的真实想法;"挟知而问",即明知故问,装聋作哑,设置圈套让臣下上当;"疑诏诡使",

---

① 《韩非子·定法》。

② 《韩非子·主道》。

颁布虚假诏命，看臣下有何反应；如此等等。

2. 术与法

韩非在其《定法》篇中，把"法""术"比作人的衣食。"人不食十日则死，大寒之隆，不衣而死"，二者缺一不可。所以"君无术则弊于上，臣无法则乱于下，此不可一无，皆帝王之具也"。就是说，君主没有控制臣下的手段就会被臣下蒙蔽，臣下没法律约束就会胡作非为，法、术都是君主治国的工具。

在表现形态上，二者又有所不同。法为吏之所师，故要公开，以便遵守；术为主之所执，多宜暗藏，就连自己最亲近的人都不能让其晓得。苦劝君主"备内"，防止夫人、后妈、太子等知悉内情，最好还要一个人睡觉，"独寝"以防说梦话泄露机密。所以说，"法莫如显，而术不欲见"。

在社会功能上，法规范着臣民向有利君主的方向去作为；术帮助君主考察臣下是否奉公守法、严格执法，故术是法得以实现的必要手段。韩非批评商鞅在秦国变法，虽然使秦国富而兵强，"然而无术以知奸"，结果富强的好处都被奸臣捞走了。商鞅死后，秦惠王、武王、昭襄王时期，不断攻城略地，但战果都被臣下拿去讨好周天子换了封侯，国家没有增加一尺之地，此乃"徒法而无术"的弊端。又批评申不害辅佐韩昭侯，虽然知术，却不擅法，看到旧法有利就用旧法，看到新法有利又转用新法，"故新相反，前后相悖"，终于被奸臣钻了空子，造成韩国"七十年而不至于霸王者"的弱势局面，这是"徒术而无法"的坏处。两人的失败在于"二子之于法术，皆未尽善也"[①]，理想的办法就是法与术结合。

3. 术与势

权势是推行法治的基础，术又是加强权势的妙法。"人主者不操

---

① 《韩非子·定法》。

术,则威势轻而臣擅名。"① 韩非比喻说,国家好像君主之车,权势好比君主之马,术犹如君主的驾车技术。没有技术,不但驾车劳累,还会出乱子;有技术,轻轻松松就可"致帝王之功"。他主张势也要与术结合,否则,权势没有术的支撑,就会大权旁落,后果不堪设想。重用两个人,会导致内争权力、外通敌国;重用一个人,会产生大臣"专制",以致"劫弑"君主。②

韩非的术,是与法、势结合的方法理论,比以前各家之论更系统化,成为新兴地主阶级渴望建立大一统政权的理论基础,对后来帝制时代的法律思想产生了重要影响。杨鸿烈说:"韩非是先秦诸子的最后一个人,泷川政次郎博士所著《中国法制思想》曾说他是集儒、墨、道、杨、申等先秦政治思想的大成者,所以韩非的思想即是中国法律思想的精华,这话说得很是。"③

但是,韩非的术,以重刑推运法术,以阴谋诡计推运微术,有着不可避免的理论弊端。秦始皇十分欣赏他的学说,在实践其理论的同时,亦使其思想弊端暴露无遗,以致后人对韩非之学口诛笔伐。汉以后的统治者虽然实际上仍在运用他的一些思想主张,但都是暗箱操作,不在口头上标榜。这本身又是"术"的一种表现。

四、道术简论

道术是由道家之"道"引申出来的方法论。《易传·系辞上》说:"形而上者谓之道,形而下者谓之器。"道的特点是抽象,器的特点是具体。抽象则只可意会,不可言传;具体则既可把握,又可利用。道与术的关系相当于道与器的关系。道术相通后,这种方法论既有具体的办法

---

① 《韩非子·外储说右下》。
② 《韩非子·难一》。
③ 杨鸿烈:《中国法律思想史》(上),台湾商务印书馆1981年版,第123页。

设计，可资掌握、利用，一就是一，二就是二，谁看了谁都搞得懂，就是"术"；同时又有理论支撑，以归纳、总结、提升，抽象出具有规律性的东西，说一就不是一了，一生万物，说万物也不是万物了，万物可归之为一，实在是高深玄妙，简直可以"放之四海而皆准"，就是"道"。

这个既高妙又世俗的"道术"，以"无为""无为而治"为核心。换言之，也可以说是道家的"无为"，生发出了"道术"的方法论。"无为"与"道术"的密切关系，司马谈在《论六家要旨》中也是点了题的："道家无为，又曰无不为，其实易行，其辞难知。其术以虚无为本，以因循为用。无成执，无常形，故能究万物之情。不为物先，不为物后，故能为万物主。有法无法，因时为业；有度无度，因物以合。"[1] 有人说，《论六家要旨》是打开道家思想奥秘的一把钥匙，一点不错。

道生万事万物，万事万物以阴阳冲和为运动规律，因而道的法则、阴阳的规律，是不可违背的，在此前提下来处置人的行为，就是"无为"。做到这一点，可保其无往而不胜、无往而不利。"无为"以阴阳和合的思维方式为指导，教导人们注意事物阴、隐、潜、藏的那一面，而那一面很容易被人忽视。相传老子的老师叫商容，商容临死之际，老子前往探望。商容张开嘴，让老子看看自己嘴里还剩下什么。老子看后回答：老师，您嘴里的牙齿都掉光了，但舌头还在。商容听后语重心长地说："人世间的道理，都在我这一张嘴中。"老子大受启发，悟到了坚强的东西容易灭亡，柔软的东西反而长久的道理，从此特别看重阴柔的作用，提倡"贵柔守雌"。当人们在这种思维的支配下，转而重视阴、隐、潜、藏的一面后，甚至自觉地加以运用时，在方法论上，就自然导引出"术"来了。比方说，某某人"阴"得很，我们自然会想到这是个诡计多端的人。用古语表达，就是一个有心术的人。假如没有阴阳和合的思维指导，人们就难以注意到事物的潜藏面，而只注意事物的表面，说话

---

[1] 《史记·太史公自序》。

做事自然会"直奔主题",不会拐弯抹角,也就谈不上术的运用了。正是基于这种分析,我们要说,道术的核心在无为。或者说,无为引出了道术。古之学者皆以道家为术的发明者,信然!

道术是由道家重视事物阴暗面的思维引发的,但这并不等于道家只重视事物的阴暗面而不注意事物的表面,事实上要两面都重视,所谓表里不一、阴阳结合、虚实相间,如此这般,才谈得上术。有人说老子的"贵柔守雌"是只重阴柔、不尚刚健,到《易传》中才有重阳刚的思维方式,如"天行健,君子以自强不息"等豪迈之言。从道术的产生发展过程可以看到,老子不是不尚刚健有为,而是通过阴柔的方法去求得刚健有为。

> 曲则全,枉则直,洼则盈,敝则新,少则得,多则惑……古之所谓曲则全者,岂虚言哉?诚全而归之。①

之所以委曲,是为了保全;之所以过枉,是为了矫正;之所以遮蔽,是为了维新;之所以求少,是为了确保能够得到,求得太多,反而迷惘而无所得。这样的妙计,岂不是看到了事物的两面而设计出来的吗?老子又说,水是最柔软的东西,可一旦发起威来,任何坚硬的东西都经不住它的冲击。"天下之至柔,驰骋天下之至坚。无有入于无间,吾是以知无为之有益。"②阴柔不是目的,之所以重视它,是因为它能达到克坚、克刚的目的。如果柔不具备克坚、克刚的功效,还重视它干吗?

用功利主义的理论来分析,道术之所以为道术,奥妙在于它不是向目的直接挺进,而是迂回式地甚至是逆向地去达至目的,别人根本

---

① 《道德经》第二十二章。
② 《道德经》第四十三章。

无法猜测一个道术家的真实意图。在《道德经》中，对这样的方法论有两句提纲挈领的话："反者，道之动。""弱者，道之用"。虽然老子预测他的这些玄妙的方法很难为人理解，说"吾言甚易知，甚易行，天下莫能知，莫能行"[1]。后来的历史事实证明，古代中国人普遍接受了他的思想，化为日常生活中的种种智慧，遂有了委曲求全、矫枉过正、以柔克刚、强示之以弱、弱示之以强、真人不露相等格言俗语。在现代生活中，这样的现象也随处可见，当一个人要当面攻击你时，他肯定会先说几句赞美你的话，然后才展开无情乃至无耻的批驳；一个人要在大庭广众下吹捧你的话，必先不关痛痒地假装批评你几句，然后再高唱赞歌。这些，无一不是对道术的运用。有人指出，道家之术，不外乎一个"装"字[2]，可谓入木三分。当然，这仅是对道术负面价值的讥评。如果用于正途，道术也可为个人、社会带来一定的积极作用。

在古代，道术运用于政治法制领域，十分常见。有的人甚至认为，"道术"是"常道"、是"法度"，单指古代的法律。[3]这种说法有正确的一面，但并不全面。按照道术的设想，法与人是一对阴阳关系，治法与治人同等重要，但在方法上应有所区别。以相同方法去对待处理而不加区分，就叫"有为"，违背了"一阴一阳之谓道"的大前提；以不同的方法去对待处理，就叫"无为"，治法以"明术"，求其明白易知，治人以"微术"，秘密不可告人。法制政刑与礼义道德又是一对阴阳关系，治德与治法不可或缺，但在方法上也要区别对待，治德以"明术"，礼义道德可以大张旗鼓地宣传，以树立良好的社会风气，有百利而无一害；治法以"微术"，法等于刑，刑等于镇压、威吓，越

---

[1] 《道德经》第七十章。
[2] 张舜徽：《周秦道论发微》，中华书局1982年版，第12页。"'主道'的实质，便不外一个'装'字。"
[3] 刘泽华说："因而法又称为'道术'、'常道'、'法度'。"见刘泽华主编：《中国政治思想史》(先秦卷)，浙江人民出版社1996年版，第277页。

提倡越不容易笼络民心，只能暗中重视。总体而言，则是"微术"和"明术"要结合起来使用。

道术还有一个重要命题："道术相通"。任何理论、制度，既有其理想形态，又有其实践形态，一旦落入实践，理想的状态就会变样，此乃用术的结果；但世俗的术因了道的引导，又在向理想状况提升和渐进。传统文化和法文化总是在依循"道术相通"的途径而运动、变化和发展。

第二节 "治人""治法"与"人治""法治"

"治人""治法"概念，集中出现在荀子的论述之中：

> 有乱君，无乱国；有治人，无治法。羿之法非亡也，而羿不世中；禹之法犹存，而夏不世王。故法不能独立，类不能自行，得其人则存，失其人则亡。法者，治之端也；君子者，法之原也。①

荀子之外，其他先秦诸子也谈"治人""治法"的问题。近代以来，学界始将古代的"治人"和"治法"诠释为"人治""人治主义"和"法治""法治主义"。肇其始者为梁启超，他在1904年发表的《中国法理学发达史论》中，率先使用"人治主义"和"法治主义"的概念。②此后学者，发明其序意，渐至将"人治""法治"论证为两种水火不相

---

① 《荀子·君道》。
② 梁启超：《梁启超法学论文集》，范忠信选编，中国政法大学出版社2000年版，第99页："故古代人民，其崇拜英雄之念特甚。谓一切幸福，惟英雄为能我赐，一切患害，惟英雄为能我捍。于是英雄万能、圣贤万能之观念发生焉。而不知英雄圣贤，固大有造于国家，然其所以能大有造于国家者，非仅恃英雄圣贤自身之力，而更赖有法以盾其后也。由前之说，谓之人治主义。由后之说，谓之法治主义。"

容的思想，形成法律史学和政治史学中的"人治法治对立论"。对此，俞荣根曾大胆质疑、小心求证，一一辨正之后指出，"人治""法治"对立是一条虚构的线索。①

笔者仅从"道术"这一特定角度立论，认为古代的"治人""治法"是君主"道术"的两手，不宜说成是"人治""法治"。"人治""法治"是西方传来的概念，其在政治学上具有独立的价值。"人治"指"一人之治"②，所指的是君主专制政体；"法治"则是与共和政体相匹配的，在这种政体之下，"统治者是法律的臣仆，他的全部权力都建立于法律之上"③。因而，人治、法治可以理解为政治体制的另一种称呼。说到人治，即知其指代君主政体；说到法治，即知其指代共和政体。而中国古代的政治体制早已设定好了，诸子百家都主张君主政体，无一不赞成"一人之治"。正如司马谈所说："夫阴阳、儒、墨、名、法、道德，此务为治者也"④，他们的政治目的是殊途同归的。以西学度量之，他们都是"人治"论者。但为什么又会"百家异说"呢？是因为他们为"人治"体制下如何进行统治所设计的方法各有不同。"治人""治法"只是这林林总总的方法中的两种罢了。

两相比较可知，"治人""治法"与"人治""法治"，根本不是同一层次的概念，不具备可比性；"人治""法治"是关于政治体制的价值性概念，而"治人""治法"则是从属于"人治"体制之下的、关于统治手段的工具性术语，与政治体制无涉，因为君主制的大前提是"万世不变"的。

我们将"治人""治法"放在其原始语境中分析，也可得出相同的结论。荀子关于"有治人，无治法"一段，见于《荀子·君道》篇。

---

① 参见俞荣根：《儒家法思想通论》，广西人民出版社1992年版，第27—40页。
② 亚里士多德：《政治学》，吴寿彭译，商务印书馆1981年版，第167页。
③ 卢梭：《论政治经济学》，王运成译，商务印书馆1962年版，第9页。
④ 《史记·太史公自序》。

所谓"君道",就是讲君主的统治之道,明显是受了道家和道法家"道术"思想的影响,与《管子》的《心术》、《韩非子》的《主道》、《吕氏春秋》的《圜道》、《淮南子》的《主术训》一样,都是专门探讨"人君南面之术"的。①

荀子首先说,"有乱君,无乱国",说明他的政治法制思想是在确定君主制的前提下来展开的。他心目中的"君",是总揽一切权力的至上者,甚至可以超越法律。"君者,国之隆也。……隆一而治,二而乱。自古至今,未有二隆争重而能长久者。"②所谓"一而治",就是主张一人之治。用现代的话说,便是权力结构的一元论者。正如《说文解字·口部》说:"君,尊也。从尹;发号,故从口。"《艸部》莙下云:君"读若威","君"与"威"通。总而言之,"君"就是发号施令的、集威权于一身的位尊之人。荀子的"治人""治法"是在确立"君"的政体之下来谈的,是"君道"的两手,即君主统治国家之"道术"的两种手段。

荀子接着说,"有治人,无治法",并不是只要"治人"这一手,不要"治法"那一手;而是两者比较,"治人"比"治法"更重要。法是君主之法,但法不能自行发挥作用,要靠人去推行,"法不能独立,类不能自行,得其人则存,失其人则亡",故"治人"首当其冲,而"治法"尚在其次。但二者并不是冲突的,而是相互配合的。

或许有人会质疑:荀子乃儒学大师,在稷下学宫中"最为老师",光明磊落,怎么也会讲那些见不得人的"术"呢? 荀子生当战国后期,学术综合之风甚剧,他的学说已经是"儒而不纯"了,大量汲取了其

---

① 张舜徽认为诸子百家之论,如《淮南子》、《老子》、《管子》的《心术》上下、《白心》、《内业》,《韩非子》的《主道》《大体》《扬权》,《庄子》的《天道》,《吕览》的《圜道》《君守》,《荀子》的道德之论等,皆是"言主术"的。参见张舜徽:《周秦道论发微》,中华书局1982年版,第36—38页。

② 《荀子·致士》。

他学派的思想，其所讲"君道"，自然是来源于道家和道法家的"道术"。陈鼓应说："荀学及后的《学》《庸》实为儒道互补之作。"①从荀子的君道以"无为"为运用原则这一点，便可作为实证。他说：君主要无为，自己不要事必躬亲，而叫官吏去干，"治国有道，人主有职，若夫贯日而治详，一日而曲引之，是所使夫百吏官人为也"②。

总之，在君主政治体制中，人民是君主的臣民，"普天之下，莫非王土；率土之滨，莫非王臣"③；法律是君主的法律。"治人"是对臣民的治理；"治法"是对法制创立、运行的关注。要想皇权永固、国泰民安，必兼顾此二者，"治人"是推行法律的前提，"治法"则是控制臣民的有效手段，缺一不可。

第三节　内圣外王与治人传统

在中国古代法律实践中，一贯重视对人的治理，通过"治人"去推行国家法制，治人是法制能否得到良好运行的前提。因此，"治人"传统成为中国法律传统的重要组成部分。

一、从内圣外王到王而成圣

早期道家提出"道"，是用来否定神的。"道"既具有物质的属性，又具有精神的属性。黄老道家和道法家将"道"引入政治层面后，对道的精神属性日渐夸大，遂为有神论进入"道术"打开了方便之门。及至汉儒，更将道术与有神论结合得亲密无间。董仲舒说："体国之

---

① 陈鼓应：《易传与道家思想》，生活·读书·新知三联书店1996年版，第58页。
② 《荀子·王霸》。
③ 《诗·小雅·北山》。

道，在于尊神。尊者，所以奉其政也；神者，所以化其民也。故不尊不畏，不神不化。"① 所以尊神，是为了让人有所畏惧，政权才能真正稳固，此愚民之术也。难怪有人将传统道术的特征归纳为：除了"装"，便是"骗"。神化政治，怎一个"骗"字了得！

神化政治的核心在于神化皇帝的身份，自汉唐以迄明清皆然，这成为政治传统中的一支重要脉络。按照这个传统，历代皇帝都不是凡人，无一不是天生圣人。汉高祖刘邦，是其母见天上蛟龙腾飞而怀下的龙胎，生下来也与众不同，面庞有龙的样子，左腿上生有72颗黑痣。② 晋武帝司马炎"发委地，手过膝"，生就一副"非人臣之相"。③ 唐高祖李渊"体有三乳"，"骨法非常，必为人主"。④ 据《旧唐书·太宗纪》，唐太宗李世民出生于"武功别馆"，其时门外有二龙绞柱，三日而去。到四岁时，有相师称他有"龙凤之姿，天日之表，年将二十，必能济世安民矣"。宋高宗赵构出生时，亦是"赤光照室"⑤。明太祖朱元璋之母陈氏，"梦神授药一丸"，吃入腹中便有了身孕，生产之时朱家红火四映，周围四邻以为发生火灾，前来救助，结果是陈氏产下一男，"姿伟雄杰"，是为朱元璋。⑥ 清太宗皇太极也是生具异禀，"颜如渥丹，严寒不栗"⑦。

翻开二十五史，这样的记载描绘俯首即是，和传统的"内圣外王"的政治伦理紧密配合，共同发挥着治人驭臣的作用。内圣外王的伦理，要求道德高尚、智慧超群的圣人当王，"内圣"才能"外王"。您看上面的"王"，哪一个不是"天生圣人"？哪一个不是神派来的？他们无不具备甚至是天生具备"内圣"的资格，自然该"外王"的。然而，

---

① 《春秋繁露·立元神》。
② 《史记·高祖本纪》。
③ 《晋书·武帝纪》。
④ 分别见于《新唐书·高祖纪》《旧唐书·高祖纪》。
⑤ 《宋史·高宗纪》。
⑥ 《明史·太祖纪》。
⑦ 《清史稿·太宗纪》。

历史的真相却是：他们并不是真正的"内圣"，而是打扮出来的内圣，是因为已经"成者为王"之后被人描绘出来的内圣。有学者对此早有洞见，认为古代的"圣王"观变成了"王圣"观，真正的圣人当不了王，如孔、孟、荀；而当了王的人都可以被塑造成圣人，只要他愿意，"圣人才能王天下，变成了王天下者就是圣人"①。在无情的实践中，"内圣外王"从一种理想政治变成了世俗政治。也许实际生活中的任何政治形态，都只能是或者说不得不是理想和世俗的和合，绝对的世俗过于低级，而绝对的理想又过于空悬。

实际上，"内圣外王"从提出开始，就不是纯理想的追求，而是一种"道术"。且最早也不是儒家提出来的，而见于《庄子·天下》篇。

> 是故内圣外王之道，暗而不明，郁而不发。天下之人，各为其所。欲焉，以自为方；悲夫，百家往而不返，必不合矣。后世之学者，不幸不见天地之纯、古人之大体，道术将为天下裂。

作为一种理论形态，内圣外王是"道"，是人类追求的理想目标，可以促成现实政治的改进和提升；作为一种实践模式，内圣外王是"术"，人类却很难达到这一目标，甚至永远无法达到，只好退而求其次，不圣而王也好、王而造圣也好，都是人类无奈的选择。《天下》篇作者说"内圣外王"的特点就是"暗而不明，郁而不发"，已包含着强烈的术的意蕴。后人将道与术分裂开来，思想家们只求道，呼吁内圣才能外王，却不得不对现实政治大为失望；政治家们又多讲术，一旦外王也可以造圣，"内圣外王"适足以成为他们神化身份、巩固权势的

---

① 俞荣根：《道统与法统》，法律出版社1999年版，第364页。笔者按：以今推古，可知我们的祖先确曾将"圣王"变成了"王圣"。举目当今的知识界和政治界，学术人才当官难，评职称难；而权力人士混文凭易，定教授、博导易。今人耍的是"官大学问就大"的游戏，古人玩的"由王变圣"的花样。古今一理也。

理论根据,当然对推动政治进步也有一定的积极意义。

鲁迅先生曾说,中国古代有种怪现象:朝代长的好人多,朝代短的坏人多。朝代长的,后人都为祖先说好话,所以好人多;朝代短的,没有后人说好话,所以坏人多。这种现象,是历代帝王将"内圣外王"当作术来使用的必然结果,所以,我们在史书中就看不到秦朝、隋朝的"圣人",而汉唐明清的"圣人"却一抓一大把。统治者将"造圣""造神"运动披上"内圣外王"的绚丽外衣后,又有谁敢对他们的"神圣性"进行质疑?慢慢地,由不敢质疑变得不愿质疑,直到深信不疑!

二、"治人"传统之成因

为什么在古代的政治结构中,光搞法制建设就不行,而非得要先重视治人呢?

中国自秦汉以来,推行郡县制,有的学者称其为"郡县时代",或称之为帝制时代,一直维系到1912年。我们传统的历史教科书称这一阶段为"封建社会"。万昌华主张:"把秦代以来迄至晚清的传统中国社会明确概括为郡县型行政权力控制的社会。简而言之,即秦代以来的中国社会是以编户齐民工作为核心的郡县性社会。"[①]这一提法是颇有理据的。当然,不论称"郡县制"也罢,叫"封建制"也好,其在政治结构上都表现为大一统的格局。在这种制度中,皇帝作为最高统治者,包揽了军、政、财、法等所有大权,中央政府对地方政府实行严格控制,整个权力形式呈"金字塔"状。宋儒程颐说:"天子居天下之尊,……凡土地之富,人民之众,皆王者之有也。"[②]这种"王有天下"的观念和政治现实联袂携手,将皇帝推到了权力金字塔的塔尖,成为地道的"孤寡之人",没有人能也没有人敢与之平起平坐。

[①] 万昌华:《秦汉以来地方行政研究》,齐鲁书社2010年版,第5页。
[②] 《周易程氏传·大有》。

在大一统的政治制度中，皇帝高高在上，称孤道寡，掌握着各种大权，但要凭他一个人的力量，无论如何也没法治理好如此庞大的国家，简直有"老虎吃天，不知从何下口"的无奈。唐中宗曾就此发过感慨，说：古人之所以能"保邦静人"，"岂一人之力哉？实赖群方，共康庶绩"。① 不得已而为之的选择是，分任各种职官来帮助他处理各种事务，管理民众。所谓"农分田而耕，贾分货而贩，百工分事而劝，士大夫分职而听，建国诸侯之君，分土而守，三公总方而议，则天子共己而已矣"②。滋以中国帝制时代最繁盛时期——唐朝的职官设置情况列图为例：

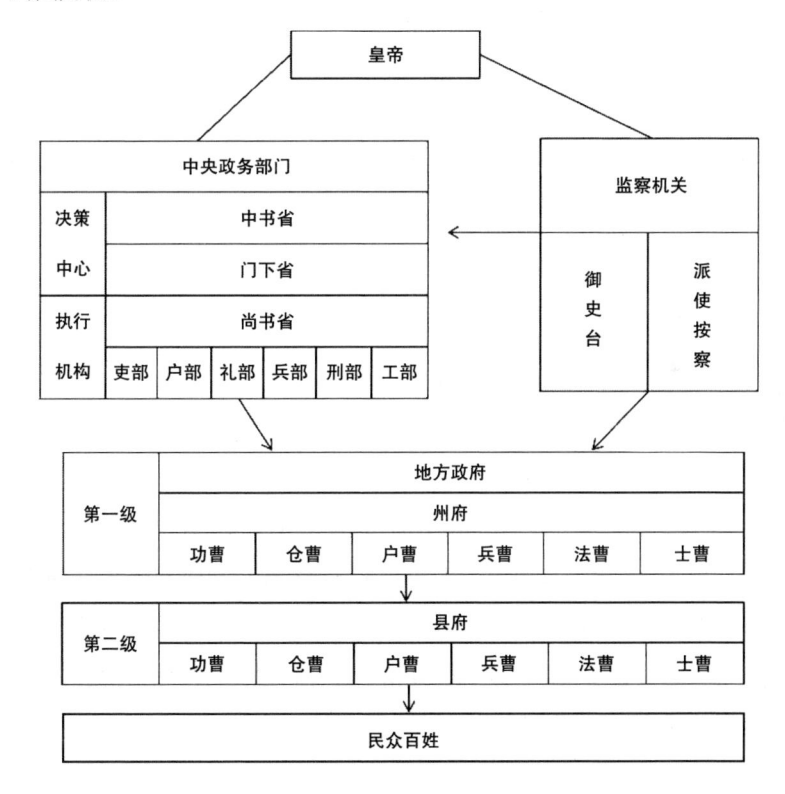

```
                        ┌─────────┐
                        │  皇帝   │
                        └─────────┘
                       ↙          ↘
    ┌──────────────────────────┐   ┌──────────────┐
    │      中央政务部门        │   │  监察机关    │
    ├────┬─────────────────────┤   ├──────┬───────┤
    │决策│      中书省         │←  │      │       │
    │中心├─────────────────────┤   │ 御   │ 派    │
    │    │      门下省         │   │ 史   │ 使    │
    ├────┼─────────────────────┤   │ 台   │ 按    │
    │执行│      尚书省         │   │      │ 察    │
    │机构├──┬──┬──┬──┬──┬─────┤   │      │       │
    │    │吏│户│礼│兵│刑│ 工  │   │      │       │
    │    │部│部│部│部│部│ 部  │   │      │       │
    └────┴──┴──┴──┴──┴──┴─────┘   └──────┴───────┘
            ↓                              ↓
    ┌──────────────────────────────────────────────┐
    │                地方政府                      │
    │第一级├───────────────────────────────────────┤
    │      │              州府                    │
    │      ├─────┬─────┬─────┬─────┬─────┬────────┤
    │      │功曹 │仓曹 │户曹 │兵曹 │法曹 │ 士曹  │
    └──────┴─────┴─────┴─────┴─────┴─────┴────────┘
            ↓
    ┌──────────────────────────────────────────────┐
    │第二级│              县府                     │
    │      ├─────┬─────┬─────┬─────┬─────┬────────┤
    │      │功曹 │仓曹 │户曹 │兵曹 │法曹 │ 士曹  │
    └──────┴─────┴─────┴─────┴─────┴─────┴────────┘
    ┌──────────────────────────────────────────────┐
    │                民众百姓                      │
    └──────────────────────────────────────────────┘
```

图 4.1　帝制时代政治结构示意图

---

① 《全唐文》卷十六，"遣十使巡察风俗制"。
② 《荀子·王霸》。

按这样的体系，天下之人的政治身份大致可归结为三类：君、官、民。君为个体，是法制政令的制定者；官为群体，是法制政令的执行者；民为更大的群体，是法制政令的管束对象，负有遵法从令的义务。这种政治关系，完全是按照先秦思想家的设计而建构的，"有生法，有守法，有法于法。夫生法者，君也；守法者，臣也；法于法者，民也"①。历代王朝在具体的政治实践中，莫不将其运用得淋漓尽致，盛唐的情况更具代表性。故唐朝思想家韩愈所描绘的当时的"政治结构图"是符合实际的。他说："君者，出令者也。臣者，行君之令而致之民者也。民者，出粟米麻丝、作器皿、通财货，以事其上也。"②

皇帝"居深宫之中，视听不能及远"③，只能通过控制官吏去控制民众，以达到治国理政的目的。这就像宋朝范祖禹在《唐鉴》中所说的："是故为法者，必关盛衰。使一县之众必由于令，一郡之众必由于守，守之权归于按察，按察之权归于天子，则天下如纲网之相维，臂指之相使矣。"④其运行机制有如大脑指挥手臂、手臂指挥手指一样。在这种"以臂使指"的看似如意的政治结构中，至少有两种原因驱使着最高统治者必须先重视"治人"，如下。

（一）政治法律功能的实现

在"道法传统"一章已经说到，法律是王者之法，帝王可以不受它的约束，只是用来治理下面的人。所以说法是"吏民的绳缰"，是自上而下制定的规矩，而不是自下而上形成的规则，不能冀望人们主动践履它，必须靠自上而下的强制性指令才能得以推行。"君者执本，相执要，大夫执法，以及其群臣"，"主画之，相守之；相画之，官守之；

---

① 《管子·任法》。
② 《韩昌黎文集·原道》。
③ 《贞观政要》卷三，择官第七。
④ 《唐鉴·宪宗》卷九。

官画之，民守之。"① 如果说，一个国家就像一部复杂而又统一的机器，那么，皇帝就是这部机器的总指挥，各级官吏相当于操纵各部件的工程师，法律则是指导、约束他们如何进行操作的操作规程。可以想象，皇帝要想让这部机器运转起来，只能向有生命的官吏发号施令，而不能向无生命的操作规程指手画脚，即使指画，也毫无反应。所以孟子才说，"徒法不能以自行"②。

但是，在政治实践中，臣子并不是都很听话的，甚至大臣把持朝政、官吏结党营私、武将专横跋扈的现象也不是没有。例如，汉文帝就曾遇到了尴尬，他问右丞相周勃："天下一岁决狱几何？"周勃答："不知。"又问："天下一岁钱谷出入几何？"周勃又不知，"汗出沾背，愧不能对"。文帝又问左丞相陈平，陈平也不知，但回答时转了个弯，说："有主者。"文帝问："主者谓谁？"陈平答曰："陛下即问决狱，责廷尉；问钱谷，责治粟内史。"③ 汉朝中央政府实行"三公九卿"制，丞相为三公之一，其职责是"掌丞天子，助理万机，下辖九卿"④。廷尉、治粟内史为九卿之一，廷尉掌审判；治粟内史掌国家的租税钱谷和财政收支。依照法律规定，丞相作为皇帝的助手，又是廷尉、治粟内史的主管官长，理应对下属部门的年度工作情况有所了解、掌握，结果却一无所知，反倒搪塞皇帝，让他自己去问廷尉、治粟内史。如果各级官吏都将自己的工作职责层层往下推，国家事务何以开展？

又如在历史上颇负盛名的唐玄宗，早期锐意治理，打造出举世瞩目的"开元盛世"。杜甫写诗赞叹：

忆昔开元全盛日，

---

① 《管子·君臣下》。
② 《孟子·离娄上》。
③ 《史记·陈丞相世家》。
④ 《汉书·百官公卿表》。

>小邑犹藏万家室。
>
>稻米流脂粟米白,
>
>公私仓廪俱丰实。

随着时间推移,唐玄宗逐渐变得娱于声色而疏于治人,其与杨贵妃的恋情堪称千古绝唱,被白居易写成《长恨歌》。君主沉溺儿女情长之日,正是大臣弄权之时,宰相李林甫、杨国忠先后专权,政令便不畅通了。宦官高力士作为前后变化的目击者,曾向玄宗痛诉:"开元二十年以前,宰臣受职,不敢失坠,边将承恩,更相戮力。自陛下威权假于宰相(指李、杨二人),法令不行,灾眚备于岁时,阴阳失度,纵为轸虑,难以获安,臣不敢言,良有以也。"上久而不答。[①]对这种"法令不行"的局面,玄宗之所以"久而不答",想必已经是无可奈何了。

"事督乎法",法律政令是督促国家事务正常进行的手段。但由上可知,皇帝要想国家这部机器得到有效运转,政治功能得以实现,各种事务性工作都能按照法律制度的规定有序进行,必须对各级官吏进行有效的控制。否则,摆在他面前的,便会是"有法不行"的无序、无奈、无助的政局。

(二)政治利益的稳固

在"王有天下"的集权官僚制下,君、官、民这三种角色,构成了"君臣""君民""官民"这三大社会关系。在这三种关系中,如果站在皇帝的角度考虑问题,则君臣关系最为紧张,如果最高统治者不注重治人这一手,很难保有其既得的政治利益。

首先来看君民关系。帝王与普通民众之间,由于有官僚集团挡在

[①] 《高力士外传》。此书后人多视为小说,其实不然,《新唐书》将其著录于《艺文志》杂传记类中。撰者郭湜因得罪肃宗朝权相李辅国贬谪巫州,高力士也"配流巫州"(《旧唐书·肃宗纪》),二人交好,郭据高口述旧事,写成此书,是研究玄宗朝历史的第一手资料。

中间，利益冲突始终不是很直接，矛盾也就很难激化到不可调和的地步，除非是秦二世、隋炀帝那样的暴君。但这样的君主，在两千多年的帝制时代毕竟少见。对君主而言，他们虽然高呼"民为邦本，本固邦宁"，但其治理重点不在民而在官，接着便有"固本之责，惟在官吏"[1]两句话压轴。秦汉以来的君主莫不奉行"明主治吏不治民"[2]的思想方针。对民众而言，其直接面对的是管他们的官，与皇帝不可能发生直接冲突，即或对现实有什么不满，甚至到了无法忍受的地步，也大都认为是下面的贪官暴吏造成的，并非皇帝的本意，胸中怒火只向官吏泄去。历代农民暴动，大多喊的都是"只反贪官，不反皇帝"的口号，由此可见一斑。

其次来看官民关系。古代的"官"，就是"管"。皇帝封他们官，就是叫他们替自己管人的。关于这点，刘永佶的描述颇为全面，谨加抄录就可以说明问题了。他说："集权官僚制的全方位统治，就需要全方位设官。只要有民有事，就要设官来管。这是一个大系统，也是一个大文化。从中央到地方，分别按社会生活的不同方面和层次，设官分僚，分工合作，环环相扣，每一关节点都有一总负责人，并有副手和帮办，形成一个完整、严密的治人机器。全国的民众，不论身在天南海北，不论什么职业，都有官管你；你的衣食住行，你的思想言论，都在官的管治之下。"[3]有了这个庞大的"治人机器"，皇帝就可以当翘脚老板了，这便是"道术"设计的结果，所谓"无为而无不为"是也；所谓"主逸乐，臣任劳"是也。至于官吏对老百姓的管理结果，则不必十分紧张在意，无外乎两种情况：管得差，民众恨的是官而不是皇帝；管得好，功劳最终还要算在皇帝的头上。"贞观之吏"造就了"贞观之治"，而"贞观"年号所代表的，则是唐太宗而不是唐太宗的官吏

---

[1] 《吏治管见类钞》十，附论。
[2] 《韩非子·外储说右下》。
[3] 刘永佶：《中国官文化批判》，中国经济出版社2000年版，第220页。

集团。

最后再看君臣关系。这在皇帝来说,才是最为紧张要命的。按儒家的说法,君臣之间是一种对等关系。"君仁臣忠",君不仁,则臣不忠;反之,臣不忠,则君也不仁。按法家的说法,君臣之间是一种买卖关系,也就是权力交易,"臣尽死力以与君市,君垂爵禄以与臣市"①,臣把身家性命卖给君是为了得到官位俸禄,君用爵禄来收买臣为他卖死力。

两家说法不一,所指实质却有相同之处,只是一个表述得委婉,一个却说得露骨。仅就政治利益而言,君臣之间,确有利害交易之嫌。皇帝以一人之身"君临天下","万几条综,不可遍览"②,哪里管得过来?不得不分职任官,这在某种意义上,就是得给自己找来大大小小的"管家",替自己管理民众、管理天下。而士大夫这一方,历来都恪守着"学成文武艺,售与帝王家"③的人生信条。有人统计,战国时出现了大量的"新人",占总人口数的60%,他们出身寒微,全凭自己所习的文才武略,以期得到帝王的赏识和重用,进而改变自己的社会地位。④双方的利益便有了联结点。

作为交易的双方,无不都抱有利己的动机。"主利在有能而任官,臣利在无能而得事;主利在有劳而爵禄,臣利在无功而富贵;主利在豪杰使能,臣利在朋党用私。"⑤君主的想法就像市场上的买家,希望买到货真价实的特殊商品——人才,包括有能力的、有功劳的,以及磊落

---

① 《韩非子·难一》。
② 《通典》卷二十四,御史中丞条。
③ 《吕氏春秋·博志》篇讲了一个这方面的典型例子。"宁越,中牟之鄙人也,苦耕稼之劳,谓其友曰:'何为而可以免此苦也?'其友曰:'莫如学。学三十岁则可以达矣。'宁越曰:'请以十五岁。人将休,吾将不敢休;人将卧,吾将不敢卧。'十五岁而周威公师之。"
④ 许倬云:《春秋战国间的社会变动》,载《历史语言研究所集刊》三十四本,下册。
⑤ 《韩非子·孤愤》。

豪杰之辈，所出的价钱就是官位和俸禄①；臣子则希望无能而受官，无功而受禄，就像市场上的卖家，恨不得把假冒伪劣的商品统统都卖出去。为了防止买到"假货"，君主必须重视治人，严把选官、任官的大关。

已在任的官吏，与国君构成了实在的主仆关系，更要严加防范。常人总是把民众视为大敌，建高墙堡垒以防之，其实君主的最大危险来自臣下。"今人君之所以高为城郭而谨门闾之闭者，为寇戎盗贼之至也。今夫弑君而取国者，非必逾城郭之险而犯门闾之闭也。"②贼子固然不可不防，但那些深居在城郭门闾之内的大臣们更是防不胜防，最容易败家的不是外人，恰恰是家中的"妒妻"；最容易破国的不是外人，恰恰是朝中的"乱臣"。③这正如一句名言所说："堡垒最害怕从内部攻破。"

臣子之于君，并不都是忠诚老实的，因为君主居于权力金字塔的顶端，是天下最大的"官帽子"批发商，难免有人眼红，暗中觊觎着这个位置。巨大的利益驱动，使得君臣关系十分紧张。按韩非的说法，简直就是"一旦百战"的态势，君主如果无术以知奸，必然反为臣下所制，甚至身死国亡。据《史记》记载，春秋时170多个国家，"弑君三十六，亡国五十二，诸侯奔走不得保其社稷者，不可胜数。察其所以，皆失其本已"④。司马迁说这些诸侯之所以被逆臣所篡位谋杀，原因在于君主丢掉了"本"。什么是本呢？按儒家之说，本是仁义道德⑤；按法家之说，本是君主的权势法术⑥。事实上，这些被杀掉、赶跑的侯

---

① 商鞅为秦孝公立法，用官爵收买人们为国家打仗，"斩（敌）一首者爵一级，欲为官者为五十石之官；斩二首者爵二级，欲为官者为百石之官。"见《韩非子·定法》。
② 《申子·大体》。
③ 《申子·大体》："妒妻不难破家也，乱臣不难破国也。"
④ 《史记·太史公自序》。
⑤ 《史记·太史公自序》，《索隐》按："弑君亡国及奔走者，皆是失仁义之道本耳。"
⑥ 《韩非子·人主》篇认为，主失其国，是因为不懂得术。"宋君失其爪牙于子罕，简公失其爪牙于田常，而不蚤夺之，故身死国亡。今无术之主皆明知宋简之过也，而不悟其失，不察其事类者也。"

王中不乏仁厚之辈,而操纵着权势法术的侯王反倒不容易被杀被赶。

以后帝制时代的历史也说明,皇帝不注意治下,臣子就会弄上,甚至篡上。唐武宗时,宦官仇士良结党营私,欺君罔上,甚至还有一套巩固权宠的办法。他教其党羽说:天子不要让他闲着,要引诱他沉醉于声色歌舞之中,一天比一天瘾大,这样他就没有时间过问正事,我们这种人才能"得志";千万不能让皇帝读书,更不要让他接近儒生,如果他晓得了历史上的兴衰成败,懂得了居安思危,我们这种人就会遭到疏远和排斥。[①] 好厉害的"臣弄君之术",简直像得了老子"将欲弱之,必固强之;将欲废之,必固兴之;将欲夺之,必固与之"的"微明"之术的真传。这还不算,更严重的是皇帝的权力被篡夺、位置被挤掉,如汉献帝刘协之沦为董卓、曹操的傀儡;北周静帝之失位于杨坚;后周柴氏皇帝之失位于赵匡胤。如此等等的反面史实,总是不停地警示历代最高统治者:要注意治人。而治人,就得有术。浸以为习,治人遂成为"道术传统"的重要组成部分。

三、治人之术及其在政治法制实践中的运用

道术以无为核心,以因循为用,"无常执,无成形",不单纯依靠固定的办法,一忽儿这样,一忽儿又那样,让人莫测深浅、不明虚实、难辨真假,以致防不胜防。老子称其为"微明",意指其既有明显的一面,又有隐蔽的一面。道家后学、道法家将此发挥为"人君南面之术",就是教统治者如何驾驭臣下的手腕,所以又叫"君御臣之术"。顾名思义,便知其重心在于怎样治人。

治人之术作为道术的一个方面,同样具有"无常执,无成形"的

[①] 钱穆:《国史大纲》(上),商务印书馆1996年修订第三版,第481—482页:"天子不可令闲,常宜以奢靡娱其耳目,使日新月盛,无暇更及他事,然后吾辈可以得志。慎勿使之读书,亲近儒生。彼观前代兴亡,心知忧惧,则吾辈疏斥矣。"

特征。有的时候用明的,有的时候用暗的;有的地方用明的,有的地方又用暗的。这个道理说起来简单,不外乎真真假假、虚虚实实。做起来却麻烦,不容易做到位。真得凶了,容易被看穿;假得凶了,又容易被看出破绽。尤其是,什么时候、哪些方面用明的,什么时候、哪些方面用暗的,更不好把握。既然术的实践者都感到难以把握,我这个研究者更是无从下笔。但为了研究的推进,只好强行为之分类,顾不得"失之武断"的嫌疑了。

姑分两类析之:第一类,君主用法制政令的方法对臣下进行公开的控制,为"明术";第二类,君主在法制政令之外用隐蔽的方法控制臣下,为"微术"。两类相较,后者内涵更为丰富,运用更勤。笔者的这种分法是有出处的。秦汉新道家的集大成之作《淮南子·要略》云:"主术者,君人之事也。所以因(作)任督责,使群臣各尽其能也。明摄权操柄以制群下,提名责实,为之参伍,所以使人主秉数持要,不妄喜怒也。其数直施而正邪,外私而立公,使百官条达而辐辏,各务其业,人致其功,此主术之明也。"该书作者说人主之术有"明"的,当然就有"暗"的了。

(一)"明术"及其运用

1. 明术的内容

韩非对术作过明确界定:"术者,因任而授官,循名而责实,操杀生之柄,课群臣之能者也。此人主之所执也。"[1]在这里,韩非只说出了术的一半,即可以公开用来控制臣下的那部分,也即笔者所谓"明术"。慎到称之为"法术",申韩称之为"循名责实"之术。

这种术的基本运用原理是:以法度作为群臣百官的行为规矩,以赏罚作为后盾。臣下行为符合法度者,赏;不合法度者,罚。"寄治乱

---

[1]《韩非子·定法》。

于法术，托是非于赏罚"①，赏罚是君主公开驭臣的两手——"二柄"。柄者，权舵也、刀把子也。君主掌握着臣下生杀予夺的大权，臣子们岂能不战战兢兢以事之？有了赏的引诱、罚的督促，臣子们便会如法而行，自然为君主所控制了。有了法的度量，臣子们的是非善恶、忠奸能庸，也就一目了然，容易辨清，君之制臣就更方便些。

公开的治人御臣之术，在上述原理的统筹运营下，还有种种具体办法。

（1）循名责实。根据法定职责（即"名"）来考察官吏的政绩（即"实"），名副其实的给予奖励，名不符实的给予惩罚。对此，申子表述为"正名"。他说："昔者尧之治天下也以名，其名正则天下治；桀之治天下也亦以名，其名倚则天下乱。是以圣人贵名之正也。主处其大，臣处其细，以其名听之，以其名视之，以其名命之。"什么是"名"？"名者，天地之纲，圣人之符。张天地之纲，用圣人之符，则万物之情无所逃矣。"②君主不要梦想臣下如何如何的忠诚，只要他们按"名"的规定办事，就是好官，就是对君主的遵从。韩非子表述为"循名"。即根据臣下的言论去考察他的行动，看二者是否相符。"明主听其言，必责其用，观其行，必求其功"③，"群臣陈其言，君以言授其事，事以责其功。功当其事，事当其言则赏；功不当其事，事不当其言则诛"④。《吕氏春秋·知度》篇表述为"督名"，"有道之主，因而不为，责而不诏，去想去意，静虚以待。不伐之言，不夺之事。督名审实，官使自司"。

（2）因能授官、因功赐爵。根据能力和功劳的大小授予大小不同的官职。韩非子建议，选任官吏应当"见能于官以受职，尽力于权衡

---

① 《韩非子·大体》。在《二柄》篇中，明确说"二柄"就是赏罚。"明主之所导制其臣者，二柄而已矣。二柄者，刑、德也。何谓刑德？曰：杀戮之谓刑，庆赏之谓德。"

② 《申子·大体》。

③ 《韩非子·六反》。

④ 《韩非子·主道》。

以任事，人臣皆宜其能，胜其官"①。《左传·哀公二年》记载赵鞅的誓词："克敌者，上大夫受县，下大夫受郡，士田十万，庶人、工、商遂、人臣、隶、圉免"。商鞅在秦国变法，也颁布了选贤任能、论功行赏的法令，"宗室非有军功者，不得为属籍"，"有功者显荣，无功者虽富无所芬华"。②杜绝给无能、无功之辈封官赐爵，以绝宵小之徒的侥幸之心。

（3）治不逾官。群臣百僚须在其本职范围内按法令规定办事，不得越权行事，要做到职责分明，各司其事。申子先提出"治不逾官"的原则，韩非后又加以丰富，"一人不兼官，一官不兼事"，"臣不得越官而有功"等原则。这样一来，"百官修通，群臣辐凑。有赏者君见其功，有罚者君知其罪"③，一可以提高工作效力，谁有功劳君主自然明白；二有利于善后处理，一旦出了问题，可以找得到承担责任的人，防止互相推诿。

（4）君无为、臣有为。君主不能事事都自己去干，也不必率先带头去干。规矩一定，自当由相应职事的官吏去做，君主只是总其成而已。这种办法的设计，早见于《庄子》书中，"上必无为而用天下，下必有为而为天下用"。君主什么都不做，便能保持着什么都可以插手的优势；一旦有所为，必受所"为"的某一方面之牵制而失缺大局。④臣下有为，但不是为所欲为，而是要按照君主的意图去为。北方的黄老道家思考得更具体些，认为臣下是按君主制定的法制政令去为，叫作

---

① 《韩非子·用人》。
② 《史记·商君列传》。
③ 《韩非子·难一》。
④ 李泽厚对此曾有精辟之论："统治者不是处'无'，而是占'有'，那就被局限，就不可能总揽全局了。因为任何'有'，尽管如何广大，总是有限定的、能穷尽的和暂时的，它只能是局部。只有'无'、'虚'、'道'，表面上似乎只是某种空间的逻辑否定或浑沌整体，实际上却恰恰优胜于任何'有'、'实'、'器'。因为它才是全体、根源、真理、存在。而这就正是君主所应处的无上位置，所应有的优越态度，所应采的统治方略。"见氏著《中国思想史论》（上），安徽文艺出版社1999年版，第93—94页。

"大君任法而弗躬"。这样君既可以减少庶务,从日理万机的繁忙中解放出来,"臣事事而君无事,君逸乐而臣任劳"①;还可以摒除个人偏见,摆脱情感牵扯,"官不私亲,法不遗爱,上下无事,唯法所在"②。这种办法颇有不劳而获、坐享其成的意味,所谓"指约而易操,事少而功多"便是,暗藏着"术"的神韵,也是道家思想和法家思想得以贯通联结的一个关节点。

2. 明术的理论功效

明法令以治臣下的术,其理论功效主要在于从思想上消解君臣冲突,树立臣忠君的观念,帮助皇帝控制官吏集团。

道术注重以"名法"治人,和儒家重视治人在逻辑思路上有所不同。儒家之治人,是人君修德自治,提倡圣贤政治,所谓"为政在人",是要求最高统治者有完备的德才学识,并在实践中起模范带头作用,这样便可以治好国家,"其身正,则不令而行"③。道法家之治人,是对臣民的治理管束,认为圣贤君主"千世一出",至少也像孟子所说:"五百年必有王者兴"。大多数的君主都是"中人之资",有的甚至不及中人,君主也没有必要在德行的问题上孜孜以求,只要有可资依赖的办法就行,这种办法就是权势法制,"中主"们只要"抱法处势",便可治理好天下。早期法家主张"君臣上下皆从法",似乎君主也要受到法的约束,后来受术的思想影响,法就变成了术的一个手段,君主不再受法的约束。他对法的重视,也正是他运用术的表现。这时的法不是目的,是为治人而设的;治人也不是目的,是为君主的统治秩序服务的。

以法治人的道术思想,解决了君臣关系的重大理论问题。如果按儒家的治人理论,君主自己没有德行,就不宜再做君主,"惟仁者宜在

---

① 《慎子·民杂》。
② 《慎子·君臣》。
③ 《论语·子路》。

高位",对那些不仁、不贤以至于昏庸、暴虐的君主,臣民不要愚忠,甚至可以将其放逐、诛伐,这就是孟子著名的"暴君放伐论"。君主修德固然必要,但在古代社会,仅以人君是否有德作为臣民尽忠或背叛的理由,这样的理论显然不具有建设性,而具有破坏性,自然不能得到统治者的喜爱。

道术思想则认为,君对臣民,犹如天地之于万物,理应无所偏颇。"天地不仁,以万物为刍狗;圣人不仁,以百姓为刍狗"[1],君主不带思想感情来对待他的臣民,才能做到公正无私,因而不存在修德的问题。这样的思想最先由老子提出,究竟用什么标准来对待呢?老子只说了个"道法自然",不太明确。法家和道法家继而提出用"法",以法作为确定君臣上下的权利义务的唯一标准,不考虑君的德行问题,不论其智与愚、贤与不肖,君永远是君,臣永远是臣,臣对君的忠诚是法定的义务,谁敢以"君不贤"的道德理由逆君抗上,则是违法犯罪行为。

君臣关系一旦确立,臣就没有权利和资格去深究君主贤与不贤的问题,因为那已经是法定的了。有了这样的理论,君对臣下的控制,在思想观念上也就变得名正言顺了。汉唐以后的人和现代的人,大都认为"忠君"乃至"愚忠"是儒家思想所使然。其实,是道家的"术"和法家的"法"结合起来,才使忠君思想变得无可置疑。当思想引导与制度建设遥相呼应时,更是威力大增。

3. 明术的实际运用

明术通过建立法律制度的方法来加强君主的权威,帮助君主在制度上钳制官吏集团,故在帝制时代的政治法律实践中得到了广泛的应用。

汉朝初年,刘邦在定陶自称皇帝。但臣下对他毫无敬重之心,在朝堂上,一点都不讲规矩,"群臣饮酒争功,醉或妄呼,拔剑击柱",

---

[1] 《道德经》第五章。

乱成一团。只因刘邦出身寒微，又不通文学，追随他的文臣武将都和他十分随便，称兄道弟、没有遮拦，以致他很难板起脸来，装出一副不可亲近的样子，作为皇帝的威严也就很难树立起来。对这种状况，刘邦很担心，史载"高帝患之"。无奈之下，便叫叔孙通制定一套关于群臣朝见天子的礼节仪式的法律制度，是为《汉仪》，共18篇。因附于成文法典《九章律》之后，又称《傍章》，与之同具法律效力。

按《傍章》的规定，文武百官朝见天子的程序为：谒者主持仪式，群臣依次进入殿门。宫廷中有"车骑步卒"列队护卫，兵器林立、旗帜招展，使人望而生畏。谒者高声传言："趋"。数百个郎中（宫廷侍卫官）迅速夹立于殿下的台阶上。功臣、列侯、诸将军、军吏依次站在西方，面向东方；文官、丞相以下站在东方，面向西方，全场秩序井然。然后皇帝才徐徐而出，百官高呼，诸侯以下到六百石的官依次奉贺敬礼。然后依规定饮酒，按尊卑上寿。酒过九巡，谒者高声说"罢酒"。整个场面异常庄严，人人莫不战战兢兢、肃然起敬，谁也不敢乱说乱动，"竟朝罢酒，无敢喧哗失礼者"。有不小心而犯了规矩的，执法御史要将其当场赶出朝堂。[①]

有了这样的法令之后，刘邦才尝到了甜头，真真切切感受到做皇帝的威风，情不自禁地感叹道："吾迄今日知为皇帝之贵也。"对叔孙通大加奖赏，赐黄金五百斤。

又一例是唐肃宗时，在一次朝堂会上，大将管崇嗣站错了队，被监督朝班秩序的监察御史李勉以"不敬"的罪名，当朝提起弹劾，并立即拘捕。肃宗也感慨地说："吾有李勉，始知朝廷尊也。"[②]其自得自足之口气，与汉高祖如出一辙。如果说，汉朝以法制政令的一手来巩固帝王的权势、加强对臣下的控制尚处于尝试草创阶段，自此以后，

---

① 《史记·刘敬叔孙通列传》。
② 《唐会要》卷六十，御史台上，监察御史条。

这种治人之术日渐系统化、制度化、法律化，那么，到了唐朝，统治者对此术的重视已达登峰造极之程度。唐玄宗就明确说："朝仪亦不可不肃。"① 规定御史台须固定两个监察御史监督朝班，"分知东、西朝"，"朝廷有不肃敬，御史纠而劾之"。② 即使出现监察御史人手不够的特殊情况，也要委派"外台"御史（主要负责地方监察的官员）补其阙，"每大朝会，监察御史押班不足，则使下御史因朝奏者摄之"③。

上两例说明，以法治人的道术，在政治实践中应用是频繁的；作为君主控制官僚集团的公开手段，也是行之有效的，而且直接演化成了关于"朝会""朝班""朝觐"的法律制度。明法治人之术在古代法制中的影响的实例还很多，不胜枚举。

从某种意义上讲，中国古代特有的"科举取士"制度，也是统治者运用治人之术的结果。科举考试的整个过程，隐约映现出"君与臣市，臣与君市"的味道。皇帝的主观出发点是要囊括天下人才，为他一人服务。④ 有一次唐太宗看到新考上的进士络绎不绝地出入于端门，忍不住内心的兴奋，说："天下英雄，入吾彀中矣。"⑤ 彀者何也，指牢笼、圈套。一语道破天机。参加科举考试的文人武士，文雅地说，是为了实现个人价值、报效国家；说白了，也就是为了从皇帝的手掌之中谋得一官半职。只有科举才是实现个人价值的有效途径，也是必由之路。"家代无名"的寒门之士李义府寒窗苦读，参加科举考试得以金

---

① 《唐会要》卷六十二，知班。
② 《唐六典》卷十三，监察御史条。
③ 《唐国史补》卷下。
④ 维特浮歌认为中国的考试制度为专制君主一人所设。参见 K. A. Wittfogel, *Oriental Despostism: A Comparative Study of Total Power*, Yale University Press, 1958, pp. 347-354。转引自金耀基：《从传统到现代》，中国人民大学出版社 1999 年版，第 22—23 页。
⑤ 古代科举，无年龄之限，有"三十老明经，五十少进士"的说法，有的人一辈子都在考，但屡试不中，甚至"有老死文场者"。唐人赵嘏诗云："太宗皇帝真长策，赚得英雄尽白头。"好一个"赚"字，点明了科举的主旨，其在皇帝看来，不过是"赚"取人才的手段罢了。参见王定保：《唐摭言》卷一，《散序进士》。

榜题名,生怕朝廷不给他官当,便作诗喻志说:"上林许多树,不借一枝栖。"唐太宗回答他说:"吾将全树借汝,岂惟一枝!"① 后来李义府当上了宰相,自然要把以前的脑力投资的本钱捞回来,大肆搜刮民财。虽其如此,科举制度也算给学人士子进入政治舞台提供了一条通道。

再者,历代管理职官的考课之法,亦是"循名责实"之术的直接运用。广义的"考课法"可分为两类:

其一是自下而上的自我考核,这在秦汉时称作"上计"制度。每年年初,由地方郡守、县令制定年度工作计划,上报中央,内容包括户口的增长、土地的开垦、赋役的征发、司法治安状况等,这就是"名";年终由中央有关部门对该守、令的实际工作业绩,就是"实",进行考核,看名实是否相符,并据以评出优劣、给予相应的奖惩。汉代还制定了专门的单行法规——《上计律》,规定地方官向中央上报计划时要使用统一格式的"上计簿"。现在,我们还可以在尹湾汉简、居延汉简中看到汉代上计所使用的"集簿"和相关资料。透过这些实存的历史碎片,笔者仿佛感受到"道术"对古代法律制度所曾产生的巨大影响。

其二是自上而下的层层考核,即狭义的考课法,自秦汉至明清一脉相承,形成管理职官一贯的制度传统。所谓自上而下,以汉代为例,就是中央课郡,郡国课县,长官课属吏。以后各朝,虽因行政区划的不同而考核方式不同,但自上而下的监督检查之实质不变;考课的办法也随时代的变化而各有调整,但治人驭臣的精神未改。其中以唐朝的考课法最为成熟完备。在时间上:一年一小考,三年一大考。考课主体有二:吏部考功司负责四品以下官的考课,宰相负责三品以上官的考课,最后报皇帝裁夺。考核依据为"四善二十七最":四善是

---

① 刘悚:《隋唐嘉话》卷中。按:唐朝考上进士的,上林苑中金榜题名,取得任官的"出身",即资格,但并不立即授予职位,还需通过吏部的"身言书判"的面试后才任官。

品德方面的依据，"一曰德义有闻，二曰清慎明著，三曰公平可称，四曰恪勤匪懈"，二十七最为才能政绩方面的依据（略而不述）。考评标准有九等：一最四善为上上，一最三善为上中，一最二善为上下；无最二善为中上，无最一善为中中，职事粗理、善最不闻为中下；爱憎任情、处事乖理为下上，背公向私、职务废缺为下中，居官诌诈、贪浊有状为下下。处理办法为：中中以上升官、加爵；中中以下降官、减禄，情节严重者罢官，构成犯罪的依律论处。[1]

行文至此，笔者突然想到，道术在中国法律传统中的运用，并非全然是搞阴谋的，其法术治吏的部分，似乎也有可资借鉴的地方。考课法中竟有以官吏是否勤奋予以奖惩的规定，这在当今法治社会看来，似乎有些"侵犯人权"了。细心观察现实生活的人就能体会到，一些从事公务的工作人员，口头上高喊"依法办事"的口号，工作中只问行为是否合法，不管行为是否有效，出现殆政、懒政。"职事粗理"也好，"职务废缺"也罢，都没有啥大不了的，反正不会受到法律的制裁，因为法律并未明文规定：禁止偷懒。依法偷懒，其奈我何哉？或许，这便是法制至上带给人类的一个小小的酸果吧！

回到正题，考课法作为道术影响中国传统政治法律所形成的制度性设计，从国家—社会的角度思考，有助于加强官吏队伍的管理，提高工作效率，澄清吏治，树立良好的政治风气，促进国家机器的正常运转。从个人利益的角度审视，则是皇帝巩固政治权势、严密控制群臣的有效治人工具。如唐朝的考课，无论是吏部主持的四品以下官的考课，还是宰相主持的三品官以上的考课，最后都要报到皇帝那里去汇总，上起宰执大臣、下至县吏小卒，是赏是罚，都由皇帝做主，这便是循名责实之术中"操生杀之柄，课群臣之能"的办法的具体落实和法制化。

---

[1] 《唐六典·吏部》。

（二）微术及其运用

韩非对术的又一种界定为："术者，藏之于胸中，以偶众端，而潜御群臣者也。"① 这是道术中不可公开的那部分，即笔者所谓的"微术"。"微术"与"明术"相对，最集中的特点就是具有秘密性和隐蔽性。《尹文子·大道》云："术者，人君之所密用，群下不可妄窥。"是君主掌握的暗中控制臣下的办法，而这样的办法又是不可告人的，即便外人看到你在玩术，也摸不透你的真实想法。

微术的这种属性，同样是道家宗主老子最先进行归纳的。他说：道这个东西，"迎之不见其首，随之不见其后"。从哲理层解释，是混混沌沌、恍恍惚惚的"道"；从世俗生活而言，则是可以具体操行的"术"，精通此道的人，无不是"微妙玄通，深不可识"之士。② 他们"大直若屈，大巧若拙，大辩若讷"，"大智若愚"，"良贾若虚"，总有一层"神龙见首不见尾"式的伪装，保持着绝对冷静的心态，接物、待人、处世，绝不会暴露自己的真实意图，在任何场合都能立于不败之地，甚至于游刃有余。正因如此，所以后人才指责老子是个善于伪装的人，"以为后世阴谋者法"③。近世学者张舜徽称其学说"至幽眇而难知"，所以叫"道术"。④

"微术"作为人君南面术的重要内容，得到了统治者格外的青睐。秦王嬴政看到韩非的以讲术为重要内容的《孤愤》《五蠹》篇后，大喜道："嗟乎，寡人得见此人与之游，死不恨矣！"⑤ 以后各朝的君主，无

---

① 《韩非子·难三》。
② 《道德经》第十四、十五章。
③ 章太炎：《訄书·儒道》。笔者以为，老子的学说是具有多面性的，站在不同的角度，就会受到不同的启发。正面地讲，可以说是智谋，反面地说，可以说是阴谋，还是不作单向的评价为妙。李泽厚说："后代各层次的统治者、政治家，甚至普通人都从这里学到了不少处世的学问：从'韬晦'、'装蒜'到'以退为进'、'以守为攻'等等。"见氏著《中国思想史论》（上），安徽文艺出版社1999年版，第94页。
④ 张舜徽：《周秦道论发微》，中华书局1982年版，第33页。
⑤ 《史记·秦始皇本纪》。

不将其作为治人的手段，在政治法制实践中勤加运用。

秘密驭臣之术的具体办法，思想家们有各式各样的设计，政治家们又各有各的玩法，使得它的内容日益丰富，简直不胜枚举。兹借助艺术的分类法，如有形象艺术、语言艺术、行为艺术等分法，将秘密治人的道术用形象、语言、行为这几大类来概括，勉强为之。

1. 关于形象的道术及其运用

这方面的道术主要是帮助皇帝树立高大、威严乃至神秘的形象，使得臣下望而生畏，无有异心。

形象之于君主，至关重要。黄老学者慎到所注重的"势"，便是形象与权力的集合体。形象以内在权力为支撑则不怒而威，权力在外在形象的遮裹下更牢不可破。这是一种"威势"，与飞龙、腾蛇和云雾的关系一样，龙蛇借云雾而腾飞，一旦云消雾散，便没了依靠，一落千丈、委顿于地，和蚯蚓没什么两样。形象既然关乎君主的权力，故不得不重视。《管子·明法解》曰："人主之所以制臣下者，威势也。故威势在下，则主制于臣；威势在上，则臣制于主。"孟子拜见梁惠王，出门后竟对人讲："望之不似人君，就之而不见所畏焉。"大概是梁惠王的形象不够高大威猛，不能让人产生畏惧感，所以孟子才说他看起来不像个当国君的样子。形象如此，怎能制臣治人、通行政令？

如何树立君主的高大形象，道术中多有暗示，盖有两类方法：一是加以神化，如已述的内圣外王即有此用途；二是加以美化。深通帝王之术的荀子，曾经专门强调过后者的重要性。"先王圣人，知夫为人主者，不美不饰之不足以一民也。"[①] 所谓"美""饰"，除了粉饰太平，说好话、说假话骗人外，还包括"必将撞大钟，击鸣鼓，吹笙竽，弹琴瑟"等有形的设计，帝王不美化装饰，则不能统一、控制他的臣民，

---

① 《荀子·富国》。荀子之通道术，可从《史记·李斯列传》中说李斯"乃从荀卿学帝王之术"的记载得到印证。

何等的严重？经过包装出来的帝王形象，在道术中被称为"法象"。徐干《中论·法象篇》云："法象者，莫先乎正容貌，慎威仪。"

小焉者言，法象要求整齐衣冠。衣冠不整，便可能遭到人臣的轻视。故《管子·形势解》中说："衣冠不正，则宾者不肃。"衣冠楚楚，人人瞻望而生恭敬之心，自信、自豪乃至自尊、自大之情油然而起，人便有了底气，才好对列官列宦指手画脚、颐指气使。传说某人衣冠破落，走路便勾腰驼背；一旦换上新衣，脊背立马挺直、自信满满，故有"新衣服可治驼子之病"的笑谈，民间亦有"人靠衣装马靠鞍"的谚语。此为最基本的驭臣之术。故历代皇帝皆有特制的皇冠、龙袍，其目的不只在于美观好看，藏在背后的不可言说的目的，则是整肃群臣，树立威势。

中焉者言，法象要求皇帝的车仗行驾，务必豪华气派，让人目光为之止驻，心神为之摇荡，黄钟大吕，令人耳震魂慑，心灵受到钳制，自然产生一种高高在上的优势。《吕氏春秋·慎势》篇说："位尊者其教受，威立者其奸止，此畜人之道也。故以万乘之令乎千乘易，以千乘令乎一家易，以一家令乎一人易。"看似简单的车仗行驾，钟鼓琴瑟，无一不与皇帝的威严紧密相连，所以不得不重视。即如今日星级大酒店引导停车的服务生，你若是开一辆低档次的破车前往，可能他会爱答不理；你要是开一辆豪华奔驰前去，估计他就会恭敬有加，殷勤为你服务。历代人君都被称作"万乘之主"，那威风凛凛的场面，更是可想而知。其目的仍在于"畜人"。

大焉者言，法象要求皇帝的居室宫殿，务求高大华丽。天下"有以高为贵者：天子之堂九尺，诸侯七尺，大夫五尺，士三尺；天子、诸侯台门，此以高为贵也"①。该段记录虽出于儒经《礼记》，但在用术这个问题上，儒与道、法二家，亦难免有相通之处。汉初一例，最能

---

① 《礼记·礼器篇》。

说明实质。高祖刘邦令萧何造未央宫，结果萧何将宫室建造得十分壮丽，包括东阙、北阙、前殿、武库、太仓等部分。刘邦看了大怒，说："天下匈匈，劳苦数岁，成败未可知，是何治宫室过度也？"萧何回答说："天下方未定，故可因以就宫室。且夫天子以四海为家，非令壮丽，亡以重威。"[①] 我们知道萧何是推崇黄老之术的，贵在清静无为[②]，为何偏偏在宫廷营造这个问题上却一反常态呢？其中自有深意，隐含着对术的运用，即借助高大的宫殿来衬托皇帝的高大形象，借以立威厚势。听了这些话，刘邦就高兴了。

法象之设，其外在样式一望而知，而潜在的动机、目的，则不便明说，故为微术之种类。

2. 关于语言的道术及其运用

语言是思想得以表露的直接途径。道术旨在掩饰人君的真实意图，故不追求能言善辩，反倒主张不言、少言。这种思路为常人所难领会，最早也是老子发端。他在《道德经》中 6 次提及[③]，后世智者多有洞察。唐朝刘洎在其《谏诘难臣僚上言书》中对皇帝说："皇天以无言为贵，圣人以不言为德。老君称大辩若讷，庄生称至道无文，此皆不欲烦也。"

不言、少言，可以防止真实思想暴露出来，以便争取主动。如此玄妙高深的道术，一般人确实难从表面获知。黄老道家、道法家汲取后用于人君南面术中，有了种种相关的计策。但有一个基本原则贯穿在所有的计策当中，那就是"藏"。申不害说，善于做君主的人，要

---

① 《汉书·高帝纪》。
② 《史记·曹相国世家》载："萧何为法，颟若画一，曹参代之，守而勿失。载其清静，民以宁一。"
③ 《道德经》第二章："处无为之事，行不言之教"；第四十三章："不言之教，无为之益，天下希及之"；第二十二章："不自伐（自夸）故有功，不自矜（自夸）故长"；第四十五章："大辩若讷"；第五十六章："智者不言，言者不智"；第八十一章："信言不美，美言不信；善者不辩，辩者不善"。

"藏于无事"①；韩非子说："藏之于胸中，以偶众端"。总而言之，语言道术就是要把真实的想法藏在肚子里，不让人知道。从历代政治实践中的运用情况来看，主要有如下几种：

（1）不言。从老子的"不言"，到黄老道家的"不出于口"，到道法家的"窜端匿迹"，最后到秦汉道家有了总结性的界说。《吕氏春秋·知度》篇曰："有道之主……以不知为道，以奈何为宝。"这段话亦见于《淮南子·主术训》。意思是皇帝遇有大事，不要先表态、先发言，即使知情也要装作不知情，这才符合道术的规矩；然后再问臣下怎么办，集群众之智慧，犹如手中有了如意法宝。历代政治实践史上，每当遇到军国大事，哪一个皇帝不是先来一下"列位爱卿，意下如何"的招数？客观而言，在传统政体之下，皇帝先发言表态，群下便会附和他的态度，而不管它对与不对，这样对国家决策不利。汉晁错曾上书言治道，"人主知所以临制臣下，而治其众，则群臣服矣。之所以听言受事，则不蔽矣"②。只有等群臣都充分发表意见之后，才能真正发挥群策群力、兼听则明的功效，最后皇帝再来汇总，择其善而从之。就个人利益而言，君主不言是为了先掌握臣下的意图，分辨善恶忠奸，以利控制。

（2）少言。是指皇帝不能把话说得太满，措辞也不宜太多。话说得太满，真实意图便暴露无遗，覆水难收；应该说得模棱两可、含含糊糊，说半句留半句，才有转弯改口的余地。秦末汉初的陈平，"治黄帝、老子之术"，帮助刘邦打天下，刘邦受其影响，亦通帝王之术。淮阴侯韩信攻破齐地，自立为"假齐王"，派使者向他报信，刘邦"怒而骂"：他还要称什么假齐王？正在这时，陈平用脚踢了他几下，刘邦马上意识到不能当着使者的面骂韩信，随即改口道：要称也要称真齐王嘛！厚赏齐使，并派张良前往齐地封韩信为"齐王"。史称陈平"凡

---

① 《申子·大体》。
② 《汉书·晁错传》。

六出奇计",帮刘邦渡过难关,这一招算不算六计之一,史无可考。但在汉时的人看来,这些计策都很神秘,"奇计或颇秘,世莫得闻也",却是符合道术特征的。①

"多言数穷,不如守中。"不多言的术,隐含着"言多必失"的道理,普通老百姓都从中领会到一些妙用,帝王们运用得就更为频繁了。唐朝的政治家李德裕曾向皇帝陈述少说话的好处:"夫帝王与群言,不在援引古今,以饰雄辩,惟在简而当理。雄辩不足以服奸臣之心,惟能塞诤臣之口。……余历事六朝,弼谐二主,文宗辞皆文雅,而未尝骋辨;武宗言必简要,而不为文饰,皆得君人之量,能尽臣下之辞。"②考之唐文宗、唐武宗两朝,文宗李昂儒雅善辩,竟不能制臣,反为宦官所制,被中人仇士良软禁而死;武宗李瀍言简果断,得以制臣于掌握之中,在位时没收了仇士良的家财。

除了不言、少言外,语言道术还有很多招数。①"倒言反事"。故意说假话,刺探臣下忠奸。"子之相燕,坐而佯言曰:'走出门者何,白马也?'左右皆言不见。有一人走追之,报曰:'有。'子之以此知左右之不诚信。"③②装聋作哑。人主听臣下说话,要装得像醉汉一样,只听臣说,自己不先说。"听言之道,溶(容)若甚醉。唇乎齿乎,吾不为始乎。"④③明知故问。自己知道详情,却假装不知而问臣下,看他如何作答。韩昭侯得使者密报,知道南门外有黄犊践食青苗,马上叫主管官吏将"三乡"牛马入田的统计数字报出来,看了之后又说数字不全;派人复察,发现南门外的黄牛正在田里嚼吃庄稼,主事之吏吓得魂飞魄散,"以昭侯为明察,皆悚惧其所而不敢为非"⑤。④君主"独

---

① 《汉书·张陈王周传》。刘邦之所以要用"少言"之术,因为当时韩信兵强将广,已有反心,如果一味地骂下去,无疑会刺激韩信早反,不如用缓兵之计将其稳住。另见《汉书·韩信传》。
② 李德裕:《王言论》。
③ 《韩非子·内储说上》。
④ 《韩非子·扬权》。
⑤ 《韩非子·内储说上》。

寝"。为防止说梦话泄露机密,君主最好是一个人睡觉。

3. 关于行为的道术

按道术的指教,君主的行为以阴、静为法则。阴能制阳、静以制动,方能驭臣于掌握之中。唐初大臣孔颖达对唐太宗建议:"帝王内蕴神明,外须玄默,使深不可知。"① 通俗地说,君主一定要保持冷静,不可轻举妄动,要稳重。具体的操作方法很多,如:

(1) 喜怒不形于色。君臣交往过程中要注意表情,自己的喜怒哀乐切不可挂在脸上。《管子·枢言》说:"周者,不出于口,不见于色,一龙一蛇,一日五化谓之周。"君主的好恶一旦表现出来,就会被臣下掌握,臣下就会投其所好,从而使君主丧失正确的判断能力。"齐桓公妒而好内,故竖刁自宫以治内;桓公好味,易牙蒸其子首而进之。"② 竖刁、易牙善于献媚取宠,成为齐桓公的近臣。等到齐桓公一死,这二人便狼狈为奸,大肆杀害群臣,立公子无亏,太子昭奔宋,强大的齐国因此发生内乱,渐至衰弱。

(2) 深居简出。君主不要和臣下做过密的接触,可以增强自己的神秘感。《管子·形势》云:"人主,天下之有势者也。深居,则人畏其势;人主去其门而迫于民,则民轻之而傲其势。"董仲舒也说:"深居隐处,不见其体,所以为神也。"③

(3) 设置圈套,让臣吏留下把柄。《韩非子·内储说上》讲了两个典型例子。周主令人寻找曲杖,官吏们找了几天都没找到。周主自己叫人去找,不到一天便找到了。遂对臣吏训斥道:我知道你们不干正事,找根曲杖是何等简单的事,竟然找不到。我叫人去寻,不出一天就找到了。你们这个样子,"岂可谓忠乎?"臣吏很害怕,"以君为神明"。又,卫嗣公派人假装商客过关市,关吏故意为难他,商客遂向

---

① 《贞观政要》卷六,《论谦让》第十九。
② 《韩非子·二柄》。
③ 《春秋繁露·天地之行》。

关吏行贿，关吏便放他过关了。事后嗣公对关吏说他收了商客的贿赂，"关市乃大恐，而以嗣公为明察"。

总之，行为道术和语言道术一样，都讲一个"藏"字。行事谋事要阴险狡猾、善于伪装，知而示之以不知，强而示之以弱，弱而示之以强，如此等等，不一而足，反正是不要让人见到自己的真相。这简直与兵法差不多，几乎全是些阴谋诡计，只因其有实际效用，故在历代政治实践中运用极广。

例如，唐肃宗即位后，皇后张良娣专权，"干预政事，请谒过当"，肃宗对此十分不满，嘴上却不说，表现出"无如之何"的态度。一般人都认为肃宗昏庸，其实他是在用术，采用的是"将欲弱之，必固强之；将欲废之，必固兴之"的原理。因为当时还有一股政治势力——宦官李辅国，与其自己去和她硬碰硬，还不如让张李二人互斗，以坐收渔人之利。后来，两股势力斗争不断，张良娣终为李辅国所杀。[①]

又如，清康熙帝即位后，辅政大臣鳌拜擅权专横，结党营私。康熙示之以弱，表面上沉醉于玩乐，打消鳌拜的警惕之心，暗中却储养武士，于康熙八年（1669年）以练习"布库"游戏为由，趁鳌拜入宫之际将其擒获，并以"结党专横"之罪，将其下狱幽禁终身。[②]

第四节 "德主刑辅"与治法传统

笔者立论，"治法"指古代法律制度的建设，是君主道术中的另一个手段。聊以公式表示：

[①] 参见《旧唐书·张皇后传》，《资治通鉴》卷二二二，宝应元年四月丁卯条，《考异》所引《肃宗实录》。

[②] 参见王树卿、李鹏年：《清宫史事》，紫禁城出版社1986年版，第11—12页。

道术 > 治法 = 法制建设

作为政治手段之一,治法的功效:一有利于治人,二有助于治事。因此,历代统治者都十分重视法律制度的自身建设。① 既然法制建设是道术的一个方面,其如何进行创设运营,自然也会受到道术思想的支配。纵观中国古代法律实践的历史,在汉以后,统治者一直用道德建设来完善、补济、支持法制建设,形成"德主刑辅"的模式。这种模式,有其深远的政治、伦理功能,也包含着强烈的术的意味。

一、一明一暗:"治法"的方法论

在君主政治体制中,不单纯重视法制,而以道德建设来配合、指导法制建设,是最理想的方法论,此即君王"治法之术"。

这种思想最早由黄老道家提出,《黄帝四经》中的"刑阴德阳"论为其理论原型。"刑德相养,逆顺若成。刑晦而德明,刑阴而德阳,刑微而德彰。其明者以为法,而微道是行。"就是要求将道德建设作为明的一面,将法刑建设作为暗的一面,一为阳、一为阴,"刑德相养",二者要结合起来使用,不可单纯追求某一方面。这一理论的提出,在某种意义上讲,也是道术促发的结果。道术以微明交替、阴阳结合为运用法则。可见,刑德相养的理论,一方面,是受到老子"微明"之术的启发而产生的;另一方面,其内在的应用原理本身就是一种术。

但是,这种蕴含着道术原理的"治法"理论,在周秦之际并未得

---

① 按:习见以为,中国古代不重视法制,甚至中华民族都是一个缺乏法律传统的民族。所以发生这种认识上的差异,是因为现代法治意欲将政治体制、政治权力都纳入法制的规约之下,至于是否真能做到还值得深究,但法律至上的价值取向却是言之凿凿的。以此去衡量古代法,确实会得出法律虚无的结论,因为古代法制被明确定位为政治的附庸,无论在价值指向上还是在制度建设中,都无法凌驾于政治之上。

到统治者的重视和运用。统一前的秦国和统一后的秦朝,一直奉行的是法家的理论,而法家又只管"以法相治""垂法而治""缘法而治"。从商鞅的"仁义不足以治天下""圣王者不贵义而贵法"[①],到韩非的"不务德而务法"、"法者,事最适者也"[②],莫不迷信法制的作用而轻视道德的功能,甚至讥笑仁义道德跟小孩"尘饭涂羹"的过家家游戏差不多,一点用处也没有,"可以戏而不可以食也"[③]。虽然韩非等法家人物已接受道家思想的影响,形成"道法家",也大谈道术,但他们仅将术治理论放在治人的领域,尽情地甚至是疯狂地加以发挥,却没有将之推及到治法的方法上,其对法制的重视,潜藏着单方面的、孤立的、片面的畸重倾向,对道德建设抱有不可理喻的偏见。黄老道家设计的道德、法律这对阴阳关系,在法家的答案中是选此弃彼的单项选择。秦王朝按照这种答案去建立自己的法律制度体系,力求做到诸事"皆有法式""事皆决于法",用今天的话说,就是要做到"有法可依""有法必依"。其主观出发点肯定是想借此将国家治理好,然而结果却事与愿违,出现法繁刑苛的法制异象,促成了暴政,以致过早地灭亡。

人们由此感知到,嬴秦纯任法治的方法似乎缺了点什么,需要有外部的补济力量。这种力量就是道德。刘歆评价商鞅时说:"使卫鞅施宽平之法,加之以恩,申之以信,庶几霸者之佐哉。"在此已指出了法家学说缺少道德要素,变成了畸形的理论,不可能作为长治久安的治国方略。在这样的时代背景下,黄老道家的刑阴德阳、刑德相养理论的价值,便得到了世人的重视。到了董仲舒时代,这种理论又被更名为"德主刑辅",并蒙上儒学的外衣而得到统治者的重视。当道德从被人轻视的地位跃居于政治主导地位,与法律形成对应关系,统治者手里便有了一阴一阳、一明一暗的两种治国手段,道术也就有了用武之

---

① 《商君书·画策》。
② 分别见《韩非子》之《显学》《问辩》。
③ 《韩非子·外储说左上》。

地了。从董仲舒论述刑、德的言辞中，完全可以分析出这一点。

《汉书·董仲舒传》："天道之大者在阴阳。阳为德，阴为刑；刑主杀而德主生。是故阳常居大夏，而以生育养长为事；阴常居大冬，而积于空虚不用之处。以此见天之任德不任刑也。"

《春秋繁露·阳尊阴卑》："恶之属尽为阴，善之属尽为阳。阳为德，阴为刑。刑反德而顺于德，亦权之类也。……是故天以阴为权，以阳为经。阳出而南，阴出而北。经用于盛，权用于末。以此见天之显经隐权，前德而后刑也。……此皆天之近阳而远阴，大德而小刑也。是故人主近天之所近，远天之所远，大天之所大，小天之所小。是故天数右阳而不右阴，务德而不务法。刑之不可任以成世也，犹阴之不可任以成岁也。为政而任刑，谓之逆天，非王道也。"

《春秋繁露·天辨在人》："故刑者德之辅，阴者阳之助也，阳者岁之助也。"

董仲舒以自然天象比附刑德关系，推出"阴刑阳德""先德后刑""大德小刑""德主刑辅"等观点，实际目的是要将道德和法律摆在一起来进行讨论，纠正暴秦"不务德而务法"的偏差。当然，这种纠偏工作从陆贾的《新语》、司马谈的《论六家要旨》、刘安的《淮南子》已经开始，只是这些人和著作，都是打的"清静无为"的道家旗号，到"好大喜功"的汉武帝时期就行不通了，而董氏理论却打的是儒家旗号，得以大行其道，但在刑德关系论上，却是前后一脉的。再往上溯，可溯及黄老道家关于刑德的"微明"之术。因此，从渊源上看，董氏之论是道家道术思想在新的历史时期的新产物。

再从运用原理上看，董氏刑德论就是"治法"的方法论，即法律制度如何创设运营的理论。其要义有二：

一是以道德指导法制建设。道德意识来源于人性、风俗、习惯等，法律没有道德的指导，就会变成无情的戒条，秦法即是前鉴。班固在《汉书·艺文志》中斥之为"无教化，去仁爱，专任刑法而欲以致治，至于残害至亲，伤恩薄厚"，乃至盗一钱桑叶、一枚铜钱都要处重刑，法律变得不近情理，也就失去了人性的支持，沦为恶法。

二是以道德粉饰法制建设。古代法律通为刑法，其制裁措施表现为单一的刑罚手段，重则砍头锯脚，轻则板打鞭抽，对法律的重视无异于加大法律的打击面，最后不得不走上重刑之路，需要用温情脉脉的道德进行修饰，以便淡化民众的怨恨，缓和社会矛盾。但法律又不得不重视，只是要暗地里重视。董氏所说刑为阴、为后、为小、为辅，并不是不要刑，而是要在德阳、德先、德大、德主的幌子之掩护下，巧妙地进行法制建设，所以他在其他地方又流露出刑不可废的真实想法，"庆赏刑罚之不可不具也，如春夏秋冬不可不备也"，"发刑罚，以立其威"。①

撇开其第一要义不论，仅就其第二要义而言，董仲舒的德刑论就是在"治法"过程中如何运用"道术"理论。

二、所谓"德主刑辅"

法史学界的主流观点认为，德主刑辅是中国两千年封建法制建设的指导思想。笔者以为，从表面上看，历代统治者莫不高呼"德主刑辅"的口号，客观上促成了礼法传统的形成。②但从统治者的态度来

---

① 分别见《春秋繁露》之《四时之副》和《威德所生》。
② 按：德主刑辅作为一种"德刑结合"的理论，确曾在历史上起到了一贯的指导作用，但这很难说就是统治者的初衷。在它的驱动下，礼义道德成为现实法制的批判武器，并促进其逐步改造和完善，引发了由汉至唐的引礼入律、援礼入法、礼法结合运动，最后促成了中国礼法传统的定型。详见本书第三章"阴阳和合与礼法传统"。

看，他们对看待"德主刑辅"，似乎都带有"术"的意味和功利的色彩，无不将道德视为法律制度的粉饰性资源，以便为自己树立"德政"形象；而且，在两千年帝制时代的法制建设中，"德"也未曾为"主"过，"刑"也不曾为"辅"过，德与刑的关系是一种表里关系，而不是主次关系，表面上重视道德建设，暗地里却重视法刑建设，形成一明一暗的法律实践模式。

基于上述可知，所谓"德主刑辅"，就是统治者用以"治法"的道术。或者说，是道术在历代法制建设实践中的具体运用。

（一）统治者的态度

"德主刑辅"作为治法的道术，和"内圣外王"的治人道术一样，在思想者那里，更偏重"道"的一面，企图用这样的理论原则来促成法律制度的进步和完善；在统治者那里，则更注重"术"的一面，以便为自己严刑峻法的举措裹上美丽的外衣。历代统治者在其政命号令中，不时抬出"德主刑辅"的金字招牌，主观上往往是收买人心的用心居多，客观上也起到了限制重刑、指导立法的积极作用。综观汉以后的历朝统治者，他们对德主刑辅的认识态度，可以分四个阶段来考察。

（1）霸王道杂之：汉魏六朝时期。这可以说是汉魏六朝统治者对待"德主刑辅"的共同心态。

汉武帝虽然下令"罢黜百家，独尊儒术"，但对打着儒家旗号的"德主刑辅"的理论却并不感兴趣，史称他"穷奢极欲，繁刑重敛"[1]，和秦始皇没什么两样[2]。在他统治时期，很多大臣也明白了将"德主

---

[1]《资治通鉴》卷二二。

[2] 按：秦皇、汉武在历史上的待遇大不相同，究其原因，秦皇推崇法制，公开贱视道德的作用，态度过于直白，就算错了，也不为其错误寻找一种道德掩护，以致留下"暴君"的千古骂名；汉武有崇儒的美名，即便也有种种残暴之举，但有了儒雅仁德的掩饰，后人也就渐渐地淡化了他的残暴，最多给他个"好大喜功"（《汉书·夏侯胜传》）的批评。

刑辅"转换为"以德饰刑"的招数,公孙弘"习文法吏事,缘饰以儒术"[1],得到了汉武帝的赏识,被重用为丞相。汉宣帝时期,任用酷吏,重法严刑以治国,太子刘奭(即后来的汉元帝)少不更事,对宣帝说:"陛下持刑太深,宜用儒生。"宣帝作色道:"汉家自有制度,本以霸王道杂之,奈何纯任德教,用周政乎?"[2] 正如皮锡瑞在《经学历史》中所说:"武帝、宣帝皆好刑名,不专重儒。"可见,西汉的统治者表面上倡导儒学德政,骨子里却偏爱法刑之治。

东汉的统治者,"为政不得其宜,行申韩之术"[3],亦迷恋于刑事镇压的神效。终两汉之世,统治者莫不将"德主刑辅"当作术来使用,以王道、德治作为霸道、刑治的点缀。故清代经学家说:"汉世《公羊》盛行者,特酷吏藉以济其酷。"[4]《公羊》是儒家经典《春秋》的三传之一,汉代酷吏便用它提倡的仁义道德,来为自己施行的严刑峻法进行补济和美化。

魏晋南北朝纷争之际,统治者以乱世为由,旗帜鲜明地实施重典。曹操公然宣称:"拨乱之政,以刑为先。"[5] 号称"王者之治"的诸葛亮,治理蜀国也有用刑过猛之嫌。[6] 梁启超曾意识到,自秦历汉到三国,法家重刑理论在暗中得到了一贯的运用,儒家德治理论不过是表面文章,多有务虚的倾向,"秦人用之以成统一之业,汉承秦规,得有四百年秩序的发展。盖汉代政治家萧何、曹参,政论家贾谊、晁错等,皆以其道规划天下。及其末流,诸葛亮以偏安艰难之局,犹能使'吏不容奸,人怀自厉',其得力亦多出法家"[7]。此一时期统治者明德暗刑的做法,

---

[1]《汉书·公孙弘传》。
[2]《汉书·元帝纪》。
[3]《后汉书·陈宠传》。
[4]《经学通论·春秋》。
[5]《三国志·魏志·高柔传》。
[6]《陈亮集·诸葛孔明上》。
[7] 梁启超:《先秦政治思想史》,中华书局2016年版,第148页。

取决于他们对所谓"德主刑辅"的态度。正如晋朝葛洪所比喻:"仁者,为政之脂粉",不是身体的迫切需要;"刑者,御世之辔策",没有它就会迷失政治方向。"莫不贵仁而无能纯仁以致治也,莫不贱刑而无能废刑以整民也"①,统治者嘴上尽可以大讲仁德,但暗中却不能一味依赖它,因为单靠它是无法把国家治理好的;表面上偏偏装出贬低刑法的样子,但实际上绝对不能放弃它,因为这才是统治民众的有效工具。

(2)德主刑辅:隋唐之际(指隋及唐前期,其下限可断至8世纪中期的安史之乱)。

一些统治者在一定程度上接受了"德主刑辅"思想,并用以指导立法、简刑轻罚、发展生产,造就了接二连三的盛世(开皇之治、贞观之治、开元之治),社会秩序良好,传统法制建设步入鼎盛时期,展示了"德主刑辅"理论的价值,可惜好景不长。

隋文帝杨坚将"德主刑辅"理论用于立法实践,主张"以德代刑"②,推出了法制史上以"刑网简要,疏而不失"著称的《开皇律》。初唐君主,亦尚德治,高祖李渊入长安,"约法十二条,惟杀人、劫盗、背君叛逆者死,余并蠲除之",以示"约法缓刑"。③太宗李世民接受德刑理论,"遂以仁治天下,而刑法尤慎"④,制定《贞观律》时,"剥烦去蠹,变重为轻者,不可胜纪"⑤。高宗李治执政期间,制定《永徽律疏》(后世称《唐律疏议》),其第一篇《名例》中申明:"德礼为政教之本,刑法为政教之用",至此,德主刑辅在法制实践中可谓得到了真正的贯彻落实。

但是,武则天篡唐建周后,施峻法、用酷吏,借以打击李唐元老,

---

① 《抱朴子·用刑》。
② 《隋书·高帝纪上》。
③ 《旧唐书·刑法志》。
④ 《新唐书·刑罚志》。
⑤ 《旧唐书·刑法志》。

造成大批冤、假、错案，"被罗织受戮者，不可胜纪"[1]，法纪荡然无存，重刑思想抬头。后伴随着"安史之乱"的爆发，藩镇割据、宦官专权、党患连连、外族侵扰，"德主刑辅"遂从实践领域退出，而成为理论家的话题。

（3）德刑并用：中唐五代宋元时期（上限起自安史之乱）。

理论界与政界巨子联手，主张既重德又重刑，"德主刑辅"在理论上被改造为"德刑并用"，术的意味更强，再也不必受"主""辅"之限，而可以灵活运用。

中唐以来的思想家如韩愈、柳宗元等，虽然标榜"以德为先"，却认为"德"只能适用于官僚集团内部，对下品性的民众则要用重刑威服。在此基础上，宋朝理学大师朱熹用思辨的形式将德教与刑律抽象为"天理之件数"[2]，明确提出"教刑并重"，"两者施行或先或后，或缓或急"，不必拘泥于"先教后刑"的教条，也不必受德刑主辅的限制。

经过理论界的"精心"论证，"德主刑辅"适足以成为治政者运用政治道术的遮羞布，便可以毫不脸红地一边施酷刑，一边讲仁德。宋代名臣司马光，嘴上大讲仁义道德，骨子里却是个重刑主义者。他认为治国良策，"惟在法令"，尤其在于"严刑峻法，以除盗贼"[3]，故在实践中完全奉行"有过则诛"的刑事政策，与法家"重刑轻罪"毫无二致。

（4）明刑弼教：明清时期。

这一时，帝制统治步入晚期，各种社会矛盾日益突出，要想稳固政权，必须在法制上施行铁腕政策。统治者对"德主刑辅"这个具有批判色调的理论，更需要发掘其中的术的功能，故将其进一步更化为"明刑弼教"的重刑理论，用以宰杀民众、震慑不法官吏，维护君主的

---

[1]《旧唐书·王及善传》。
[2]《朱子大全·答何叔京》。
[3]《司马光奏议》。

集权统治。

如果说以前朱熹等人对"德主刑辅"的理论改造还有些羞答答的，那么明太祖朱元璋的态度就是赤裸裸的。他公开表示要"重典治国"，理由是"吾治乱世，刑不得不重"①。按传统"世轻世重"（刑新国用轻典，刑平国用中典，刑乱国用重典）的刑法原则，大明江山刚从战火中摆脱出来，最多是个"新国"的样子，朱元璋非要说它是"乱世"，充分暴露了帝制时代晚期君主的骄蛮之态。好在他还是没像秦始皇那样完全抛弃德教这一手，在《明大诰》中，再也不使用"德主刑辅"的提法，而是再三强调"明刑弼教"，意即用刑罚来帮助道德教化的推行，所谓"刑罚立而后教化行"，刑的作用得到了进一步的突出。步其后尘，清朝的统治者对"明刑弼教"的说法兴致勃勃，康、雍、乾三朝，打着"以刑弼教"②的旗幡，屡兴文字狱，实施野蛮镇压，终清之世，重刑之策不改。故沈家本就说，清朝统治百数十年来推行的都是"重法"。③

德刑关系就像花布口袋里装刀子，以前的君主们总是用口袋将刀子捂得严严实实；明清时的帝王们恨不得把口袋往下撸，让刀尖露出来吓人，但又不能撸完了，必得保持"犹抱琵琶半遮面"的姿态，半隐半露，才有用术的周转余地。

（二）实践中的运用

从上面的分析可以看到，德主刑辅的思想渊源是复杂的，大而言之，当是在道家思想的撮合下、导致儒法思想合流进而形成的指导法制建设的方法。外在使用的是儒家的，内在使用的是法家的，而支持其分别对待、综合运用的思路则是道家的。南怀瑾说："自汉、唐开始，接

---

① 《明史·刑法志》。
② 《清实录》卷九十。
③ 沈家本：《寄簃文存》卷一。

下来的宋、元、明、清的创建时期,都是如此。内在真正实际的领导思想是黄(黄帝)、老(老子)之学,即中国传统文化中的道家思想。"[1]道家的思维方式就像一只"看不见的手",在支配着历代统治者搞外儒内法,使之成为治法的道术。站在这一角度讲,"德主刑辅"就等于是"外儒内法"的代名词。历代的法制实践与其说是在"德主刑辅"的指导之下进行的,还不如说是在"外儒内法"的掩饰下进行的。

1. 法律制度的自身建设依法家,外围建设依儒家

"德主刑辅"具备对现实法制的批判情结,统治者在高呼这一口号时,以"三纲五常"为经纬的道德原则、道德条规逐渐引入国家法律之中,客观上促进了法制的改良,在德与刑之间,道德宣传和礼义的法律化,成为与法制自身建设紧密配合的外围建设。但在法律制度建设的技术性设计以及一些价值原则上,基本上是按照法家的理论来操作的。从帝制时代的立法史可以观察到这一点。

汉朝的政治法律制度基本沿袭秦朝模式,这在史学界已成公论,史称"汉承秦制"。具体到立法上,汉朝《九章律》就是在秦律所师承的李悝《法经》的基础上订立的,全面继承了《法经》中的既有篇目,在盗律、贼律、囚律、捕律、杂律、具律的规模上,再加上户律、兴律、厩律三篇而成九章,这不能不说是法家刑名法术之学的成果在汉朝立法实践中的运用。到曹魏制定《新律》时,还是在汉九章的基础上增加劫略、诈伪、毁亡、告劾、系讯、断狱、请赇、惊事、偿赃九篇而为十八篇,并将原有的《具律》篇直接更名为《刑名》篇,置于律首,作为法典的总则。西晋制定《泰始律》时,又将《新律》中的《刑名》析为《刑名》和《法例》两篇,为以后法典的进一步改进奠定了基础。北齐制定《北齐律》时,将晋律的刑名、法例合为《名例》篇,冠于律首,帝制时代法典的总则至此确立。以后历朝编撰法

---

[1] 南怀瑾:《老子他说》,复旦大学出版社2002年版,第4页。

典,莫不以此为范式,直到清朝立法,皆无改变。

在价值原则上,可以"十恶"为例。这个贯穿隋以后的法制原则,其所维护的是忠、孝、节、义、悌等道德准则。多数人认为这些道德原则是儒家的,也有的人说是法家的,因为韩非子说过:"臣事君,子事父,妻事夫,三者顺则天下治,三者逆则天下乱,此天下之常道也。"[①]我们姑且不管这些原则最先是谁系统提出来的,关键要看对此是用什么方法来调整的。如果仅仅是以教育感化的方法来调整,当然应该说体现了儒家的价值倾向。但事实上,当这些道德准则进入国家律典,便是以刑罚进行调整的,即使以持刑最为宽平的唐律的规定来说,犯十恶者,大都会构成死罪,如谋反、谋大逆,本犯处斩刑,父、子年十六以上的处绞刑,财产没官,母、女、妻、妾、祖、孙等没为官奴;最轻的也要处徒刑,如殴、告大功以上尊长、小功尊亲属,处徒一年半。由此可见,帝制时代的法律在一些重要的原则上,所体现的也是法家的价值指向。

2. 从"德主刑辅"到"德辅刑主"

德主刑辅作为统治者内用法家理论、外用儒学进行法制建设的道术,导致法律制度从外围引进礼义道德,出现法律道德化、道德法律化的运动,但这并没让法律制度中的具体内容改变其重刑主义的性质和倾向。概览帝制时代的立法实践,在"德主刑辅"被确立为所谓法制指导方针之前,战国、秦自然是重法任刑;之后的王朝政权,无不以刑罚镇压为暗流,不同的仅是在外面蒙上了仁政善德的包装罢了,汉魏六朝虚德实刑,隋唐以后,刑制一代重于一代,宋比唐重,元比唐宋重,明清比唐宋元都重。正因如此,在理论和实践之间,呈现出由"德主刑辅"到"德辅刑主"的背反现象。诚以盗贼罪、贪赃罪的立法概况来加以证明。

---

① 《韩非子·忠孝》。

（1）盗贼罪。"盗贼"罪名，源于《法经》。当盗贼侵犯特殊客体（如君权、政权、纲常伦理）时，常与"十恶"中的一些罪名混同。但就一般意义而言，"取非其有"谓之"盗"，主要指侵犯财产所有权的犯罪，其中又分强盗和窃盗两种；"杀人曰贼"[①]，主要指侵犯人身权利的犯罪。

唐以前的各个王朝，基本上采取"杀人者死，伤人及盗抵罪"[②]的刑罚报复主义原则惩治盗贼。唐以后关于盗贼的立法，并未因有了"德主刑辅"的指导思想就有所减轻，反而是逐渐加重：

其一，窃盗无死刑的法律惯例被打破。《唐律》规定：窃盗的最高刑是加役流，没有死刑。后晋敕定："窃盗赃满五匹，处死"，重开窃盗处死之例。以后，有"盗一钱"处死的（后汉），有"不论赃物多少"处死的，有"不问有赃无赃"并处死的（宋），可谓步步升级。及至明清，窃盗的最高刑可处绞刑，依然居重不下。

其二，加重量刑。宋朝对盗贼的态度十分强硬，实施"盗贼重法"，北宋仁、英、神宗三朝制定《窝藏重法》《重法》《贼盗重法》等特别法规，取代《宋刑统》中《贼盗律》的地位，加重对盗贼的镇压。明清律例对盗贼的量刑，也常常高出《唐律》一等甚至数等，如关于"强盗已行不得财"的行为人，唐律处"徒三年"之刑，按《大明律》和《大清律》，则要处杖一百流三千里兼刺墨于脸、手臂处，一罪三罚。

其三，对盗贼罪犯广泛适用肉刑。五代创"凌迟""刺配"肉刑，宋朝借之以惩盗贼。元朝肉刑花样更多，至元年诏令规定：强盗皆死，盗牛马者劓；盗驴骡者黥项，再犯劓；盗羊豕者墨项，再犯黥，三犯劓；劓后再犯者死，盗诸物者照其数估价。明清时期的《条例》规定，对持杖行劫的强盗处以"枭首示众"的刑罚；《大明律》《大清律》还

[①] 《尚书·舜典》郑注。
[②] 董说：《七国考》注引。

规定，对小偷小摸也要用肉刑以示惩戒。

（2）贪赃罪。"货物之利谓之赃。"[1] 贪赃罪，可包含现代意义上的贪污罪和受贿罪。相传夏代已有惩贪之法："贪以败官为墨"，对此要处死刑。[2] 后世犯赃之罚，曹魏以弃市，北魏设大辟，北齐处绞刑，演及唐朝，以法惩贪更为系统化。《唐律》中"监临主守自盗"和"六赃"中的"受财枉法""受财不枉法""受所监临财物""坐赃"等罪名，就是分别用来惩治官吏贪污和受贿的犯罪行为的。

历经宋元而至明清，关于贪赃的刑罚越来越重。明清律法沿袭唐六赃且改动为："监守盗""常人盗""受财枉法""受财不枉法""窃盗""坐赃"。这样就将官吏贪污和受贿的处刑规定归纳到同一制度中，惩贪法制进了一步。对贪污罪，唐朝最高刑等是绞刑，明清则适用斩刑。对受贿罪，明清律无限扩大打击范围，如官吏既没有收受贿赂也没有违法断事，只是对当事人行贿不加制止，这样的行为也要按"不枉法赃"（最高刑处杖一百流三千里）减一等量刑。贪赃立法趋重，导致了司法实践的严苛，《明大诰》156个案例中有43个是贪赃案，处理时株连家人，首犯甚至要处"剥皮实草"的酷刑。

法律实践中，盗贼罪立法的趋重，表明了不同阶级之间的关系调控是以暴力压迫为特征的；贪赃罪立法的趋重，表明了统治阶级内部亦无"仁慈"可言，这等于给理论界传递了如此的信息：在政治法制领域，"德主刑辅"的治法道术，只能引导现实向理想状态渐进，却不能改变现实。

---

[1]《晋书·刑法志》。
[2]《左传》引《夏书》。

第五节　民众法律意识与"无讼"传统

以"无为"为核心的道术思想，在很大程度上，孕育并培植了中华民族谦和不争的民族性格。受这种心理性格的影响，在民众的法律生活中，又形成了远诉息讼的法文化传统。

一、关于"无讼"的儒、道之辨

传统观点认为，息诉无讼是儒家德礼思想影响的结果，因为孔子明确说过："必也使无讼乎。"① 从逻辑上讲，儒家理论以积极入世为特征，提倡刚健有为、主动进取；而在法制问题上又提倡无讼，似乎有些前后矛盾，因为消极无为的处世态度可以推出无讼的结论，积极有为却很难推出无讼的结论。但是，儒家将人的物质利益和精神利益区分开来，前面的矛盾就解释得通了：人应该追求精神利益而贱视物质利益，"君子喻于义，小人喻于利"②，积极有为是要求人在道德上有所提升，"大学之道，在明明德，在亲民，在止于至善"；消极无讼是要求人们不要把物质利益看得过重，"视金钱如粪土"。二者互为因果，便可造就出道德完人。

儒家的"无讼"，只能适用于道德高尚的人，并不具备普世性。因为芸芸众生之中，大多数只能是中人、凡人。道家思想则来得更为彻底，更具宗教情结。在"道"看来，不但物质利益不须斤斤计较，就连精神荣誉也不足羡慕。奇巧之物，令人仿效；仁义美名，令人争逐，所谓"大道废，有仁义。慧智出，有大伪"，不在乎也罢。当人们把这

---

① 《论语·颜渊》。
② 《论语·里仁》。

两种利益都看淡了，便是"无为"；运用到社会生活中，便是"无争"；运用到法制领域中，便是"无讼"。

　　从"无为"到"无讼"，不但符合道的要求，而且也是一种妙不可言的生存智慧。金钱名利，不过是过眼烟云，生不带来，死不带去，过分地追逐甚至不惜与人发生争斗，会给自己带来灾祸，"多藏必厚亡"。反之，淡泊名利、与世无争，才能使自己过上和平、宁静的日子。即便遇到争讼，也能化干戈为玉帛，全身保命、以尽天年，何乐而不为也？更重要的是，一个以无为、无争、无讼的原则处理群己关系的人，在人群中不容易招人忌恨，反能得到更多的同情、理解和支持，到时候得到的更多。这便是老子所说的："外其身而身存，后其身而身先。非以其无私耶，故能成其私。"到这里，"无讼"就变成"术"了，道术便相通了。

　　比较起来，儒家将"无讼"作为一种高尚品德来追求，道家将"无讼"作为一种生存智慧来日用，前者只可能得到部分人的认可，后者更容易为广大民众所接受，成为一种既可通向理想境界又可通于现实情景的生活道术。因此，笔者以为，中国古代法文化中的"息诉"传统，既有儒家德礼教化的思想成分，更多的则是受到了道家道术影响而产生的特殊文化现象。

二、谦和不争的民族性格

　　一个民族的法心理、法意识，总是以其特有的民族性格心理为观念基础的，而一个民族的心理性格，又总是受哲理观的影响。当道家"无为而无不为"的思想浸入民众生活时，人们逐渐懂得了道的权威性和不可违背性，唯有顺应其规律、法则，才能无往而不利。道的目的在秩序，道的方法在无为。在秩序与利益之间，秩序的意义更重于利益。人类领悟了这个道理，便会以无为不争的态度去对待名利，当这样的态度形成稳定的安身立命、应时处世的模式后，也便内化为民族性格和民族心理。这便是中国"无讼"传统的观念基石。

被誉为"生命大智慧"的《道德经》，赋予了谦和不争以丰富的内涵，并将其奉为最基本的处世之道。老子说，不争是人生的三大法宝之一，"我有三宝，持而保之。一曰慈，二曰俭，三曰不敢为天下先。慈故能勇，俭故能广，不敢为天下先，故能成器长"[①]。在此，不争之德已被融进了术的成分，它既是一种理想的向往、美好的品德，同时又是夺取成功的大智慧，非常人所能感悟，是一种不容易被人识破的术。韩非子解释此句时说，之所以不为天下先，是为了"能成事"。故而，道家的谦和不争，并非无所事事，消极无为，而是一种"不争善胜"、以柔克刚的妙法。人要戒除言行上的狂妄而保持谦柔，去却表面上的刚强而保持内在的坚韧，这才是真正的强大。"守柔曰强"[②]。

秦汉以来，谦和不争逐渐被熔铸为一种民族性格，为社会各阶层在不同程度上所理解、接受和运用。就连人间最高代表——君王们，在行即位之礼时，也都要来一番谦让，"西向让者三，南向让者再"[③]。他如群臣百僚、众庶苍生，更是喜闻乐谈、身体力行。《晋书》作者唐房玄龄等在总结历史经验教训时叹曰："争竞之遘灾也，故犯而不校；知好伐之招怨也，故有功而不德。……行则由乎不争之途。"[④] 明代科学家徐光启说："一家不争便是家齐，一国不争便是国治，天下多不争便是天下平。如唐尧之圣……总来也只是个不争。"[⑤]

更令人吃惊的是，在与人争锋的拳术中，也展现出谦柔的神韵。太极拳诀讲"黏连顺随"。所谓"随"，就是在竞技时做到人刚我柔、

---

① 《道德经》第六十七章。
② 《道德经》第五十二章。
③ 《史记·孝文本纪》。
④ 《晋书·潘尼传》。
⑤ 徐光启：《经筵讲义》，《徐光启集》，上海古籍出版社1984年版，第521页。

舍己从人、引敌落空，自己不能急躁冒进，方能以小制大、以柔克刚、以弱胜强。

历史上最典型的例子，莫过于清代"六尺巷"的故事。当时的礼部尚书张英，其家人因修围墙与邻居发生地皮之争，写信前来求助。张尚书身居高位却心存谦柔，给家人回书道：

> 千里修书只为墙，
> 让他三尺又何妨？
> 万里长城今犹在，
> 不见当年秦始皇。

家人接信后，放弃争斗之心，让地三尺修筑围墙。对方眼见张家位尊势高，竟然能主动退让，自己也退后三尺修墙，两家的围墙之间形成了一条六尺宽、百余米长的巷道。"六尺巷"被传为千古美谈，至今仍为安徽桐城一景，充分反映了中华民族对不争之德的共同认可。

三、远诉息讼的法律生活

谦和不争的民族性格，使得古代中国人对待财产利益甚至精神利益，表现出较为豁达的态度。现代法制所强调的权利意识，在他们心目中是比较淡薄的。即使在日常生活中遇到了纷争，往往也不愿诉诸法律来解决，形成一贯的息诉无讼的思维定式和行为模式。

《周易》"讼卦第六"中说："讼：有孚窒惕，中吉，终凶。"我们知道，《周易》在古代甚至当代，往往被普通百姓视为"预测算命"的经典，并根据其测算结论来指导自己的行为，说"不宜远行"，便不出门，说"不宜动土"，便不修房造屋，影响之巨，已入骨髓。此处将"讼"视作不吉利的卦象，实际反映了民众对诉讼的价值评判，大家都认为诉讼会打破和谐的秩序,应当尽量地远离它。这样的民族,不想出现"无讼"的局面,也是不可能的。

(一)执法者的主动引导

古代法律运行体制采司法行政合一之制,执法者也是当地的行政者。其政绩考核中,诉讼治安状况是必考项目,且以发案率低、结案率高为优。他们对本地的刑事案件,多以"外德内刑"的办法实施打压,降低刑案的发案率。对民事争讼,则以息诉的策略以降低比例、提高政绩。

一方面加强风俗教化进行预防,让老百姓不要来打官司。

第一,鄙视挑词架讼之人。如隋朝梁彦光任相州刺史,"每乡立学,季月亲临策试。……有好争讼惰业无成者,坐之庭中,设以草具",目的"亦为息讼计也"。[①]

第二,分析好讼与息讼的利害得失。朱熹在漳州任知府时,制定并颁布了《谕俗文》《晓民词讼榜》等榜文,劝诫民众要远离诉讼,大家要彼此友好,不要为小纷细故见告于官。因为在诉讼中,即使有理的一方,也会花去大量资财,而输掉的一方更要挨板子。

第三,剖析好讼的社会原因。明代海瑞曾对"江南刁讼"的风气大加斥责,认为这是对道德的践踏。"淳安县词讼繁多,大抵因风俗日薄,人心不古,惟己是私,见利则竞,以行诈得利者为豪雄,而不知欺心之害;以健讼得胜者为壮士,而不顾终讼之凶。而又伦理不惇,弟不逊兄,侄不逊叔,小有芥蒂,不相能事,则执为终身之憾,而媒孽讦告不止。不知讲信修睦,不知推己及人,此讼之所以日繁而莫可止也。"[②]

[①]《海瑞集·兴革条例·刑属》。
[②]《海瑞集·兴革条例·刑属》。

第四，设计预防诉讼的操作性办法。明代王守仁在其管辖区内推行"十家牌法"，令"十家之内，但有争讼等事，同甲即时劝解和释。……又每日各家照牌互相劝谕，务令讲信修睦，息讼罢争，日渐开导，如此则小民益知争斗之非，而词讼亦可简矣"①。

明清时期山西平遥县衙大门的对联，更是劝民息讼的典型：

上联：莫寻仇，莫负气，莫听教唆到此地，费心费力费钱，就胜人，终累己。

下联：要酌理，要揆情，要度时事做这官，不勤不清不慎，易造孽，难欺天。

另一方面，对诉来本府的民事讼争，亦多以调解的方法化解，或劝其撤诉。总结历史上的良吏、循吏、清官的传记，便可发现，在这种情况下，执法者大略有三类办法来化讼息诉：

第一，自我谴责法。西汉官员韩延寿，在其治内有两兄弟因争地而诉于本府，韩先做痛苦状，责备自己没教育好老百姓，以致发生兄弟对簿公堂的丑事。然后称病在家、闭门思过。当地官员、士绅、当事人的家族成员亦纷纷效仿、引咎自责。搞得两兄弟深感惭愧，遂自行和解，且发誓不再相争。②东汉桂县境内有蒋氏兄弟争财告官，太守许荆也是先作自我批评："吾荷国重任，而教化不行，咎在太守。"蒋氏兄弟顿觉良心不安，放弃了诉讼。③

第二，教喻开导法。东汉地方官吴佑，遇到争财讼案，总是"以道譬之"，就是用通俗易懂的方法教育争讼双方，甚亲自登门劝双方

---

① 《王阳明全集》卷十七。
② 《汉书·韩延寿传》。
③ 参见龙大轩：《中西法文化比较》，载《中西文化比较概论》，西南交通大学出版社1993年版，第225—226页。

和解，以致辖区内讼案减少。[①] 唐代县官韦景骏，在处理一桩母子诉讼案时说："吾少孤，每见人养亲，自恨终无天分。汝幸在温情之地，何得如此？"然后送给母子俩一本《孝经》，二人痛哭而去，终成慈母孝子。[②]

第三，各出奇招。有的执法官，为化解纠纷，不时采用一些出人意表的妙法。清代知县陆陇其遇一兄弟争讼案，审理之前，"但令兄弟互呼"，不到五十遍，两人便主动请求撤诉。但陆还是写了判词决案，曰："夫同气同声，莫如兄弟，而乃竟以身外之财产，伤骨肉之至情，其愚真不可及也。"判令财产由兄长掌管，弟弟予以协助。[③]

（二）民众的被动顺从

中国民众本来已有谦和不争的心理基础，在执法者的引导下，很容易形成无讼远诉的价值观念。历代官修或私著的地方史志中，对这样的民间传统有详实的记载。明代刘文征在《滇志》卷三中说，当地人民"少有不平，宁弃不争"。《嘉庆重修一统志》第一九一卷记，广西府（今云南泸州、师宗、丘北等地）的民风是"礼让相尚，以讦讼为耻"。清代薛渭川《嵩明州志》卷二称当地之人"淳朴素著，……不好争讼"。

由于古代法律是王者之法，又都以刑罚方法统一调整制裁，在这样的法制体系中，一个好诉健讼之徒，无异于拿自己的权利这个"鸡蛋"去砸国家律法的"石头"，小则自取其辱，大则自取灭亡。所以，以无讼为价值追求，应当说是明智的选择。将无讼视为一种法文化传统，其间的每一文化要素，莫不是以谦让不争始、以某种获得终，似乎都含有道术的意蕴。

[①] 《后汉书·吴佑传》。
[②] 《旧唐书·韦景骏传》。
[③] 《陆稼书判牍·兄弟争产之妙判》。

首先，无讼可以保留当事人的颜面，维持良好的生活环境和人际氛围。古代的宗法农业社会，决定了绝大多数人被附着在土地上，终身难以远徙，他们生活在熟识的人际网络之中。在这一个个的社会小圈子内，以打官司为耻成为大家的共识，谁敢为了斤斤小利而去见告于官，不但等于和被告方撕破了"面子"，也会遭到邻里乡曲的耻笑，成为孤立无援的异类。面对这样的危险和后果，任何人遇到纠纷后，都不可能贸然诉诸法律，权衡利弊后，往往是不得不选择息诉的途径以自慰。宋代陆游告诫其子孙说："纷然争讼，实为门户之羞。"①民谚亦云："退一步海阔天空"。以道术眼光视之，无讼可以博取好评，是以放弃物质利益为始，而以获得精神支持为终。正因如此，历代的家族规训中，几乎都有禁止族人亲近诉讼的戒条。明清时期浙江萧山《朱氏宗谱》卷十一中说："和乡里以息争讼，居家戒争讼，'讼则终凶'，诚笃言也。如族中有因口角细故及财帛田产至起争端，妄欲涉讼者，家法必先禀明本房房长理处，或理处不明，方许伊赴祠禀告祖先，公议其是非，令其和息。"

其次，无讼也蕴含着对物质利益大小的衡量。诉讼虽可辩得理之曲直，但涉讼双方，常常是各有所由，一旦进入此种程序，是非难以决断，便会有大量的物资消耗，为明智者所不取。《袁氏世范·处己》中说："大抵人之所讼，互有短长，各言其长而掩其短，有司不明则牵连不决，或决而不尽其情，胥吏得以受赃而弄法，蔽者之所以破家也。"《王士晋宗观·争讼当止》对此的分析，更让人感到悲观。"太平世界，无争讼，便是天堂世界。盖讼事有害无利：要盘缠、要奔走，若造机关，又坏心术。且无论官府廉明何如，到城市便被歇家撮弄，到衙门便受胥皂呵斥。伺候几朝夕，方得见官。理直犹可，理曲到底吃亏。受笞杖、受罪罚，甚至破家、亡身、辱亲，冤冤相报，害及子孙。"

---

① 《陆游诸训》。

有了来自执法者和守法者两方面的互动,无讼息诉在中国法律发展史上表现出明显的一贯性、连续性和继承性。这样的法律实践传统,也为国外学者所观察到。法国比较法学家勒内·达维德说得很形象:

> 中国人民一般是在不用法的情况下生活的。他们对于法律制订些什么规定不感兴趣,也不愿站到法官面前去。他们处理与别人的关系以是否合乎情理为准则。他们不要求什么权利,要的只是和睦相处与和谐。①

---

① 勒内·达维德:《当代主要法律体系》,漆竹生译,上海译文出版社1984年版,第487页。

第五章　道与中国文化传统

关于文化的概念，目前学术界的定义不下百余种。《周易》有言："观乎人文，以化成天下。"[①] 此当为文化概念最早的源头。早期文字中的"文"，通皱纹的"纹"。人在年幼的时候就没有皱纹，但也没有相应的知识、智慧、经验、教训。随着年龄的增长，经历读书工作、成家立业、成功失败等种种磨砺，积淀了相应的知识、智慧、经验、教训，同时也有了皱纹。故人文即指人类社会知识智慧经验教训的积累，我们用之以教化天下，天下之人亦为其所化，便是文化。

文化的定义虽然诸家异说，但主要观点是相同的。一言以蔽之，其核心乃是看待问题和思考、处理问题的观念和方法的总和，可细分为两个层次：对待事物的看法和做法。用学术语言表达，就是价值观、思维方式。

第一节　道与中国人的价值观

哲学与文化学意义上的价值观，指人们对宇宙、社会、人生的总体看法，与今日提倡的三观（价值观、人生观、世界观）有交叉重合

---

① 《周易·贲卦》。

之处。中国人怎么看这个世界，主要受到了"道"的影响。

人类文化思考和意图解决的核心问题，是人的灵魂与肉体、人与人、人与自然的关系问题，归结起来，主要是人与自然的关系问题（因为前两项可以包括到后一项中"人"的部分），所以，中国传统的学问就是探究"天人之际"①的学问。由于"道"给中国人确定了天、地、人须和谐相处的总原则，在对待人自身及其与自然的问题上，就有了一个最高的和统一的价值标准：人应收缩欲望、节制行为，以便和天地自然相合，避免相互间合理秩序被打破，这就是后来所谓"天人合一"。中国文化便是在这一大前提下发展而来。

要弄清"道"所确立的价值标准如何影响中国文化传统，必率先了解人类关于人与自然的思想意识发展史。其间经历了三个阶段：

第一，统一阶段。即原始人的思维方式，认为人与自然是浑然一体的。

第二，分立阶段。即将人与自然分立开来，以神作为自然的总代表，人与神是对立的，但人要服从神的支配、辖制。

第三，对立统一阶段。认为神不存在，自然就是独立的客观实在，与人形成对应关系。处理两者关系的思路又分两种：一种强调人统一于自然，认为自然法则是不可逾越的，人在自然中是不自由的，其行为当以自然的限度为度，人应与自然和谐相处，这在哲学概念上被称为"统一性原则"；另一种强调人去统一自然，认为人具有独立自主、能动自决的主观性，可以认识自然、改造自然甚至战胜自然，这在哲学概念上被称为"主体性原则"。

从中外历史上看，不同民族似乎在第一、第二阶段对人与自然的思考是相同的，只是经历这两个阶段的时间早晚不同。但到第三阶段，不同民族对人与自然的考量就有了不同，选择"统一性原则"的民族

---

① 司马迁在其《史记》中阐述古代思想家的目的，就是要"究天人之际，通古今之变"。

与选择"主体性原则"的民族,各自走上不同的文化之路,形成不同的文化传统。

道在春秋末年得到老子的大力倡扬,成为替代夏、商、周三代有意志的"鬼神"和"天命"概念的另一最高哲学概念。"天道无亲,常与善人",道所代表的天地自然是客观存在,它虽然不像鬼神那样有意志,但却有自身运行的规律和内在的法则。"有物混成,先天地生,独立而不改,周行而不殆"①,这就是道,远非人力所能改变,人能遵循它,或许还能得到好处,"道常无为而无不为,侯王若能守之,万物将自化"②;人若狂妄自大,无视自然规律,那只能是自寻死路,"不知常,妄作,凶"③,"不道早已"④。这就为中国人看待问题划了一条大界限,人只能在界限内行为,叫作"无为"。如果把文化发展比喻成流淌的河流,那么,它一旦流到这界限处,"道"就成为不可逾越的屏障,只能掉头向另一边流去。于是,"道"成了中国文化发展的分水岭⑤。

正是受这种价值标准的支配,传统中国人是这么看待世界的:人类在宇宙万物中太渺小了,必须和万事万物保持统一,才能长久地生存下去。换言之,即中国人在价值观上选择了"天人合一"的理念。哲学上之所以称其为"统一性原则",就是要求人类要与万事万物保持统一。

在这一点上,西方人则做出了不同的选择。他们认为,人是"万

---

① 《道德经》第二十五章。
② 《道德经》第三十七章。
③ 《道德经》第十六章。
④ 《道德经》第三十章。
⑤ 葛兆光先生认为,道成为绝对性和终极性的依据,"于是星辰运转与四时推移,日月升坠与阴阳变化,四面八方与天象安排,乃至社会秩序和人间道德,都是不可言说的'道'的显现,是天经地义的自然法则,是冥冥中神意的安排。这种看法几乎成了战国中期以来的共识"。见氏著《七世纪前中国的知识、思想与信仰世界》,复旦大学出版社1998年版,第242—243页。

物之灵"，具有独立自主、能动自决的主观性，可以征服、占有、利用整个世界，是万事万物的主体。这种"天人相分"的价值观，哲学上之所以称其为"主体性原则"，就是强调人类要摆脱自然的束缚，人在自然面前是无所畏惧的，从而刺激了自由精神的发展。这应该是西方能走上自由、民主、科学、法治之路的潜在力量和哲理支撑。

中国选择了"统一性"原则，就是用"道"的理论，将人类的行为统一到自然之道上去，讲"天人合一"，强调人在自然面前是要受到约束的，是不自由的，由此形成不同于西方自由传统的"自律"传统，自由的思想在这种文化传统中是没有立足之地的。在历史长河中，中西方走的文明道路不同，根源也在这里。

中国奉行统一性的价值观，所以走了几千年农业文明的道路，春种夏耕秋收冬藏，明年又重来，循环往复、周而复始，如此才符合天人合一的要求。优点是人与人、人与自然的冲突不会达到毁灭性的程度，可以与天地共长久；缺点是不进步，总是原地踏步。战国时中国人就发明了指南针，但不用来航海，而是拿来看风水；唐朝就发明了火药，但不用来造枪炮，而是拿来造鞭炮；宋朝就有了连珠枪，但也没有得到推广，因为那是杀人利器。西方奉行主体性的价值观，要征服、占有、利用。要征服自然，在技术上产生了科学主义，在人文上促成了自由主义；要征服其他国家民族，就产生殖民主义。优点是科技进步，可以上天入地，人人都有了顺风耳千里眼，给人类带来了极大的方便；缺点就是一旦人与人、人与自然的冲突达到极致，也可能"谈笑间，樯橹灰飞烟灭"[①]。

1840年，中国与西方的英国因鸦片贸易而引发战争，中国开始了百余年的屈辱与苦难，但最终还是"站起来"了；又经过几十年的奋

[①] 汤因比认为："人类是地球母亲的女儿，可是人类在科学技术上的进步，已经达到了一旦被滥用就足以毁灭地球的地步。因此人类应学会共处，否则就是同归于尽。"见氏著《人类与大地母亲》，徐波等译，上海人民出版社2001年版，第13页。

斗，"富起来"了。习近平总书记提出的"人类命运共同体"的理念，是中国文化中天人合一价值观的创新性发展，必将为世界的和平发展做出更大的贡献。正如英国历史学家汤因比在20世纪70年代所预言的那样，人类未来的希望在东方，未来世界转型和21世纪人类社会的繁荣离不开中国文明所提供的文化宝藏和思想资源。[1]但是这一观点能否为西方世界所接受，尚且有待观察，不容乐观，因为他们文化的价值观是主体性的，要征服、占有、利用。如今美国又挑起了中美贸易争端。从文化和文明上讲，这场争端和180年前的鸦片战争有相似之处，它背后潜藏的是两种文化在思维方式上的差异。

2020年乃中国农历的庚子年，新冠肺炎疫情肆虐全球，以美国为首的一些西方国家，不致力于本国的疫情防控，反而在病毒溯源问题上搞政治化，并试图以所谓的"法律诉讼"索要数千万亿美元的赔款，这和120年前的庚子年八国联军侵华索赔4.5亿两白银的手法如出一辙。其背后潜藏的仍然是文化的不同：中国文化认为人类与自然本是一个共同体，应该善待自然、和谐相处以期天人合一；当大自然带来灾害时，人类自身也应该彼此善待、共渡难关，而不是相互加害，所以在疫情期间中国频频向其他国家伸出援助之手。西方文化中的人类中心主义，运用到人与自然的关系上，则认为人类是至高无上的，可以尽情地役使自然；落实到人与人的关系上，往往变成国家优先主义和种族优先主义；面临灾难时，考虑的只有自己的利益而无视他国的利益，甚至不惜损害他国的利益以满足自身的私欲。欲望的过度膨胀必然带来行为的疯狂，而疯狂不过是临近灭亡的前兆。

---

[1] 汤氏研究世界文明和中国历史，从中归纳出中华民族"几千年来比世界任何民族都成功地把几亿民众，从政治上、文化上团结起来"，中国文化在"人类统一的过程中，可能要发挥主导作用"。参见池田大作、汤因比：《展望二十一世纪——汤因比与池田大作对话录》，荀春生等译，国际文化出版公司1986年版，第284页。

第二节　道与中国人的思维方式

思维方式就是遇到问题时你是怎么思考、怎么处理的。在不同的文化场域中，思考问题有固定的模式，处理问题有固定的做法，这种一以贯之的思维方式，是支撑一种文化形成传统的基本要素。

由于价值观的不同，进而会导致思维方式的不同。中国人受道的支配，奉行统一性的价值观，遇到任何一个问题，都会把个体放在整体背景当中，综合起来考虑，是一种综合性的思维方式。这种思维方式还有一个特点，就是对个体问题的本身不需要进行深究。所以我们经常会有一些口头禅：也许、大概、差不多。古人说三，有时候是三，有时候又不是三，而是多的意思。故又叫模糊性思维。西方人奉行主体性价值观，要征服、利用、占有整个世界，遇到任何问题，就要打破条件，逐一进行分析研究，从而占有它，利用它，征服它，是一种分析性的思维方式。近代哲学大师方东美曾指出："西方哲学思想，大体上用分析方法，将问题打破，变成许多条件，逐项寻求解决。"[1]

美国心理学家理查德·尼斯比特（Richard Nisbett）曾用看图像的方法做过实验，发现美国人在看图像时专注于位于中心的物体，中国人则更倾向于把图像作为一个整体来观察。进而得出结论：东方文化看问题的认知取向是整体性的，强调事物之间的联系，乃综合性思维；相反，西方文化则强调事物自身的特性，是分析性思维。[2] 思维方式的不同决定了行为方式不同。中国文化是综合性思维，处理问题时往往是看到的整体，想的是个体；说的是上面，考虑的是下面，是一种迂

---

[1] 方东美：《二十世纪之社会科学序》，载于《法律学》第4页，正中书局印行。转引自李钟声：《中华法系》（下），华欣文化事业中心1985年版，第800页。

[2] 转引自谢伟：《从尼斯比特等人的研究看认知心理学的发展》，《西南交通大学学报（社会科学版）》2008年第6期。

回式的行为模式；西方文化是分析性思维，打破条件分析清楚之后，则直奔主题，是一种直接式的行为模式。

中西方的不同，不仅是人的体貌不同，更重要的是文化不同。价值观的差异，潜藏于内心深处，难以体感得到，需要深入的探究才能洞其三昧，日常生活能感受到的是思维方式的不同，也就是考虑问题和处理问题的方法不同。比如炒菜放盐，西方人要拿秤来称，既不能多也不能少；中国人则是"少许"，凭的是经验和感觉，也许大概差不多就行了。西方人厨房里有很多种刀具，切不同的食物用不同的刀；中国人的厨房就两把刀：菜刀、水果刀。前者是典型的分析性思维，后者则是综合性思维，或者说模糊性思维。又比如医学，西医把人体分成各个不同的结构和部位，分析出病因直奔主题式地进行治疗，头疼医头、脚痛医脚，效果明显；中医则将人当作整体进行观察，脚痛可能用医头的方法解决，讲究辨证论治，是否有效全凭感觉。曾有人调侃地评价中西医说："中医让人稀里糊涂地活着，西医让人明明白白地死去。"再比如说运动方式，西洋拳击强调直接刚猛有力，通过追求刚强来达到刚强；中国太极拳则主张刚柔相济、化柔为刚，通过追求柔弱来达到刚强。两种文化各有优劣，不能说中国文化优于西方文化，也不能说西方文化优于中国文化。由于文化是数千年积淀而成，各自有不同的传统，不可能用一种文化去压制或替代另一种文化。

第三节　道的精神在中国传统文化中的种种表现

在"道"的思想观念的引导下，中国文化的任务是教导人敬畏自然，目的是引导人与自然和谐相处，达到"天人合一"的理想境界。故而，中国古代文化为防止"天人之际"的合理秩序被打破，便在"限制人的自由、收缩人的欲望"处下功夫，以构建人与人、人与自然间的良善秩序。由此决定了中国人对自然的态度，是多情的、体感的、欣赏的，而不是无情的、分析的、征服的。比方月亮，以中国文化的眼光视之，有嫦娥、有桂树、有玉兔，朦胧而充满诗意，遂有了"小时不识月，呼作白玉盘；又疑瑶台镜，飞在青云端"（李白）等美妙诗句。以西方文化"主体性原则"的眼光视之，它不过是一个球罢了，坐了宇宙飞船上去近观，尽是片片灰土，了无生机，诗意全无；当然还可以将标本取回分析研究，看适不适合人类居住，从而推动科学技术的发展。文化在此便有了分际，把月亮看成美景的中国文化，留下了赞美自然的诗词歌赋和敬仰自然的人生哲理，却阻碍了自然科学的发展。[①]而且，"道"所彰示的权威性，促使人们处处都在做自我约束，以便与道的要求相合，无论在意识形态领域，还是在政治、军事、经济、生活等各方面，都以"道"作为思想和行为的统帅，在此大前提下，各种文化之间都配合无间而无此疆彼界，描绘出一幅"完整凝一"（钱穆语）的文化风景，在世界文化之林中独放异彩。

一、意识形态领域的"理一分殊"

战国中期以前的思想家，除了道家，一般都不谈自然天道。法家专重人事，子产曾表示："人道迩，天道远"，言天道于治国无益。儒家也是罕言天道的，专在人伦上下功夫[②]，"先秦儒家并没有建立一个

[①] 唐君毅在《中国之乱与中国文化精神之潜力》中说："中国人因视自然宇宙为流行发育之境界，而对之特有情，故视宇宙为生机之洋溢，而欣赏游息其中之兴趣浓，由此而阻碍对客观世界作冷静之分析，亦缺乏对于时间空间数字及自然范畴之纯形式的意识，因而未有西洋近代之科学。"转引自金耀基：《从传统到现代》，中国人民大学出版社1999年版，第194—195页。

[②] 孔子说："未能事人，焉能事鬼"，又有"子不语怪力乱神"，几近晚年，开始接触到讲自然变易之道的《易》，然已为时晚也，以至感叹："加我数年，五十以学《易》，可以无大过矣"，所以他的"仁—礼"政治法律学说，始终没能上升到宇宙论的高度来加以论证。陈鼓应就说："战国中期以前，儒家缺乏形上学思考的习惯与能力，也不从事宇宙论问题的探讨，这一哲学工作的重任遂由道家担当起来。"见氏著《易传与道家思想》，生活·读书·新知三联书店1996年版，第20

自觉性体系"①。墨家讲"天志",却是一个有意识的精神存在,与商周的鬼神差不多,自不能与道家之"道"相提并论,因为道既非物质又非精神。换言之,道既有精神的属性,又有物质的属性,这种超然的姿态使其变得无懈可击。这种状况,说明从春秋末期到战国中期以前,道论对学术界的影响还不是很大。

但自战国中期以降,各家学派都开始援用"道"来支持自己的学说,因为道的基本构架是关于"宇宙—社会—人生"的,谁也无法跳出这个大框架,反过来指点这个构架有什么不妥,不如将自家学说和道联系起来,以便获得至高无上的说服力。陈鼓应说得好:"战国中后期道家学说已成为先秦哲学领域中的主导思想","对儒家荀子和法家韩非起了决定性的影响"。②

法家代表人物慎到最先做"道法转关"的工作,即用"道"来说明变法、法治的合理性,形成道法家。后来著名的法家代表申不害、韩非也循着这种思路发展、丰富其学说,所以司马迁说申韩之学"皆原于道德之意,而老子深远矣"③。

与此同时,儒家后学也开始了同样的工作。孟子(几乎与慎到同时)用自然天道的属性来解释人的本性,认为人的四种善端(仁义礼智)正来源于"道性善",人性是天性所赋予的,提出了"知性则知天"的命题④,表现出对道的关注。战国末期的荀子也注意到了天道,

---

(接上页)页。王德有说:"如果要问'天'究竟是什么,则孔子便不回答了。不是他有意不回答,而是他的思想深度还没有意识到世界上存在这样的问题。至于说天的母体是什么,对孔子来说,那更是一个莫名其妙的问题了。"见氏著《老庄意境与现代人生》,中国广播电视出版社1998年版,第42页。

① 陈鼓应:《易传与道家思想》,生活·读书·新知三联书店1996年版,第2页。
② 参见陈鼓应:《易传与道家思想》,生活·读书·新知三联书店1996年版,第20、39页。
③ 《史记·老子韩非列传》。
④ 有人以此为据,认为"天人合一"的学说始于孟子。其实,道家早就提出了这种思想,就是《老子》中的"人法地,地法天,天法道,道法自然"。只是由于《老子》成书年代不能确定,有春秋末年说,战国中期说,战国末期说,如果采后两说,就只好将天人合一的思想始祖归之于孟子了。但1993年发现的郭店楚墓为战国中期墓葬,其中有老子简文,说明老子一书至少是

但他强调人与自然的对立,宣称要"明于天人之分,则可谓至人矣",甚至还要"制天命而用之",有点像西方哲学的"主体性"原则,由于与当时哲学界已普遍接受的天人观念是相悖的,以至他的思想在后世两千多年的历史中得不到人的认可,只能备受"扬孟(子)抑荀(子)"的命运。

以上从正反两方面说明,道家天人相合的思想在战国中期后的意识形态领域,起到了举足轻重的作用,致使各家学派纷纷言"道"。[①] 不同的是,道家的运思是"宇宙—社会—人生",由外向内推;儒法诸家运思则是"人生—社会—宇宙",由内向外推,最终都用"道"来汇总挈领。正是在这种意义上,传统文化是"理一分殊"、殊途同归的。

二、政治秩序与大一统主义

在自然与人的层面,"天之生民久矣"(孟子语),人为天地所生,是自然的子民,故自然有无上的特权,而人却没有绝对的自由。为限制人欲的膨胀,人间的组织形式要仿效自然,采用大一统的模式,设计人间的特权者,以限制芸芸众生自由思想的膨胀,使人与人之间保持几近于道的政治秩序。所以,秦汉以来的政治体制,一直是大一统模式,国家的军政财法等一切权力,通过层层地方政府,经由多元多轨的官僚机构向上收拢到皇帝手中汇总,形成一元化领导,与群星拱卫北极星的自然现象相类。

(接上页)战国中期以前的作品,说它出于春秋末期也解释得通。这就使得我们不得不把"天人合一"的发端之功归于老子。

[①] 西方学者似乎也感受到这一点。爱利亚德(Mircea Elidde)在《世界宗教史》中说:"世界的起源和形成问题,虽然是老子与道家关心的话题,但这显示的是古代关于宇宙创造的思考,……从道家使用的关键词——混沌、道、阴、阳——也被其他学派使用这一事实可知,这应当是古代中国普遍的思想。"转引自葛兆光:《七世纪前中国的知识、思想与信仰世界》,复旦大学出版社1998年版,第42—43页。

从没有人怀疑过这种政体的合理性，即便近代以来学界斥之为专制政体，中国人也一直认为"专制为人群惟一无二之治体"（严几道语）。[1] 这既有儒家德礼思想的功劳，又有法家法、术、势结合的作用，更有道家之道的影响。如果说儒法两家所解决的是政治制度的设计方案的话，那么，道所解决的则是这种方案的合理性和可行性问题。

三、反对战争与无兵文化

"以道佐人主者，不以兵强天下。"[2] 战争是人欲扩张的暴力体现，对人间秩序以及人与自然间的秩序破坏最大。"师之所处，荆棘生焉；大军过后，必有凶年。"[3] 所以人类尤其要限制这方面的欲望，有道之君是不会主动发动战争的，最多打点自卫还击战，"兵者，不祥之器，非君子之器，不得已而用之"。[4]

这种军事思想为历代中国统治者所接受，从汉以来到清末的两千多年间，强大的中国从未主动向周边国家发动过侵略战争，以至在历史上出现了这样的怪现象：几乎都是北方民族向南打，中原政权却不向北打。如两晋时的"五胡乱中华"，辽、金、元政权对宋朝的战争，满族人对明朝的战争等。这和西方国家的军事史相较形成了极大的反差。[5]

---

[1] 金耀基：《从传统到现代》，中国人民大学出版社1999年版，第20页。
[2] 《道德经》第三十章。
[3] 《道德经》第三十章。
[4] 《道德经》第三十一章。
[5] 当强盛的汉朝正在提倡"无为而治"的同时，西方的罗马共和国（前6世纪末—前30年）却发起了四次马其顿战争（前3世纪末—前2世纪中期）和叙利亚战争（前192—前188年），征服了地中海沿岸的希腊的马其顿王国、埃及的托勒密王国和叙利亚王国，到共和国末期，执政官恺撒更是疯狂地向周边民族发动频繁的掠夺战争，日耳曼人和远在海的另一边的不列颠民族，都无法避其锋芒。无法想象，中国如果没有收缩欲望的"道"文化的约束，而像罗马的执政者那样无所顾忌的向外自由扩张，那么，中国历史就可能不是北方民族向南打了，而是中原王朝向北打，又有谁能樱其锋芒呢？

罗素曾说:"世界上不屑于战争之民族乎?中国人是也。"①道所提倡的自我约束造就了独特的"无兵文化"。②

四、经济秩序与重农抑商

《道德经》第三章说:"不贵难得之货,使民不为盗;不见可欲,使民心不乱。是以圣人之治,虚其心,实其腹;弱其志,强其骨。常使民无知无欲,使夫智者不敢为也。为无为,则无不治。"在道的视域看来,手工业所制造出的奇巧之物,容易刺激人类追求物质享受的欲望,一旦不能满足,就会不择手段去得到,盗窃、抢劫等违法犯罪的行为随之产生。商业发达会使财富集中到少数人手中,出现"损不足以奉有余"的贫富分化现象,与"损有余以奉不足"③的天道是相违背的。

根据道的原则,治理天下应该使普罗大众"虚心实腹""弱志强骨",心念不必太多而衣食无忧,欲望不能太大而筋骨强壮。所以文化的功能在于引导人们淡泊物欲,在于督促统治者对工商业采取压制的政策。④"重农抑商""工商不得入仕"便成为历代经济政策中的不变原则,虽阻碍了商品经济的发展,却起到了限制物欲膨胀的作用。

五、日常生活与俭朴谦让

人生的终极目的在于如何与他人,与外部物质世界和睦相处,不

---

① 转引自梁漱溟:《中国文化要义》,香港集成图书公司1963年版,第292页。
② 雷海宗认为中国"自东汉以降为无兵的文化"。转引自梁漱溟:《中国文化要义》,香港集成图书公司1963年版,第21页。
③ 《道德经》第七十七章。
④ 钱穆认为,道、法二家贱视商业,儒家并无抑商之论。参见氏著《政学私言》,商务印书馆1946年初版,第123页。

能有过多的欲求。内心宁静（闻道、体道、安道、得道），生活简朴（"见素抱朴，少私寡欲"[①]）才是人生至善的境界。具体的践履方法是：（1）以"不争"处理人际关系。"夫唯不争，故天下莫能与之争"[②]，"夫唯不争，故无忧"[③]。人际关系是对立的统一，一方过多的争，势必打破这种统一，而不争可以使这种统一维持更长的时间。（2）以"无欲""寡欲"处理人与自然的关系。"五色令人目盲，五音令人耳聋，五味令人口爽，驰骋畋猎，令人心发狂。"[④]人过多地向自然索取，必然会打乱人与天地间的合理生态，最后反受其害，这是"反者道之动"的物极必反之规律所决定的。当下大力提倡构建"人类命运共同体"，正是这种智慧在现实生活中的运用。

所以，中国人数千年的生活作风都是以朴素、节俭、踏实、无争为价值取向的。心性浮躁、物欲横流是工业文明带来的副产品。当你看到台上歌者搔首弄姿、闭目呻吟或张口狂嘶竟能引来阵阵欢动之时，当你看到人们对香车宝马、名牌服饰投以羡慕的目光之时，当你看到网络上一些无聊低俗的文字、图片或视频，能引来亿万粉丝追捧之时，不要忘了提醒自己一句：这难道就是生命的价值所在吗？

大至军事政治，小到衣食住行，"道"都为中国人设立了最高的、总的价值判断标准，为中国文化发展确定了方向：以节制人欲、限制自由的"无为"为价值实现方式，以体现道的要求为价值目标，从而形成一种内控型文化传统。法律传统作为其中的亚文化系统，自然也无法超越"道"所设立的标准。

[①] 《道德经》第十九章。
[②] 《道德经》第二十二章。
[③] 《道德经》第八章。
[④] 《道德经》第十二章。

第六章　道与当代中国之治

法律是国家治理的重要手段，前面讨论了道对中国传统法律制度的影响，那么它对现实中国的国家治理又有哪些启示呢？学界将新中国成立以来中国的治理体制和治理道路统称为"中国之治"：既包括国家治理的思想与理念，谓之"中国之智"；又包括治理的策略与制度，谓之"中国之制"；还包括治理的目标与愿景，谓之"中国之志"。2019年10月，中国共产党十九届四中全会召开，通过了《中共中央关于坚持和完善中国特色社会主义制度　推进国家治理体系和治理能力现代化若干重大问题的决定》（以下简称《决定》），更是将"中国之治"的概念推上理论研究的热点。于是，从治理主体的角度研究者有之，从治理策略的角度研究者有之，从治理效能的角度研究者亦有之。

就治理策略而论，中国之治离不开法律之治，故《决定》第四部分以"坚持和完善中国特色社会主义法治体系"为纲，做出了周密部署。然则，欲充分发挥法律制度在推动国家治理体系和治理能力现代化进程中的作用，不仅要致力于今天的法治建设，也要关注过去的经验教训。"要治理好今天的中国，需要对我国历史和传统文化有深入了解，也需要对我国古代治国理政的探索和智慧进行积极总结。"[1]从历史的维度去挖掘古人如何运用法律制度推进国家治理的智慧，并转化为

---

[1] 《习近平在中共中央政治局第十八次集体学习时的讲话》，《人民日报》2014年10月14日。

今日实践之益养,实为拓展、深化"中国之治"的应有之义。

中华民族在数千年的历史长河中创造出灿烂的法制文明。但因时过境迁、世事变化,曾经拥有的法律文本与内容,即便在当时是优良的,也无法直接嫁接到现实的法律生活中;唯有人们关于法律设计、创制、运行的思维方式,作为一种精神财富,不受时空阻隔,前后一脉相承,可以择其善者而从之,其不善者而改之。思维方式是文化的产物,有什么样的文化,就会有什么样的思维方式。前已述及,中华传统文化以"道"为最高权威,以"阴阳和合"为运动规律,在这种文化支配下,中国人形成一种和合思维,看待任何事物,都认为它们是相互勾连而非彼此隔绝的。法律制度建设也概莫能外。

"当代中国人的思维,中国政府的治国方略,浸透着中国传统文化的基因。"[1]在传统与现代之间,中国人的和合思维得到了一以贯之的继承,也得到了世界知识精英的高度认可。英国学者霍金曾提出一个难题:在一个政治、社会、环境动荡的世界里,人类如何才能继续生存一百年?历史学家汤因比对此的回答是:"避免人类自杀之路,在这点上现在各民族中具有最充分准备的,是两千年来培育了独特思维方法的中华民族。"[2]汤氏所言独特思维方法即指既注重对立又强调统一的和合思维。当我们的祖先将这样的思维方式落实到法制建设上,对待法律的设计、创制、运行等问题,遂形成自己独特的看法和做法:道是宇宙万物的最高法则,法律与政治、道德等作为国家治理的重要手段,都是道在人世间的体现;对之用"和而不同"的态度去加以处理,可以使法律在国家治理体系内发挥更大的功效。因而法律不是孤立的,它与政治虽有不同,却是可以"和调"的;它和道德虽有不同,也是可以"和调"的;此法与彼法之间虽有不同,还是可以

---

[1] 《习近平同美国总统奥巴马在中南海开始会晤》,《人民日报》2014年11月12日。

[2] 池田大作、汤因比:《展望二十一世纪——汤因比与池田大作对话录》,荀春生等译,国际文化出版公司1986年版,第295页。

"和调"的。这正是"道"的价值理念能够为今日中国之治提供启示的三个重要维度。

第一节 "道法"思维与中国之治

"道法"概念集中反映了中国人处理法律与政治之间关系的思维方式,对当下推进国家治理现代化颇有借鉴。"道法"传统在本书第二章已专门论及,其概念虽为黄老道家首倡,然后世儒家、法家莫不受其启发。儒家荀子从"王者之法"的角度对之进行论证,给人以道法即王法的印象;韩非子说"祸福生乎道法,而不出乎爱恶……因道全法,君子乐而大奸止","道法万全,智能多失",借助道来论证法,旨在为法找到终极依据①。儒法诸子皆以道言法,无疑使道法理念的渗透渠道大为增多,及于更多的阶层和群体;尤其是"王法"的概念,成为古代社会妇孺皆知且根深蒂固的法观念,对历代法制建设之影响不可谓不深。

依道法思维观之,法律与政治作为人间治理的重要手段,皆是由道派生而来。二者之间各有不同,却又相辅相成:一方面,政治是法律得以产生的前提。"政治"即政权的统治,或曰政府对国家、社会的治理,它是法律创制、运行的载体。没有政权统治,便不需要法律制度。另一方面,法律是政治赖以施运的方法。所谓"法者,治之端也"②,法律制度是国家治理所依赖的手段,但不是唯一手段。"道法"

---

① 分别见《韩非子》之《大体》《邪饰》。司马迁评价韩非子"喜刑名法术之学,而其归本于黄老"(《史记·老子韩非列传》);梁启超说,"法家的最大缺点,在立法权不能正本清源",所以要借助道来论证法,从而为法找到终极依据,见氏著《先秦政治思想史》,中华书局2016年版,第216页。

② 《荀子·君道》。

论使中国人对法律与政治的关系,形成固定的思维,认为政治是法律的统率,法律是政治的工具;二者虽分属不同范畴,却是可以"和合"共通的。这与西方强调法律与政治的区别、凸显法律最高性的"法治"理论迥异其趣。这种思维方式对当下国家治理中如何处理法律与政治的关系,提供了宝贵的历史镜鉴。

一、道法是"合道之法":以大一统政治为土壤

道是宇宙中的总体法则,法作为人世间的行为规则,首先必须是"合道之法",即合乎道的本质要求。"一者,道其本也。"[1] 道的本质是"一":宇宙万物、社会人生都处在一个共同的整体之中,任何人、事、物都无法跳出这个"一",所以人类应当将自身行为统一到"道"的要求上去。法律的设计、创制与运行是人类的重要活动,当然也应统一到"道"的要求上去。具体如何操行,黄老道家有精辟论述:"故事督于法,法出乎权,权出乎道。"[2] 法律制度出于政权统治的需要而产生,政权统治出于道的要求而产生。既然道的本质为"一",因而人间治道也应当以"一"为范式。一个国家只能有一个集中的权威,就像一个人只能有一个大脑指挥一样,才符合天道;如果政出二门,则犹如一人而有两个脑袋在发号施令,是违反天道的。这种理论为"大一统"政治提供了终极依据。法律制度作为治道之具,既在大一统政治的土壤上产生,也反过来为大一统政治服务。

战国时齐人公羊高为《春秋》一书作传时说:"何言乎王正月?大

---

[1] 马王堆帛书《黄帝四经·成法》。

[2] 《管子·心术上》。笔者按:《管子》四篇(一说为《心术》《内业》《白心》《枢言》;一说为《心术上》《心术下》《白心》《内业》),学术界公认是稷下道家的作品,只是时间稍晚于《黄帝四经》,当出于战国中期,但究竟出于谁手,学术界尚有争论。有的认为是宋钘、尹文所撰,有的认为是慎到、田骈一脉的作品,有的认为作者不可确定。

一统也。"① 大一统思想自此问世。"大"为重视、尊重之义。大一统即重视国家的统一，后世诠释为统治全国的政治格局。② 但这在作者所处的血与火的时代，只能是美好的理想。到公元前 221 年，秦始皇"平定天下，海内为郡县"③，实现了政权上的一统；汉武帝"罢黜百家，独尊儒术"之后，思想上的一统也渐入人心。自秦汉以至 1912 年的两千多年中，政治体制皆依循"一"的范式进行构织，皇帝一人总揽军、政、财、法等各种大权，下面分职设官。秦汉中央设三公九卿制，地方以郡县；隋唐中央行三省六部制，地方以州县；明清中央单设六部，地方行政区划虽有变化，但都以县为基层政府，整个权力结构呈"金字塔"形状。萧公权认为："秦灭六国为吾国政治史上空前之巨变。政制则由分割之封建而归于统一之郡县，政体则由贵族之分权而改为君主之专制。"④ 这种大一统的政治体制，以前学界多有诟病，或谓之集权，或谓之专制，皆是抱持西方政治理论衡量中国古代得出的结论⑤，难免有削足适履之嫌。在古代中国人看来，"道"是天地间最高的权威，"失道早亡"，不能违反，需要以"天人合一"的姿态来适应它的要求，人间军政财法等各种权力通过层层政府，向上收拢到皇帝手中汇总，形成一元化领导，与群星拱卫北极星的自然现象相类，"大一统政体"正好体现了"道通为一"的特质，没有人怀疑过它的合理性。曹锦清认为："有人说中国古代是'人治'，这绝对是胡说，是无知加恶意。有人认为中国古代制度是'专制'，事实上是对郡县制当中的核

---

① 《春秋公羊传·鲁隐公元年》。
② 《辞海》释曰："大犹言重视，尊重；一统，指天下诸侯统一于周天子，后世因称统治全国为大一统。"《辞海》，上海辞书出版社 1999 年版，第 1435 页。
③ 《史记·秦始皇本纪》。
④ 萧公权：《中国政治思想史》，新星出版社 2005 年版，第 173 页。
⑤ "中国是一个专制的国家，它的原则是恐怖。在最初的那些朝代，疆域没有这么辽阔，政府的专制的精神也许稍为差些。但是，今天的情况却正相反。"孟德斯鸠：《论法的精神》上册，张雁深译，商务印书馆 1995 年版，第 129 页。

心要义——'事在四方，要在中央'——的中央集权制度的一种污蔑。这个污蔑在近代由来已久。"① 在大一统政治的土壤上，法律制度也必须以道的本质"一"为范式来进行建设，才能与政治体制同气连枝、配合默契，发挥出更好的治理效能。

（一）"法权出一"是道法的创设机制

符合道的法制该如何设计、创制呢？老子说："侯王得一以为天下正。"② "正"是道家称呼政令法律的惯常用语。侯王按照"一"的自然之道为人间订立法制；或者说法律制度只能从君主这一条路径产生，这应该是后世"法权出一"的滥觞。习见以为，"法权出一"就是法自君出、权大于法。梁启超说"立法权专属于君主"③。著名历史学家刘泽华认为："君是法的主人，法是君的专利"，"君主言出法随，赏戮由心"。④ 著名法律史学家张晋藩认为："他（指皇帝）是国家机器运行的枢纽，是人政方针的决策者，法律也自君出，号为'钦定。'"⑤ 从表面看，这些说法似无不妥，实则多少有些误解。

历代法制皆以"律"为核心进行创制，并辅以其他较为灵活的法律形式，两汉有律令科比，隋唐有律令格式，明清有律例合编。正如《汉书·刑法志》所说，"文书盈于几阁，典者不能遍睹"，如此成千

---

① 曹锦清等：《郡县制传统与当代中国治理》，《华东理工大学学报（社会科学版）》2017 年第 5 期。笔者按：即便依孟德斯鸠之论，大一统政体也并非有什么不对。他说："如果从自然性质来说，小国宜于共和政体，中等国宜于君主治理，大帝国宜于由专制君主治理"；又说："一个广大帝国的统治者必须握有专制的权力。君主的决定必须迅速，这样才能弥补这些决定所要送达的地区的遥远距离。必须使遥远的总督或官吏有所恐惧，以防止他们的怠忽。法律必须出自单独的个人，又必须按照所发生的偶然事件，不断地变更。国家越大，偶然事件便越多。"参见孟德斯鸠：《论法的精神》上册，张雁深译，商务印书馆 1995 年版，第 126 页。
② 《道德经》第三十九章。
③ 梁启超：《论立法权·论立法权之所属》，《饮冰室合集》第一册，中华书局 1989 年版，第 107 页。
④ 刘泽华：《中国的王权主义》，上海人民出版社 2000 年版，第 3、23 页。
⑤ 张晋藩：《论中国古代法律的传统》，《南京大学法律评论》1994 年秋季号，第 179 页。

上万的律令条文，单凭皇帝一己之力是无论如何也写不出来的。比如三国曹魏的法律制度，是陈群、刘邵、韩逊、庾嶷、黄休、荀诜等人，在"删约旧科，傍采汉律"的基础上搞出来的，有《新律》18 篇，《州郡令》45 篇，还有《尚书官令》《军中令》等，总共 180 余篇，并非魏明帝的作品；又如，至今尚能见到原文的《唐律疏议》（时称《永徽律疏》），也是永徽元年（650 年）正月，唐高宗命长孙无忌、李绩、于志宁等人修订的，共 12 篇 500 条（或说 502 条），亦不是唐高宗所作。诚然，历史上也偶有皇帝亲自参与立法，但绝大多数皇帝并不直接参与律典编纂工作，对其体例、结构以及条文设计等，更不可能有具体的贡献，只是最后都得以他们的名义颁布施行。可见"法权出一"或法之君出的说法，不过是徒有其名罢了。之所以秦汉以来一直都这么说，自有其深意在焉：

一是强调最高权力对立法的掌控。法律乃国之重器，不是谁想立就立的，所以必须坚持君权对立法权的把控，才能符合"道生一"的自然法则。但这种把控并不是皇帝一人独享，因为从精力、能力上一个人都无法做到这一点，而是在制定法律的过程中必须有他的身影。古代法典的编纂过程大体是这样：先由皇帝或大臣提出立法建议，再以皇帝诏令的形式确定一个由多人组成的修律班子，再由修律班子起草法典，最后上奏皇帝下诏颁行。谨以隋朝制定《开皇律》为例来作实证考察，公元 581 年，杨坚建立隋朝，开国之初，自然要订立新法，"乃诏尚书左仆射、勃海公高颎，上柱国、沛公郑译，上柱国、清河郡公杨素，大理前少卿、平源县公常明，刑部侍郎、保城县公韩濬，比部侍郎李谔，兼考功侍郎柳雄亮等，更定新律"。据考证，当时参与修律的共有 14 人[1]，到当年 10 月法典修成，再以隋文帝之名颁诏施行：

---

[1] 参见杨鹤皋：《魏晋隋唐法律思想研究》，北京大学出版社 1995 年版，第 186 页；韩昇：《隋文帝传》，人民出版社 1998 年版，第 129 页及注文。

"宜班诸海内,为时轨范"①。

由上例可见,古代法典编纂也不是随心所欲,而有相对固定的程序。有学者指出:"即使在君主言出法随的专制国家,立法也并非没有程序。专制国家制定、编纂成文法典时,通常总是由君主发出制定和编纂法典的指令,再由君主指定若干人去具体地制定和编纂法典,最后由君主审定和公布。这个过程也就是完成立法程序的过程。"② 在这个程序中,皇帝的出镜率很高,但一般不会亲自动手去修订法律;具体的调研、起草、撰写事务,则由修律大臣这一群体去实施。由此形成的法典,自非个人意志的体现,而是集体智慧的结晶。正如先秦法家所设想的那样:"律令者,君臣之所共立也。"③ 所以"法权出一"并非真正的法自君出,而只是体现了最高统治者对立法工作的重视。用今天的话讲,就是集中统一领导。

二是强调法律制度的权威性。法律必须有权威,才能有效发挥其治国理民的功能;如何才能有权威,就必须顺应"一则治,两则乱"④的自然之道。所以古人倡言法权出一,更多的是要展示其象征意义:"一",即法律只能从一个渠道产生。因为那时的君权无疑是最高权威,故法权需要借助君权的威势来做后盾。受"君权神授"思想的熏陶,在民众看来,"唯天子受命于天,天下受命于天子,一国则受命于君。君命顺,则民有顺命;君命逆,则民有逆命;故曰:一人有庆,兆民赖之"⑤。天子的权力是天命的安排,天下之人自然应当服从他的领导,且普罗大众的命运与君主命运休戚相关,君主顺应天命,大家都有好日子过;若是其逆天命而行,人人都跟着遭殃。正如亚里士多德所说:

---

① 《隋书·刑法志》。
② 张文显主编:《法理学》,高等教育出版社、北京大学出版社 2007 年版,第 225 页以下。
③ 《管子·七臣七主》。
④ 《吕氏春秋·执一》:"天下必有天子,所以一之也;天子必执一,所以抟之也。一则治,两则乱。今御骊马者,使四人,人操一策,则不可以出于门闾者,不一也。"
⑤ 《春秋繁露·为人者天》。

"一种政体如果要达到长治久安的目的，必须使全邦各部分（各阶级）的人民都能参加而怀抱着让它存在和延续的意愿。"① 这样的观念浸透人心之后，民众对统治者的权威便视为理所当然。

商鞅曰："凡治国者，患民之散而不可抟也，是以圣人作壹，抟之也。"② 治国之道就在于通过"壹"的办法树立起权威，才能将分散之民团结在一起。当法律制度通过君王的金口玉言颁行天下，就保证了产生渠道的唯一性，也就自然而然获得了毋庸置疑的权威，"威势独在于君，则群臣敬畏；法正独出于君，则天下听服"③。人们就会自动服膺于这套法律制度的调控。慎到说："故有道之国，法立则私议不行。"④ 法律一旦颁布，必须照章执行，连私下的非议都是不允许的。尤其"生法者，君也"，"君者，出令者也"这样的观念深入民心之后，中国人习惯将国家法律称作"王法"，人们对法律的权威性更是深信不疑。

（二）司法行政合一是道法的运行机制

在大一统的政治格局中，法律运行亦仿照"道法执一"的特征，采司法行政合一体制。⑤ 朝堂之上，皇帝既是最大的行政长官，也是最高司法长官。汉代左丞相陈平回答汉文帝的问话时说："陛下即问决狱，责廷尉；问钱谷，责治粟内史。"⑥ 这说明皇帝既要过问司法狱讼业务，又要掌管经济财政事务。故《唐律疏议·名例》篇中说："非常之断，人主专之。"

地方政府的长官则是皇帝形象在一郡一县的缩影，司法权与行政

---

① 亚里士多德：《政治学》，吴寿彭译，商务印书馆 2009 年版，第 89 页。
② 石磊译注：《商君书》，中华书局 2009 年版，第 36 页。
③ 《管子·明法解》。
④ 《慎子·佚文》。
⑤ 笔者按：中国古代司法与执法的概念可以互通，二者并无区别，不似今日将行政机关执行法律称作"执法"，法院、检察院施行法律称作"司法"，彼此泾渭分明。
⑥ 《史记·陈丞相世家》。

权同样是合而为一的。汉代的郡守、县令，在刑事案件的处理上，甚至掌握着生杀予夺的权力，"守令杀人，不待奏报"①。随着时间的推移，地方政府的司法权逐渐规范，形成审判管辖制度。比如唐代刑罚分笞、杖、徒、流、死五种，孙星衍说："徒罪断于州，杖罪断于县。"县级政府有权审断需要判处笞、杖刑罚的案件，徒以上案件要上报州进行复审；州级政府有权审断徒刑案件，流刑、死刑案件要上报中央刑部复核。②《唐六典》卷三十载："京畿及天下诸县令之职，皆掌导扬风化，抚慰黎氓……审察冤屈，躬亲狱讼。"可见，从事司法审判工作既是地方官员的权力，也是他们的义务。

司法行政合一，比之分权体制，自有其弊端。由于权力太过集中，容易滋生腐败和长官任性；但也不能以瑕掩瑜地漠视这种体制的优点。明代陈邦瞻著《宋史纪事本末》，评价宋太祖加强中央集权时说，"朝廷一纸下郡县，如身使臂，如臂使指，无有留难，而天下之势一矣"③。这种权力网络的设置，有如身体指挥手臂、手臂指挥手指一样，中间没有任何阻碍，既统一有序，又灵活高效。钱穆说："任何一制度，绝不会绝对有利而无弊，也不会绝对有弊而无利。"④诚非虚言！

二、道法是"有道之法"：以民本主义为旨归

"道法"思维就像双节棍，一端用以维护君主体制，为大一统之治服务；一端用以维护民众权利，乃学界常言的"民本主义"。"民本"思想肇始于《尚书·五子之歌》："民惟邦本，本固邦宁。"其内涵丰

---

① 赵翼：《陔余丛考》。
② 《唐律·名例》校刊注。刑部复核无误，流刑再送中书省、门下省详复后执行，死刑奏报皇帝御准后执行；如复核认为有误，流刑发回原州县重审，死刑转由大理寺重审。
③ 陈邦瞻：《宋史纪事本末》，中华书局 1977 年版，第 10—12 页。
④ 钱穆：《中国历代政治得失》，生活·读书·新知三联书店 2001 年版，第 2 页。

富，相关解读也是百家异词，有养民、保民、富民、教民、重民、贵民、安民、恤民、爱民等说法，尤其是今世学者往往刻意凸显"民本"与"民主"的区别，认为"民本"是一个道德概念，核心在"爱民利民"，"民主"是西方传来的政治概念，核心是"主权在民"，二者有着本质不同。[①] 似乎只要是别人家的，都比自己家的好多了一般。但无论如何，民本的核心就是强调民众为国家之根本，只有维护好这一根本，才能保证国家的安宁。正如王国维所说："国以民为本，中外一也。"[②]

道法之"道"显得高妙玄远，难以把握；然一旦与民本结合起来，就变得世俗可感。《道德经》第二十五章说："故道大，天大，地大，王亦大。域中有四大，而王居其一焉。""王"是人间的代表。寰宇之内，除了道、天、地外，人是最重要的，所以国人常常以民心的得失来衡量"有道"或"无道"。法律制度必须关注民众的情理和权利，才称得上"有道之法"。因而制定法律要考虑人的常情常理，才符合道的价值。《淮南子·泰族训》说："先王之制法也，因民之所好而为之节文者也。……因其性则天下从，拂其性则法县（通'悬'）而不用。"人间立法必须照顾基本的人性情理，这样的法律制度才能得到民众的遵守。那种无视人间性情的法制，则是无道之法，无异于摆设，只能悬而不用。

（一）法律应裨助民众的生活需求得到满足

孔子来到卫国，发现当地人口很多。弟子冉有问他：人口众多之后，该怎么办？孔子回答："富之。"冉有又问：民众富裕之后，又该怎么办？孔子答："教之。"[③] 富足的物质生活和健康的文化教育是民众

---

① 参见梁涛：《清华简〈厚父〉与中国古代"民主"说》，《哲学研究》2018年第11期；黎莹婧：《试探荀子的"民本君主"思想》，《文化学刊》2019年第9期；彭华：《民惟邦本，本固邦宁——儒家民本思想述论》，《武汉科技大学学报（社会科学版）》2017年第4期。

② 《王国维全集》第十四卷，浙江教育出版社、广东教育出版社2010年版，第213页。

③ 《论语·子路》。

的需求，国家治理若以此为本就能够强盛。荀子在此基础上进一步丰富他的"道法"论："王者之法，等赋、政事、财万物，所以养万民也。"① 真正的良法应该在赋税、政事、物用等制度上加以完善，才能达到养万民的目的。这种理论设计在此后的政治法律生活中得到了反复的运用。

汉朝初年，经济凋敝、物质奇缺，老百姓吃不上饭，只好"就食蜀汉"，到四川、汉中一带去讨口；当官的日子也不好过，"自天子不能具钧驷，将相或乘牛车"，文臣武将只能坐牛车上班②。在这种情况下，国家推行"轻徭薄赋"的经济法制政策，高祖刘邦时"十伍而税一"；文帝继而下调至"三十而税一"，且一度废除了《田租税律》，免除了百姓的田租赋税；景帝之时，复行"三十而税一"，并以此为定制。有了这些优惠的财税政策，民众乐于从事农业生产，经济逐渐恢复，最后出现"文景之治"的繁荣局面。仅以粟米的价格就能看到前后变化之大，汉初一石米的价格高达五千钱，到文帝初年，粟的价格每石才数十钱，最低时甚至十余钱就能买到。唐朝初年，奉行"国以人为本，人以衣食为本"③的国策，推行均田制和租庸调制，不同阶层民众都能分到一定数量的田产，对国家承担的租税和劳役义务相对较轻，大大刺激了生产积极性，打造出"贞观之治"和"开元之治"的盛世。

纵观历史实践，大凡能做到以民为本的时代，往往能造就盛世太平局面。当然，历史上也曾有黑暗时代，尤其是在一个王朝末期，施政执法常常背离这一理论，横征暴敛，民不聊生，最后导致政权覆亡，更从反面证明传统"道法"不能偏离民本这一价值指向。

---

① 见《荀子》之《强国》《王制》等篇。
② 《汉书·食货志》。
③ 《贞观政要·务农》。

（二）法律应保障民众的自然权利不受侵犯

道法是依照"道"而创设的法律，道的规律又表现为"天网恢恢，疏而不漏"。传统法律采用的是义务本位，"中国法律一切基于义务观念而立，不基于权利观念"[①]。所以要走立法宽疏的路子，条款设计不宜过细过密，以保证民众自然权利不会受到过多的侵犯，这在前面"道法自然与法网宽疏"的章节已有述及。此外欲保障民权，法律还必须对君主和官僚集团的权力有所限制。

有的学者认为，秦汉以至明清的法律实践多是权大于法，"皇帝的特权凌驾于一切法律之上"[②]。在特殊历史时期，这种现象确实是在所难免，但不足以概括整个帝制时代法律的特征。譬如汉文帝舆马受惊，意欲重罚犯跸惊驾之人。廷尉张释之审判后提出处以罚金的意见，文帝不同意。张释之说："法者天子所与天下公共也。今法如此而更重之，是法不信于民也。"文帝听后表态说："廷尉当是也。"[③] 在这个问题上，隋文帝杨坚也有类似表现，他的三子杨俊，封秦王，任并州总管。杨俊在任上大兴土木，又"出钱求息，民吏苦之"。文帝闻讯后罢其官职，大臣杨素劝他对自己儿子处罚不必如此严厉，隋文帝回答："法不可违若如公意，吾是王儿之父，非兆人之父，何不别制天子儿律乎？"[④] 在历代盛世明君统治时期，"法与天下共""法不可违"的观念还是得到了较好的贯彻，关心民间疾苦的父母官情结也成为官僚集团的共识。以民本主义为追求，确保法律的制定、运行不侵犯民众权利，这正是有的王朝政权往往能够维系数百年统治的原因之一。

[①] 梁漱溟：《中国文化要义》，上海人民出版社2005年版，第74页。
[②] 韦庆远主编：《中国政治制度史》，中国人民大学出版社1989年版，第26页。
[③] 《汉书·张释之传》。
[④] 《隋书·杨俊传》。

三、"道法"思维的当代启示

习近平总书记指出:"我国今天的国家治理体系,是在我国历史传承、文化传统、经济社会发展的基础上长期发展、渐进改进、内生性演化的结果。"[①] 细心体会可知,中国法律史上,将和合思维运用于法制建设上而形成的"道法"思维,在某些方面与今日中国之治有着相同的文化基因。认真梳理其运行规律,总结其成功经验,是推进国家治理体系和治理能力现代化的重要历史遗产。

首先,道法作为"大一统之法",与当下倡导的"坚持全国一盘棋"的治理优势有着文化上的遗传性。钱穆说:"中国文化演进,别有其自身之途辙……而早走上和平的大一统之境界。"[②] 中国由秦汉以降直至今天,大一统积淀成为中华民族牢不可破的文化心理,成为国家统一、社会稳定的坚强思想基石。而文化就像空气,即便你意识不到它的存在,它也始终围绕着你。荀子曾经为大一统之治的效果做了这样的描述:"和则一,一则多力,多力则强,强则胜物。"[③] 这种治理模式能将多方面力量集中起来,达到强大的目的,进而战胜困难,其与我国当今"调动各方面积极性,集中力量办大事"的国家制度和治理体系,无疑有神韵相似之处。在2020年防控新冠肺炎重大疫情的实践中,全国支援武汉,各地真抓落实,快速获得全面成功,且有余力对口支援其他国家的疫情防控,一统之治的合理性与高效率更是不言自明。而且,以道论法的思路,还可以从宇宙生成论和本体论的高度,为当前构建人类命运共同体的倡议提供哲理支撑。

其次,道法作为"法权出一"的合道之法,强调最高权力把控立

[①] 习近平:《完善和发展中国特色社会主义制度　推进国家治理体系和治理能力现代化》,《人民日报》2014年2月18日。

[②] 钱穆:《国史大纲》,商务印书馆1994年版,第20页。

[③] 《荀子·王制》。

法权的思路,与当今法治建设首重政治方向的部署有着文化上的继承性。"独特的文化传统,独特的历史命运,独特的基本国情,注定了我们必然要走适合自己特点的发展道路。"[1]党的十八届四中全会《关于全面推进依法治国若干重大问题的决定》中指出,全面推进依法治国需要遵循的第一个原则就是坚持党的领导,这和历史上提倡"执道生法""道法执一"的思想主张,在一定程度上,亦有旨趣相通之途,为确保法律制度始终沿着正确的方向发展起到了领航指路的重要作用,是解决当前和今后很长一段时间"中国法律向何处去"的关键所在。

最后,道法作为体现民本主义的有道之法,与当前"坚持人民当家作主"的治理优势有着文化上的一贯性。郑板桥诗云:"衙斋卧听萧萧竹,疑是民间疾苦声。些小吾曹州县吏,一枝一叶总关情。"传统的"道法之治",不但为我们祖先的田园生活带去一缕缕阳光,也为今天的中国之治提供思想营养。在法治建设上做到古为今用,"努力实现传统文化的创造性转化、创新性发展,使之与现实文化相融相通"[2],是时代赋予的使命。党的十八届四中全会指出,坚持全面依法治国须遵循的第二个原则就是"坚持人民主体地位",中国特色社会主义法治建设的目的就是"为了人民、依靠人民、造福人民、保护人民",这和数千年"富民""教民"的主张可谓一脉相承;尤其是十九大以来,大力倡导执政司法要"永远把人民对美好生活的向往作为奋斗目标","努力让人民群众在每一个司法案件中感受到公平正义",其与传统的"有道之法"既是薪火相传,更能继往开来。

---

[1] 习近平:《胸怀大局把握大势着眼大事 努力把宣传思想工作做得更好》,《人民日报》2013年8月21日。

[2] 习近平:《在纪念孔子诞辰2565周年国际学术研讨会上的讲话》,《人民日报》2014年9月25日。

第二节 "礼法"思维与中国之治

"礼法"的概念，最能反映传统中国对待法律与道德的态度，为战国末期思想家荀子首倡，西汉董仲舒在此基础上进一步提出"礼法并用""德主刑辅"。《说文》曰："法，刑也"，《释诂》曰："刑，常也，法也"，"法"与"刑"可以互释；礼在三代是法律与道德的混合体，春秋战国以后蜕变为没有强制力的道德，故"德"与"礼"亦可互训。中国人视道为最高权威，处理任何问题往往都会从道的角度出发去进行考虑。《道德经》第四十二章曰："道生一，一生二"，"一"是本体，"二"是阴阳和合的运动规律。当人们运用和合理念来处理法律与道德的关系时，遂有了独特的礼法思维，认为二者之间不可片面、孤立地看待，既要承认各自的不同，又要注重彼此的联系。甚至连18世纪法国启蒙思想家伏尔泰也注意到这一独特的法文化现象，他说："中国人最深刻了解、最精心培育、最致力完善的东西是道德和法律。"[1] 本书第三章专论"礼法"传统的历史嬗变，此处则主要观察其作为一种法律思维是如何展开的，对今日法治建设与国家治理又有何启迪。

一、"非礼，是无法也"[2]：礼为法提供指导

不符合礼义道德的法，不能称之为法。因而"合不合乎礼"是法律创制时需要考虑的前提，实践中必须坚持"纳礼入律"的原则，即将礼的精神、原则乃至条文引入到律令典章之中。换言之，法律制度的立改废释皆须以礼作为指导。

---

[1] 伏尔泰:《风俗论》(上)，梁守锵译，商务印书馆2008年版，第249页。
[2] 《荀子·修身》。

（一）以礼订立新法

即礼的内容直接转化为法律原则或律令条文。春秋战国期间，当礼与"法"或"律"分离开来之后，便不再具备强制执行力而沦为道德。从汉代开始，礼的一些内容逐渐进入律令制度。陈寅恪曾说："汉承秦业，其官制法律亦袭用前朝。遗传至晋以后，法律与礼经并称，儒家《周官》之学说悉采入法典。"[①]《周官》又称《周礼》，比如其中有丧服之制：由自己起算，上至高祖、下迄玄孙的"九族"范围内，如有人去世，其他人须穿丧服去吊孝。有五种丧服，分别为：斩衰、齐衰、大功、小功、缌麻，根据自己和死者关系的不同，来决定穿什么样的丧服，俗称"五服"。从法律角度观之，"五服"所反映的是"九族"的亲属范围，故西晋制定《泰始律》时将其引入，确立了"准五服以制罪"的法律原则：在此范围内的犯罪，不能等同于"凡人"之间的犯罪。如果是杀伤性犯罪，关系越近处刑越重；如果是财产刑犯罪，关系越近处刑越轻，这一原则直到清朝都承袭无改。

又比如婚礼中"休妻"，有"七出三不去"的礼俗。《大戴礼记·本命》记载"七出"为：不顺父母、无子、淫、妒、口多言、有恶疾、盗窃；"三不去"为"有所取无所归，不去；与更三年丧，不去；前贫贱后富贵，不去"。到唐朝制定《永徽律疏》时，这些礼俗就被直接写进《户婚律》中，成为法律条文，只是其中的顺序略有调整而已："七出者，依令：'一无子，二淫佚，三不事舅姑，四口舌，五盗窃，六妒忌，七恶疾。'……三不去者，谓：一，经持舅姑之丧；二，娶时贱后贵；三，有所受无所归。"如果妻子没有"七出"中的情形而强行休妻的，丈夫判一年半徒刑；如果妻子有"七出"中的某种情形但符合"三不去"的条件而休妻的，丈夫判杖一百的刑罚，而且要强

[①] 陈寅恪：《审查报告三》，载冯友兰：《中国哲学史》下册，华东师范大学出版社2000年版，第440页。

制复婚。①

（二）以礼废改旧法

即用礼来衡量既有法律的优劣，若属良法，则予以继承发扬；若系恶法，则予以废止或改良。秦律强制父子夫妻互相告发，汉承秦制，早期亦有"重首匿之科"的单行法，严禁亲属之间彼此包庇犯罪。《礼记·中庸》曰："人者仁也，亲亲为大。"父子夫妻本应相亲相爱，法律却要强迫他们相互告发，这便失去了应有的道德基础。汉宣帝地节四年（前66年）遂以礼为据下诏进行修改："父子之亲，夫妇之道，天性也。虽有患祸，犹蒙死而存之。诚爱结于心，仁厚之至也，岂能违之哉！自今子首匿父母，妻匿夫，孙匿大父母，皆勿坐。其父母匿子，夫匿妻，大父母匿孙，罪殊死，皆上请廷尉以闻。"②据此，三代以内的直系亲属相互包庇对方罪行，不追究法律责任；即便有特殊情节需要追究，当事人可以享受"上请"的法律特权。这一刑法原则到唐朝发展为"同居相为隐"，直到民国之《刑事诉讼法》仍有沿用。

又比如，秦自商鞅变法开始，推行"异子之科"，成年儿子必须与父母分家析产，否则加倍征收赋税，这与"父母存……不有私财"之礼完全背道而驰③。据张家山汉简《二年律令·户律》可知，汉初仍沿袭秦朝的分户之令。汉武帝"罢黜百家，独尊儒术"之后，受儒家思想影响，同财共居的风气得以流行，出现三世同堂、四世同堂的大家庭，但是否有明确废除异子之科的立法，尚未见到确凿的史料记载。至曹魏明帝时下诏："除异子之科，使父子无异财也。"④此后立法不断细化，发展到隋唐，律典中遂有禁止"别籍异财"的明确规定。

---

① 《唐律疏议·户婚》"妻无七出而出之"条。
② 《汉书》卷八《宣帝纪》。
③ 《礼记·曲礼上》。
④ 《晋书·刑法志》。

（三）以礼解释法律

依据礼的精神、原则以及具体的礼文来解释法律，史称"引经注律"；所形成的成果，称作"律章句"或"律令章句"，可以作为司法审判的依据。引经注律始自西汉宣帝，到东汉时期尤盛。[①] "后人生意，各为章句。叔孙宣、郭令卿、马融、郑玄诸儒章句十有余家，家数十万言。凡断罪所当由用者，合二万六千二百七十二条，七百七十三万二千二百余言"，为律令作章句的儒学大家有十几位，可以用来审判断罪的注释条文竟有二万多条。注释律令，必须坚持的基本原则就是"与礼相应"。[②] 及至曹魏，由于注释律令的条文太多，"言数益繁，览者益难"，魏明帝下诏："但用郑氏章句，不得杂用余家。"只有郑玄所作的律令注释可以用于司法审判，其他家的解释不能再用。到263年，司马昭任晋王时，下令废止律章句在司法实践中的运用。

此后，虽然依礼义所作的学理解释不再有效，只能引用律令条文作为裁判依据；但审断案件时的说理部分，古谓之"断由"[③]，仍然要坚持"以礼率律"的原则，引用礼义道德来进行分析。[④] 五代后晋时，张希崇主政邠州，境内有郭氏夫妇收养一义子。义子长大成人后，"因乖戾不受训，遣之"。老两口去世时，亲生儿子已经长大。郭氏宗亲有人唆使义子诉至官府争遗产，并帮他做伪证，证明他也是郭氏夫妇的亲生子。张希崇查明案情，做出判决："父在已离，母死不至。虽云假子，辜二十年养育之恩；傥是亲儿，犯三千条悖逆之罪。甚为伤害名教，岂敢理认田园！其生涯尽付嫡子。"其中的说理就是以孝道伦理来展开的，取得了"闻者皆服其断"的效果。

综上可知，自汉以来，礼通过法律的订立、废改、解释纷纷融入

---

① 参见龙大轩：《汉代律家与律章句考》，社会科学文献出版社2009年版，第3—9页。
② 《后汉书·陈宠传》。
③ 《宋会要辑稿·刑法三·诉讼》中称："官司须具情与法，叙述定夺因依，谓之断由。"
④ 郑克：《折狱龟鉴·张希崇判财》。

律令条例之中，至"唐撰律令，一准乎礼以为出入"①，诸如八议、十恶、服制定罪、存留养亲、上请、官当等原则、制度，无一不是礼与法融合的结果。为了防止实践中礼与法可能出现无法对接的例外，唐律甚至在《杂律》篇专门设计一个口袋罪名："诸不应得为而为之"，重者杖八十，轻者笞四十，对那些"律令无条，理不可为"的行为，统统依礼义纳入法律打击范围。

二、"明刑以弼教"：法为礼提供保障

如果说法律没有道德的指引就会走偏，那么，道德没有法律的保障就会走空。实践中法官如何用法律去维护礼义？《隋书·刑法志》云："礼义以为纲纪，养化以为本，明刑以为助。"《明史·刑法志》云："明刑所以弼教，凡与五伦相涉者宜屈法以伸情。"传统法律既然是以礼为指导而创制的，应该在最大程度上体现了礼的要求，一个行为，只要违反了律令规定，也自然会违反礼义道德，依照律令进行惩治，自然就达到了维护礼义的目的。但"理想很丰满，现实很骨感"，在纷繁复杂的法律生活中，难免会出现礼与法相冲突的现象。面对如此疑难问题，传统礼法必须有系统的应对思路而非零星的解决办法，才称得上是一套有效的运行机制。西方法学家庞德（Roscoe Pound, 1870—1964）说："法律必须稳定，但又不能静止不变。……社会生活环境的不断变化，则要求法律根据其他社会利益的压力和危及安全的新形式不断作出新的调整。"②中国古人正是用礼这种"社会利益"来进行调整的，在司法活动中，既要注重依律令定罪量刑，更要强调以礼义决定取舍，这不仅对妥善处理个案意义非凡，对在全社会树立道

---

① 《明史》卷九十三《刑法一》。
② 罗斯柯·庞德：《法律史解释》，曹玉堂、杨知译，邓正来校，华夏出版社1989年版，第1页。

德的权威更是至关重要。

（一）对"合礼违法"的案件，以减免罪刑为原则

一个人的行为只要符合礼义道德，即便违反了法律规定，也不会予以追究，或者在追究时减免其法律责任。汉代以后的礼法社会，司法行为便不能像秦朝专任刑法那样"刻薄少恩"，对违反法律规定但符合道德要求的行为，往往要依照礼义的精神原则进行解读，最后做出有利于当事人的裁判。《太平御览》记载一个案例，汉武帝时，一女子因丈夫死于海难而守寡，后来她母亲做主将其改嫁。依照汉律："夫死未葬，法无许嫁。以私为人妻，当弃市。"事实是该女之夫葬身鱼腹没法下葬，且该女确实已改嫁他人，明显违反当时律令规定的条款。机械依照律令将她拉去市场上砍头，完全符合依法办事的原则，但如此司法太不近情理。对此，董仲舒便引用儒家礼义来加以变通，依礼："妇人无专制恣擅之行，听从为顺"。该女为"尊者所嫁"，只有顺从的份儿，岂有反抗之理？其行为不构成私为人妻罪，"不当坐"。[①]这样的判决，既可以使结果符合民众的基本情理，又可以让子女顺从于父母的孝道伦理得到推崇。

古代复仇案件大都属于"合礼违法"的类型，对复仇行为的当事人，法官常常会秉承"出罪"原则进行处理，即使不能免除罪责，也会减轻刑罚。唐宪宗时期，梁悦的父亲被秦果所杀。梁悦杀了秦果之后，到县衙自首。案子最后上报朝廷，皇帝敕令："复仇杀人，固有彝典。……特从减死之法。宜决一百，配流循州（今广东河源市龙川县）。"时任职方员外郎的韩愈献议曰："复仇，据礼经则义不同天，征法令则杀人者死。……盖以为不许复仇，则伤孝子之心，而乖先王之训；许复仇，则人将倚法专杀，无以禁止其端矣。"建议对复仇案件统

---

① 《太平御览》卷六百四十《刑法部六》。

一上报，由皇帝下达尚书省集体讨论，根据具体情况做出处决，"则经律无失其指矣"。①

明清之际，李复新的父亲李际春被强盗贾成伦所杀。李复新告官，贾成伦被依法判处死刑。顺治初年，正好遇到大赦，贾成伦被免除死刑，改处徒刑执行。狱吏押送贾成伦去监狱，李复新埋伏于道旁，举大石砸之，一击毙命，然后主动到县衙自首。县官为其孝行感动，不愿追究其罪，上报府衙。府衙认为对李复新"当用杀人律坐罪"，结果县里一位老吏给府衙写信说："礼言父母之仇，不共戴天。……成伦且欲原贷，复新不免极刑。平允之论，似不如是。"建议以"无罪"结案。府衙采纳其议，免除了李复新刑罚，赐予"孝烈"牌匾，作为宣传孝道的榜样。②

（二）对"合法违礼"的案件，以从严惩处为原则

一个人的行为即便符合法律规定，但违反了道德要求，也要受到追究。在"《春秋》决狱"时代，可以直接引用礼义对其进行惩罚；唐代以后，则可以引用礼义对案件进行解释，通过比附类推的方法援引相关律令条例予以惩罚。

在儒家看来，指证近亲属犯罪的行为即属"合法违礼"的类型。自汉宣帝确定"亲亲得相首匿"原则以降，亲属间彼此包庇对方罪行的做法便流行开来，逐渐积淀成为一种风气。但该原则只是规定父子、夫妇、祖孙之间彼此包庇不予追究，没有规定相互指证反倒要治罪。用今天的法律术语讲，包庇亲属罪行是法律赋予的权利，而不是义务。人们可以选择包庇，也可以选择不包庇。该法令之所以名曰"得相首匿"，正如韩树峰所见："'得'字表明，这种隐匿仍只表示可以隐匿、

---

① 《旧唐书·刑法志》。
② 《清史稿》卷四百九十八，列传二百八十五。

能够隐匿，而不是必须隐匿。"①选择包庇亲属的，不会受到法律制裁；选择指证亲属的，也不会违背法律的强制性规定，但会遭到道德谴责。汉成帝时，丞相王商"与父傅（婢女）通，及女弟淫乱"，其子王俊准备上书告发。王俊妻子是左将军史丹之女，偷偷将告书交给父亲看。史丹"为人足知，恺弟爱人"，看了告书，对女婿王俊的举止十分厌恶，"为女求去"，竟然要求王家休弃自己的女儿。②可见当时的社会观念对子告父母等违反伦常的行为是非常鄙视的。

后来，这种"合法违礼"的行为就不仅仅是遭至道德谴责，还要受到法律惩治。南梁天监三年，建康女子任提女犯"诱口"（贩卖人口）罪，惜证据不能坐实。当法官向其儿子景慈讯问有无此事时，景慈回答："母实行此。"有了确凿人证，任提女被判死刑。景慈回答法官讯问，符合法定程序，此其一；所作陈述也是事实，并非捏造，此其二，行为完全合法，本不应受到追究。结果法官虞僧虬认为，景慈是害怕在法庭上不说实话，会被判五年徒刑，"忽死母之命"，竟然不顾母亲性命而据实作证，违反"子之事亲，有隐无犯；直躬证父，仲尼为非"的儒家礼义，造成"陷亲极刑，伤和损俗"的严重后果。如此道德小人，岂能轻饶了他？建议"宜加罪辟"。案件上报朝廷，皇帝下诏将景慈流放交州。③

隋唐时法典中规定了明确的罪刑法定原则，法官判案必须引用律令格式正文④，以前盛行的《春秋》决狱逐渐淡出司法领域，遇到"合法违礼"型案件，不可能径引礼义进行判决，但可以引用礼义进行说理，进而影响判决。明朝末年凌濛初编著的《初刻拍案惊奇》记载一

---

① 韩树峰：《汉魏无"亲亲相隐"之制论》，《中国古代法律文献研究》2012年第六辑，第230页。
② 《汉书》卷八十二《王商传》。
③ 《隋书·刑法志》。
④ 隋文帝曾下诏要求各级官员明习律令科条，严格依法断案，"自是诸曹决事，皆令具写律文断之"。

个案例：民人赵聪夜晚扑杀入室行窃之人，点灯一看，死者竟然是自己的父亲赵六老。原来，赵六老对赵聪从小溺爱，为他倾其所有，甚至还借了高利贷。赵聪成家后日子过得富足，却对父亲十分苛刻，父亲为还高利贷，不惜潜入儿子房屋行窃，酿成悲剧。依照明律："凡夜无故入人家者，杖八十。主家登时杀死者，勿论。"① 赵聪的行为符合法律关于格杀勿论的规定；但儿子打死生父，无论出于何种原因，都会冲击父慈子孝的伦理道德。结果县令张晋下判："杀贼可恕，不孝当诛；子有余财，而使父贫为盗，不孝明矣。竟杀之。"② 该判决先承认赵聪夜杀贼人的合法性，但迅速将笔墨转移到另一个法律问题上来：赵聪身为人子，有余财而不养老，迫使父亲走上饥寒为盗的不归路，实属大大的不孝。以不孝罪杀掉赵聪，估计没有人能提出反对意见。

人性是趋利避害的，合乎礼义的行为，即便违反法律，也能减免罪责，人们就会以礼义作为价值目标，不断地追求，以期获得更多的利好；违反道德的行为，即便合乎法律，也会受到制裁，人们就会将道德视为最低行为底线，尽量不去突破，以免遭受法律的打击。传统司法正是通过这两条路径来凸显礼义的至上性与权威性，从而使理论上的"德主刑辅"落实到日常生活中来，真正出现"德礼为政教之本，刑罚为政教之用"的礼法格局。

三、礼法思维的当代启示

孔子曰："凡听五刑之讼，必原父子之情、立君臣之义以权之，意论轻重之序、慎测浅深之量以别之，悉其聪明、正其忠爱以尽之。"③ 礼法思维让我们的祖先总是把法律与道德置于一体来建设，使之相互

---

① 《大明律·刑律·贼盗》。
② 凌濛初：《初刻拍案惊奇》第十三卷，《赵六老舐犊丧残生 张知县诛枭成铁案》。
③ 《孔子家语·刑政》。

交融、彼此助力，以期在国家和社会治理中发挥更佳的效能，这种礼法传统直到清朝末年学习西法方始解体。彼时西方盛行法律道德分离的理论，著名实证法学代表人物奥斯丁（1790—1859）认为法律和道德是两回事，甚至讽刺法律与道德混淆的倾向是产生无知和困惑的来源。[1] 西学借助坚船利炮以强势话语进入中华，清末修订新律时莫不奉之为圭臬，制定《大清新刑律》便将道德逐出法典之外，并以此作为进步的象征，从此走上法律道德分而治之的道路。

法律移植固然带来了好处，让我们的法律制度走向现代化，可以和世界接轨。然而，制度改变简单，文化适应不易。西法所蕴含的分析性思维，与礼法所潜藏的综合性思维难以对接，犹如南橘北枳，使得百余年的法制实践表现出诸多困难与尴尬。违反道德的行为，只要不违反法律就不会受到惩罚，有的人就无视道德价值，出现信仰迷失；违反法律的行为，虽然要遭到制裁却不会受到道德上的否定性评价，有的人对自己的违法犯罪之举便毫无良心自责，甚至在法律与道德之间大钻其漏洞，走上"依法缺德"[2]的道路。故有学者认为："20世纪中国的一个显著特点，就是作为传统国家治理核心的礼及所附各种伦理原则从社会生活的各个方面逐渐消退。这是一个极其引人注目的现象。其后果，是造成我们国家的政治、法律秩序几乎没有任何伦理的内涵，仅仅成了冷冰冰的条文。这种没有任何伦理内涵的制度，是没有生命力的。"[3]

如何应对这些危机，曾经甚嚣尘上的"言必称希腊"式的法学研究和法制建设是解决不了问题的。2014年10月，党的十八届四中全会

---

[1] 奥斯丁说："法律的存在是一回事，它的优缺点，是另一回事。"转引自张文显：《二十世纪西方法哲学思潮研究》，法律出版社2006年版，第85页。

[2] 龙大轩：《新时代"德法合治"方略的哲理思考》，《中国法学》2019年第1期。

[3] 成富磊：《父子之伦尊卑之义——清末修律中的沈劳之争管窥》，《兰州学刊》2013年第1期。

作出决定，要求全面推进依法治国必须坚持"依法治国和以德治国相结合"的原则；2019年10月，党的十九届四中全会的《决定》在"坚持以社会主义核心价值观引领文化建设制度"部分，又重申其意，指出"坚持依法治国和以德治国相结合，完善弘扬社会主义核心价值观的法律政策体系，把社会主义核心价值观要求融入法治建设和社会治理"。当下在法治领域所做的这一重大部署，既是传统礼法思维在新时代制度建设中的闪光，又是中华优秀法律文化的创造性转化与创新性发展，对进一步推动国家治理能力和治理体系现代化有着承前启后的作用。

第三节 "治法"思维与中国之治

"治法"的概念，集中反映了传统中国对法律制度如何进行自身建设的态度，最早由荀子提出。他说："有治人，无治法。……故法不能独立，类不能自行，得其人则存，失其人则亡。"[1] 在国家治理活动中，法律的作用固然重要，但人的因素更为重要；因为法律自己不能运行，需要人来推行。人的问题如何解决，在儒家看来，就是通过提高施政执法者的道德素养，从而将良法美意运用于实践之中，此为"礼法思维"所欲解决的重点；法的问题如何解决，则要注重法律制度的设计、构造。"治法"与近代以来的"法治"概念完全不同。[2] "治"本有研究、从事、整顿之义，所谓"治法"，其实就是重视研究法律制度怎样设计、创制、运行的技术性问题。

作为静止不变的条文，法律在通常情况下体现的是形式正义，难免在特殊情况下无法展示实质正义。中国人一贯以"天理、国法、人

---

[1] 《荀子·君道》。
[2] 参见梁启超：《梁启超法学文集》，范忠信选编，中国政法大学出版社2000年版，第100页。

情"三位一体为价值追求,法律史家蔡枢衡谓之"是法哲学上所谓理想法或自然法"[1]。怎样做到既要照顾形式正义,又能实现实质正义,达到法律效果与社会效果的有机统一,道所蕴含的"和合"思维恰好是解决这个两难问题的良方。如果说法律与政治和合的"道法",解决的是法的权威性命题;法律与道德和合的"礼法",解决的是法的合理性命题;那么法律此法与彼法和合的"治法",则可以解决法制建设的操作性命题。在治法的视域下,各种法律形式之间、不同的法律原则之间、国家法与习惯法之间,都不是彼此分离而应是"和而不同"的,如此才能产生更大功效。

一、不同法律形式之间的和合

中国传统法律体系中,"律"是最重要的法律形式。《说文解字》释曰:"律,均布也。"原意指定音笛的音孔是均匀分布的,不可随意变动;一旦变动,就会五音不全。以此转喻"律"也不可轻易变动,强调其稳定性。故秦有《秦律》,汉有《九章律》,魏有《新律》,晋有《泰始律》,唐有《律疏》,宋有《刑统》,明清有《律例》,代代承传,无有大改,"所袭者实两千年前之旧"[2],乃历朝历代最基本的法典。故《明史·刑法志》称:"律者,万世之常法。"在律之外,又辅以其他法律形式。秦朝有令、制、诏、法律答问,汉代有令、科、比,唐代有令、格、式,宋代有编敕、编例,明清有条例等。故有学者提出,中国古代的法律形式,经历了汉唐时以律、令为主体的法体系,到明清时以律、例为主体的法体系之嬗变。[3] 笔者以为,在中华和合思维指

---

[1] 参见蔡枢衡:《中国法律之批判》,正中书局1942年版,第86页。
[2] 梁启超:《中国成文法编制之沿革》,台湾中华书局1958年版,第55页。
[3] 刘笃才:"律代表着稳定的社会秩序与统治秩序,成为整个法律体系的核心部分。例居于辅助的地位,同时对于律的'不能'和'不及'加以补充,对形势的变化作出灵活的反应。"见氏文《律令法体系向律例法体系的转换》,《法学研究》2012年第6期。

引下，律与其他法律形式之间也是"和而不同"的。

（一）律与其他法律形式各自不同

学界通说以为，律与令、格、式、敕、例等各种法律形式之间，以"诸法合体，刑民不分"[①]为特征。此说虽然自有其理，但"诸法合体"的提法却有不妥。所谓"诸法"，指律与令、格、式、敕、例等各自是不同的法律文本，才称得上"诸法"。从逻辑上讲，如果说是诸法，就无所谓合体；如果说是合体，就无所谓诸法。事实上，律与其他法律形式之间是分存并立，各有不同的。

首先，律与其他法律形式的载体不同。令、格、式、敕、例等作为灵活的法律形式，原本就没有和律编纂在同一部法典之中。如《汉书·宣帝纪》地节四年注文云："天子诏所增损，不在律上者为令"；《晋书·刑法志》云："军事、田农、酤酒，……不入律，悉以为令"。可见，"令"本来就"不在律上"或"不入律"，是各自独立的。宋代的敕例也一样，故有"律恒存乎敕之外"[②]的说法。

其次，律与其他法律形式的产生时间不同。任何一个王朝成立之后，都是先制定律典。因情势变化遇到律无法解决的新情况出现，才会颁布令、科、比、格、式、敕等灵活的法律形式来应对，如秦朝本有禁止私藏图书的《挟书律》，后李斯建议又颁发《焚书令》；本有《田律》，又发《田令》[③]。汉朝因临时发布的令太多，遂有《令甲》《令乙》《令丙》的汇编。

最后，律与其他法律形式的功能不同。汉魏六朝，律与令的职能

[①] 法史学家张晋藩认为："中国古代主要法典的编纂结构形式是诸法合体、民刑不分的。"见氏文《再论中华法系的若干问题》，《法律文化研究》2014年第7辑。相关论点综介，参见杨一凡：《对中华法系的再认识——兼论"诸法合体，民刑不分"说不能成立》，载倪正茂主编：《批判与重建：中国法律史研究反拨》，法律出版社2002年版，第148—154页。

[②] 《宋史·刑法志》。

[③] 《汉书·惠帝纪》张晏注文。

分工已然明确,"律以正刑名,令以存事制"①。及至隋唐,法律形式有律、令、格、式四种,各有其调整范围,诸法之间并立共存。《唐六典》记载:"凡律以正刑定罪,令以设范立制,格以禁邪止违,式以轨物程事。"②再到明清,律与例更是各有侧重,"律为一定不易之成法,例为因时制宜之良规","律为一代之章程,例为应时之断制"。③

(二)律与其他法律形式彼此和调

传统和合思维的妙处在于,既承认事物的不同点,又注重相互的连接点。律与令、格、式、敕、例等诸法之间,虽然各属不同的法律形式,却又彼此联系、不可分离。

其一,其他法律形式通过律典获取效力。律以外的令、格、式、敕、例等,一般都只作正面规定,缺少制裁处理的方法;如有违反,则按律的规定来制裁。《新唐书·刑法》中说:"唐之刑书有四,曰:律、令、格、式。令者,尊卑贵贱之等数,国家之制度也;格者,百官有司之所常行之事也;式者,其所常守之法也。凡邦国之政必从事于此三者。其有所违,及人之为恶而入于罪戾者,一断以律。"说明怎样处理违反令、格、式的行为,在令、格、式中没有规定,而是按律的规定来处理,故谓之"一断以律"。可以想见,离开了律,令、格、式便没了威力。

其二,律典通过其他法律形式得到补充。从立法的角度考察,律典强调稳定不变,故无法统揽不断变化的社会关系,难免有"不周""不及"之处,需要另立令、科、比、格、式、敕、例以补救之。《宋史·刑法志》将律与诸法之间的关系式阐述得十分明白,"神宗以律不足以周事情,凡律所不载者,一断以敕,乃更其目曰'敕、令、

---

① 《太平御览》引杜预《律序》。
② 《唐六典》卷六。
③ 分见《大清律例·凡例》,《牧令书》卷十七《刑名上·刑名总论》。

格、式'"。言下之意，就是敕、令、格、式是对律典不周不详之处再作细化规定。运用时，律有规定的从律，律无规定的才从敕令格式，[①]如果律与敕令格式同时都有规定，则依"特别法优于普通法"[②]的原则。明清修例，亦是出于"辅律"的目的，薛允升评说："凡律有不备，必籍以例，以权其小大轻重之衡。使之纤悉比附，归于至当。"[③]

其三，律与其他法律形式皆以"刑"作为制裁手段。在传统法文化的视野中，法与刑是等义的。律以正罪定刑，自然是用刑作为后盾；律以外的诸法，虽是独立于刑法典之外的其他法律形式，但调整手段却都是刑罚。比如汉代的"科"，乃单行科罪条款，刘熙《释名》中说："科，课也，课其不如法者罪责之也。""比"为典型判例，亦是用刑罚来制裁案件当事人的。《唐律疏议·杂律》篇规定："诸违令者笞五十，别式减一等。"注文解释为"谓令有禁制而律无罪名者"，意即违令行为，一般在律中都有相对应的罪名，自可按图索骥；即使没有相对应的罪名，也要处刑。如违犯《仪制令》"行路贱避贵，来避去"之规定的，便笞打五十下。违式行为减一等处刑。如《礼部式》规定，"五品以上服紫，六品以下服朱"，谁的衣服颜色错了，免不了挨四十板子，衣服也要没收入官。又如《神龙散颁刑部格》规定："宿宵行道，男女交杂，因此聚众，并宜禁断。其邻保徒一年，里正决杖。"[④]

[①] 《庆元条法事类》卷七十三，《刑狱门·检断》："诸敕令无例者从律，律无例及例不同者从敕令。"

[②] 《宋刑统》卷三十，《断狱律·断罪引律令格式》厘定："今后凡有刑狱，宜据所犯罪名，须具引律、令、格、式，逐色有无正文，然后检详后敕，须是名目条件同，即以后敕定罪。后敕无正条，即以格文定罪。格内又无正条，即以律文定罪。"

[③] 薛允升：《读律存疑·总论》。

[④] 参见刘俊文：《敦煌吐鲁番唐代法制文书考释》，中华书局1989年版，第253页（格文），第266页（考释）。

（三）"诸法和合"的治理优势

综合观之，律与令格式敕例等诸法之间，各是不同的法律文本，又彼此关联，相辅相成。传统"诸法合体"的说法并不准确，不如谓之"诸法和合"更能反映其本质特征。这种"和而不同"的机制至少有如下两方面优势。

一是能够避免立法烦冗。鉴于秦朝繁法严刑导致早亡的教训，后世王朝在建立之初无不奉行立法简约之策，但律条太过简单又无法应对世事多变，遂与令、科、比、格、式、敕、例等其他法律形式彼此勾连，力求使惩罚犯罪的边界最大化。比如唐朝律典，正文不过502条，但通过"疏议"中征引令、格、式进行解释，使得律与诸法的关系达成有机统一，调整范围便会尽可能扩大。据学者统计，唐律中有145条律文引了令，9条律文引了格，43条律文引了式，几乎占全部律条的40%。[①] 对此，国外学者给予高度评价，称"律、令、格、式可以说是秦汉以来中国古代法律文化的精华"[②]。明清之律不过400余条，辅之以例就是为了打击"法外遗奸"[③]。

二是可以增强司法权威。丘浚在《大学衍义补》中说："违于禁即入于刑，入于刑即犯于法，犯于法则加以刑焉。"各种法律形式皆以刑罚为制裁手段，从而使古人形成"法就是刑""刑就是法"的民族心理。诸如违契不偿、违律为婚等行为，在今天看来是典型的民事违法，但在当时都会被处以笞、杖之刑。故张金鉴说："吾国向重礼治，民事以道德伦理为尚，刑事之外无民律；即诉讼本质之为民事者，亦视为失礼而入于刑；能调解则调解之，不能，则以刑罚逼之使服。"[④] 这就使

[①] 参见霍存福：《论〈唐律〉"义疏"的法律功能》，《吉林大学社会科学学报》1987年第4期。

[②] 冈野成：《日本唐律文献学上的研究》，转引自张晋藩总主编：《中国法制通史》，法律出版社1999年版，第四卷（隋唐），第157页。

[③] 《明史·刑法志》。

[④] 张金鉴：《中国法制史概要》，正中书局1973年版，第4、11页。

得民众对司法活动充满敬畏，不敢有丝毫懈怠，遇有田土户婚、钱米债账等"民间细故"，往往愿意接受调解，从而使多元化解决纠纷成为可能。

不同法律形式之间的和合，虽然能促使律与令、格、式、敕、例等相互助力，最大限度地打击犯罪；但不管何种法律形式，一旦形成文本，必然受到具体条文的限制，对条文之外危害社会的行为无法进行惩处。就算唐律发明了"诸不应得为"的口袋罪名，也只能对轻微的作奸犯科之举作笞四十到杖八十的惩罚，对严重的"法外遗奸"难以起到震慑作用。唐代孔颖达说："法之设文有限，民之犯罪无穷。为法立文，不能网罗诸罪。"[①]可谓道出了法典编纂在技术上的苦衷。要突破文字对人的限制，必须在各种法律文本内设计相应的原则，才能解决这个难题。

二、不同法律原则之间的和合

中国古代法，从本质上讲都是刑法，即便其中包含了一些民事、政事内容，也都是将其作为民事性或政事性犯罪来对待。用西方的法学理论解释，也说得通。大陆法系认为，刑法的英语是 criminal law，"criminal"的原意是"犯罪的、犯罪人"，故刑法即犯罪法，传统法制将违反诸法的种种行为都视为犯罪，当然称得上"犯罪法"。英美法系将刑法名为 penal law，"penal"意为刑罚，故刑法即刑罚法，律令格式敕例将各种违犯其规定的行为都用刑罚予以制裁，自然又可叫"刑罚法"。既然历代诸法皆为刑法，探讨不同法律原则之间的关系，实际就是考察罪刑法定与比附类推的关系。罪刑法定乃刑法之基本原则，准此则能保障严格依法办事，但对法外遗奸却无可奈何，难免形式主

---

① 孔颖达：《春秋左传正义》，北京大学出版社 2003 年版，第 1413 页。

义之害；如果设计比附类推原则，能够有效打击犯罪，但又可能滋生故意出入人罪之弊，陷入人治主义泥潭。在这二者之间如何选择，关键取决于思维方式。将和合理念运用到这一问题上，我们的祖先形成独特的法治思维，选择了既坚持罪刑法定，又实行比附类推。

罪刑法定原则早在商鞅为秦国制定秦律时已出现："守法守职之吏有不行王法者，罪死不赦，刑及三族。"① 而比附类推作为法律制度，则始出于汉高祖七年，制诏御史："自今以来，县道官狱疑者，各谳所属二千石官，二千石官以其罪名当报之。所不能决者，皆移廷尉，廷尉亦当报之。廷尉所不能决，谨具为奏，傅所当比律令以闻。"② 沈家本指出："比附律令之法实始见于此。"③ 到西晋时期，律学家刘颂对二者之间的"和合"关系进行了系统论证："法必欲奉，故令主者守文；理有穷塞，故使大臣释滞；事有时宜，故人主权断。"④ "主者守文"，即指主管官吏坚持严格的罪刑法定原则。"律法定罪，皆当以法律令正文，若无正文，依附名例断之，其正文名例所不及，皆勿论"。"大臣释滞""人主权断"则是比附类推的做法，指对正文名例所不及的疑难案件，由大臣提出处理意见，皇帝最终决定。这一理论设计，在隋唐法制中得到进一步落实。首先，罪刑法定在法典中有了明确的定位。《唐律疏议·断狱》篇规定："诸断罪须具引律、令、格、式正文，违者笞三十。"其次，比附类推在法典中也有明文规定。"诸断罪而无正条，其应出罪者，则举重以明轻。其应入罪者，则举轻以明重。"⑤《贼盗律》疏议曰："金科虽无节制，亦须比附论刑。岂为在律无条，遂使独为侥幸"，"在律无条"的疑难要案，也不能任其逍遥法外，而应逐级申报，

---

① 《商君书·赏刑》。
② 《汉书·刑法志》。比附类推作为思想家的设想，则出于先秦时期，《礼记·经解》曰："属辞比事，《春秋》教也。"《荀子·王制》云："有法者以法行，无法者以类举。"
③ 沈家本：《历代刑法考》下册，商务印书馆2011年版，第788页。
④ 《晋书·刑法志》。
⑤ 《唐律疏议》，刘俊文点校，法律出版社1999年版，第145页。

由高级官员对之"量情为罪"。宋元明清沿袭此制,直到清末法制改革,实行严格的罪刑法定主义,比附类推才被彻底禁止。

罪刑法定与比附类推这两种价值取向不同的法律原则,以"和合"的姿态共同存在于同一套法律体制之中,主要从如下两方面发挥其功能。

(一)以维护法的稳定性为前提

在律令文本内,罪刑法定与比附类推虽然是并存共生的,但绝不意味着法官可以想比附就比附,想类推就类推;正常情况下,必须严格依照律令格式敕例的条文来处理案件。西晋刘颂谓之"死生以之,不敢错思于成制之外,以差轻重"①。从传世文献可见,自唐律到清律都有相关规定,"凡(官司)断罪,皆须具引律例"②,违背者将承担"笞三十"的法律责任,这就为维护法律的稳定性提供了制度保障。从人性的角度论之,为避免遭受不必要的制裁,法官不太可能轻易去进行比附类推,给自己找麻烦,除非遇到危害性明显而法律又没有规定的案件,不予追究会产生恶劣的社会影响,而追究又缺乏明确的法律依据,才会考虑比附类推。

例如南朝刘宋时期,安陆应城县民张江陵夫妇辱骂母亲黄氏,"令死",黄氏悲愤至极,上吊自杀。"律文,子贼杀伤殴父母,枭首;骂詈,弃市",张江陵本该处弃市之刑,结果刚好遇到大赦,对其是否赦免就成了难题:依照当时的制令,"制唯有打母,遇赦犹枭首,无骂母致死值赦之科",殴打父母之罪,遇大赦不能赦免;骂詈父母之罪,能不能赦免没有规定。张江陵骂母致死,比殴打父母的行为后果还要严重,且影响恶劣,赦之则伤孝子之心,不赦又无律文依据。在这两难

---

① 《晋书·刑法志》。
② 《大清律例》卷三十七,第595页。

之间，法官启动了比附类推程序，在朝廷"大臣释滞"的环节，尚书比部郎孔渊之发表意见认为："故殴伤咒诅，法所不原，詈之致尽，则理无可宥"，对张江陵应比照"杀伤殴父母"的律文处枭首之刑，不予赦免。最后上报皇帝权断，"诏如渊之议"。①

该案例说明，比附类推不会轻易启动，且启动之后，还需经历一整套严密的程序。唐朝的程序为："诸州府有疑狱不决者，谳大理寺，若大理寺仍疑，申尚书省"②。到明清之时继续沿用，且进一步严格法官责任："凡律令该载不尽事理，若断罪无正条者，引律比附。应加应减，定拟罪名，转达刑部，议定奏闻。若辄断决，致罪有出入者，以故失论。"③主审官员遇律令无正文的案件，可以引用其他相似的律令条文进行比附，提出加重或减轻的量刑意见，以及拟定的罪名，逐级上报到中央最高审判机关——刑部；刑部议定之后，最后还得走皇帝御批的程序。

再以清代四川总督处理的一桩案件为例，来分析程序设置对约束官员随意性的作用。魏勋钊被蛇咬，李俸儿上前救助，慌乱中不慎用刀误伤其囟门致死。因律例无正文，比照"打射禽兽，不期杀伤人者，仍依弓箭杀伤人本律科断"，总督依"弓箭伤人致死"律文，提出拟判李俸儿杖一百、流三千里的意见。上报朝廷后，刑部认为李俸儿有救人之心，无故害之情，改为比照"庸医为人针刺因而致死"之律，以过失杀论，收赎。④从中可以看出，法官启动比附类推的流程之后，自

---

① 《宋书·孔季恭传附孔渊之传》。
② 仁井田陞：《唐令拾遗》，栗劲、王占通译，长春出版社1989年版，第72页。
③ 《大明律》，怀效锋点校，法律出版社1999年版，第23页。清朝的程序与明基本一致："凡律令该载不尽事理，若断罪而无正条者，（援）引（他）律比附。应加、应减，定拟罪名，（申该上司）议定奏闻。若辄断决，致罪有出入者，以故失论。"《大清律例》，郑秦、田涛点校，法律出版社1999年版，第127页。
④ 《比照案件》"戏杀误杀过失杀"条。载杨一凡、徐立志主编：《历代判例判牍》第8册，中国社会科学出版社2005年版，第531、532页。

己对案件的走向便无法把控了，究竟该引用何律何例处理，取决于刑部，这势必会抑制法官对"引律比附"的热情，至少不会积极主动地去追求。加之，对不依程序擅自进行比附，导致出入人罪的法官，要以"故失"罪追究责任，有了这样的程序性规定，法官对待比附类推的态度自然会十分审慎，从而大大降低了比附论罪对法律稳定性的冲击。

（二）以增强法的灵活性为追求

强调法的稳定性固然重要，但追求过甚，又会使其失去灵活性。蔡枢衡说："法律的目的在于维持社会秩序。为着维护法律之安定性而忘却了法律使命，法律安定了有何益？何贵有这样的安定性？"[①] 中国古代法的构造十分具体，对同类型的行为缺乏抽象概括，如唐律中的刑罚就有五个种类、二十个等级[②]，什么罪名判徒二年，什么罪名判杖八十，都有一一对应的规定。优点在于定罪量刑非常准确，不会差之毫厘；缺点在于弹性不足，一旦出现与法定罪名、刑名不能一一对应的行为，"律令无正条"的难题也就扑面而来。如果固守安定性而束手束脚，这样的问题就无法解决，正常的社会秩序也就难以维持。"法制有限，情变无穷，所犯之罪，无正律可引者，参酌比附以定之，此以有限待无穷之道也。"[③] 因而，比附类推是克服法律僵硬性的必然选择。

依笔者管见，比附和类推既有区别又有联系。先辨二者的不同。如果说比附"附"的是"文"——律文、令文以及其他各种法律形式的条文，就是将某种本来无明文规定的行为，附着在相应的条文上，根据该条文的规定做出有罪或无罪的处置，那么类推"推"的是"理"。东

[①] 蔡枢衡：《刑法学》，独立出版社1947年版，第19页。

[②] 唐律中刑罚有，死刑两等：斩、绞；流刑三等：一千里至二千里，每五百里为一等；徒刑五等：1年至3年，每半年为一等；杖刑五等：杖六十至一百，每十杖为一等；笞刑五等：笞十至五十，每十笞为一等。

[③] 《大清律例集要新编》卷四"名律下·律无正条"，载沈云龙：《近代中国史料丛刊三编》（第二十二辑），文海出版社1987年版，第561页。

汉经学家郑玄说："伦，犹类也。理，分也。"① 同类人物有相同的理，所以叫"伦理"；同类事物也有相同的理，可以依类推之，是为推理。唐律中"举轻以明重，举重以明轻"就是法律适用中的推理方法。再看二者的联系。比附离不开类推，类推也离不开比附。如果把比附和类推比喻为两个人，当"类推"这个人将某一行为向有罪的方向推，推到"比附"身上，比附就得去寻找相似的有罪条文，做有罪处理；当"类推"将某一行为向无罪的方向推，比附就得去寻找到相关的无罪条文，做出无罪处理。所以类推是比附的前提，比附是类推的结果。为了增强法的灵活性，实践中比附类推无外乎从两条途径展开。

一是进行有罪的比附类推。

当"类推"依照"举轻以明重"的原则推理：同类性质的行为，如果轻的是犯罪，那么重的自然也是犯罪；进行"比附"时，就得去寻找相似的有罪条文。正如日本学者中村茂夫所注意到的那样："比附似乎可以说是通过更大的视角捕捉事案的共同的本质部分，寻求其类似性。"② 如果相似的条文是唯一的，直接依该条文治罪。如唐朝武则天执政时期，宰相苏味道回故乡赵州栾城安葬亡父，"侵毁乡人墓田"来修筑其父陵墓，被监察御史萧至忠弹劾。唐律有"诸盗耕他人墓田者，杖一百"的条文，却无侵毁他人墓田处刑的规定，但两者之间具有类似性。依据唐律中比附类推原则，苏味道应按盗耕之罪，处杖一百。唐代"官当"制度较为完备，官员犯笞、杖之罪，可以用官职抵挡刑罚，于是苏味道被贬为坊州刺史。③

---

① 《礼记·乐记》郑玄注文。
② 中村茂夫：《比附の机能》，载氏著《清代刑法研究》，东京大学出版会1973年版，第177、178页。
③ 《旧唐书·苏味道传》。另，《大清律例》中有"比引律条"30条，皆是一对一的比附。如第三条为"发卖猪、羊肉灌水，及米麦等掺和沙土货卖者，比依客商将官盐插和沙土货卖律，杖八十"；第八条为"遗失京城门锁钥，比依遗失印信律，杖九十，徒二年半"；其他涉及婚奸盗杀、打骂诽谤，不一而足。《大清律例》，郑秦、田涛点校，法律出版社1999年版，第908—910页。

如果比附时遇有数种相似条文可供选择，则须考察行为人主观恶性的大小，恶性大的，则附重文，恶性小的，则附轻文，以达到惩恶扬善的效果。清嘉庆十八年，保正李林编查保甲，趁该县病患流行，将病故、逃亡的一百九十二户仍造入册内，在官府两次赈灾时，冒领灾银一百九十二两。依照"常人盗仓库钱粮"的律文定罪，最多判处李林徒刑；然非常时期私吞灾银、危害乡里，徒刑不足以惩其恶。于是山东臬司奏报朝廷，"应比照诈欺官私取财律，拟杖一百，流三千里"①。这和当代刑法中对贪污、挪用救灾物资从重处罚的精神是一致的。反之，对事出有因、恶性较小的案件，往往比附轻罪条款从宽处理。清乾隆三十四年广西发生一案，未婚夫卢将发现未婚妻黄凝嬋与梁亚受通奸，捉奸时将梁亚受打伤擒获，并绑送甲长处理，梁次日殒命。律例有本夫捉奸的规定，无未婚夫捉奸之条款。此案已涉及人命，只能做有罪类推，比附时则有两条相似律例条文：一是"罪人不拒捕而擅杀，律拟绞监候"；二是"本夫杀死已就拘执之奸夫，……律拟徒、例拟徒"。广西督抚因"例内并无未婚之夫许其捉奸之文"，将卢将比照罪人不拒捕而擅杀律拟绞。案件上报朝廷后，刑部提出，聘定未婚妻后，双方已有夫妻名分，若不许未婚夫捉奸，休妻则女方家不服，告状又没有证据，比照罪人不拒捕而擅杀的律文定罪，殊失平允，建议"改照本夫杀死已就拘执之奸夫"的律例规定，判处卢将杖一百、徒三年，最后得到皇帝认可。②

二是进行无罪的比附类推。

当"类推"依照"举重以明轻"的原则推理：即同类性质的行为，如果重的不是犯罪，那么轻的自然也不是犯罪；进行比附时，若能寻找到相关"不坐""勿论""免科"之类的条文，便以该条文做出无罪

---

① 《刑案汇览》卷六十，《保甲捏添户口冒领赈恤银两》。
② 《刑案汇览》卷六十，《捉未婚妻奸及格杀拒捕奸夫广西抚题》。

处理，如果没有相关条文，也可以直接依情理认定当事人无罪。《大清律例》中有"比引律条"30条，其按语曰："律无正条，则比引科断，今略举数条，开列于后，余可例推。"皆是通过比附类推形成的典型判例。其中第一条为"僧道徒弟与师共犯罪，徒弟比依家人共犯律，免科"，便是通过比附无罪条文为当事人出罪。将僧道师徒和家长子弟互比，古已有之。五代南唐时，杜镐的兄长任法官，遇儿子毁坏父亲画像之案，"疑其法不能决"。杜镐建议比照"僧道毁天尊、佛像"的规定处理，"兄甚奇之"①。"比引律条"中这一条刚好是反过来用僧道师徒比家长和卑幼，可依附"共犯罪分首从"条，按照"若一家人共犯，止坐尊长"的规定处理②，从而达到为徒弟出罪的效果。

当无罪类推进行到比附环节，却找不到相应律令条文时，也可以依情理推定其无罪。东晋殷仲堪原情一案即是其例。桂阳人黄钦生父母去世已久，却诈称父亲刚去世而披麻戴孝，准备迎办丧事。司法机关"先依律：诈取父母卒，弃市"。时任荆州刺史的殷仲堪认为："律：诈取父母宁，依驱詈法，弃市"。双亲健在而谎言死亡，逆情悖理，用心恶毒，所以用"驱詈之科"进行惩罚。而黄钦生的父亲确实已死，坟墓在故乡，事隔久远，如今才行骗说要迎办丧事，"此为大妄"，比起"父存言亡"几乎没有什么危害性，也就不予追究。③故而宋代律学家郑克在编纂《折狱龟鉴》时对其"舍状以探情"的做法大加称赞。④

宋代徐州知州孙觉曾破获一起五人共犯的杀人案，其中一人瘦弱不堪，不像杀人越货的强盗，便起疑讯问。原来该犯是在田地耕作，突然来一伙人，用凶器将他挟持到案发地点，让他在门口把风，至于

---

① 《宋史·杜镐传》。
② 《大清律例》卷五，第118页。
③ 《晋书·殷仲堪传》。
④ 郑克：《折狱龟鉴》卷四，《议罪》："夫推己以议物者，恕也；舍状以探情者，忠也。仲堪亦庶几焉。苟非用法忠恕，钦生弃市决矣。此皆俗吏所不能者也。"

这帮人在里面干了什么，他根本不知情。孙觉问狱吏说："法何如？"曰："死。"自秦汉以来，五人以上共同抢劫杀人为"群盗"罪，属于加重处刑的范围。但孙觉认为如果不分首从统统处死太过严苛，于是"止诛其首，后遂为例"，体现了"首恶必办、胁从不问"的精神。此后，该案成为具有法律效力的判例。①

三、国家法与习惯法的和合

在传统礼法制度中，国家对制定法以外的行为规范，如礼仪、风俗、习惯等——在此统称为习惯法（典型者有家族习惯法和民族习惯法）——也采取认可的态度，使之与国家法律共同发挥稳定民间秩序的作用，这也是中华法系区别于其他法系的一个重要方面。② 在推行"法制统一原则"的法系里，国家只承认制定法的合法性，对民间习惯及习惯法则采排斥态度。如欧陆坚持"制定法专属性原则"（Principio di riserva alla legge），强调只有立法机关通过合法程序制定的成文法，才是唯一合法的法律渊源，禁止法官援引习惯法作为判案依据。③

中华民族特有的综合性思维方式，使其在看待国家法以外的规范体系时，也抱持"和而不同"的态度。习惯法虽是不同于制定法的知识系统，生长于民间，运行于山野，对国家统治却利多而弊少，历代统治者皆持包容心态。从而使法制实践中的行为规范体系呈现三大板

---

① 《宋史》卷三百四十四《孙觉传》。
② 对这样的法文化现象，张金鉴称之为"泛文主义"。"中国历代律法系统为成文法乎抑为不成文乎？对此均不易作答。各朝为治，皆有钜帙明文的法典以为刑赏的依据，然散见流行的礼俗，又常与律文有相同的效力，是成文而不成文，不成文而成文；无以名之，姑曰泛文主义。"参见张金鉴：《中国法制史概要》，正中书局1973年版，第12页。
③ 陈忠林：《从外在形式到内在价值的追求——论罪刑法定原则蕴含的价值冲突及我国刑法应有的立法选择》，《现代法学》1997年第1期。

块：国家制定法运行于国家有效控制区[①]，家族习惯法运行于农村，民族习惯法运行于少数民族地区；其间又有交叉依赖的情形。在国家治理的大体系中，国家法与习惯法结合，才能适应中国地大物博、风俗各异的基本国情。

（一）国家法与家族习惯法的和合

家族习惯法是在家族中约定俗成的供家族成员遵循的行为规范的总和。或以口耳相传的形式传承，可称为"口碑式家族习惯法"；或形诸文字，名曰"家规""族规""族约""族训"，可称作"文书式家族习惯法"。

口碑式家族习惯法起源很早，限于资料，至少可追溯到商朝，当时已出现宗族[②]；至西周时，内容已较为丰富。两汉时，开始出现文书式家族习惯法。《史记·货殖列传》载："任公《家约》：非田畜所出弗衣食，公事不毕则身不得饮酒食肉。"[③] 魏晋六朝，由于士族门阀制度的盛行，为了确认不同宗族之间的高低贵贱，维护士族间的尊卑秩序，出现专门罗列宗代、细究血缘传承的"谱学"，文书式家法族规得以大量涌现，作为家族人员的行为规矩，被置于"宗谱""族谱""家训"等形式载体之中，当时极为著名的有《颜氏家训》。

隋唐时期，门阀势力衰落，代之以中小地主的兴隆，唐太宗令高士廉等"止取今日官爵高下作等级"，修成《士族志》，"凡

[①] 从历史上的情况看，国家的政治权力一般只及于县一级，这种状况一直沿袭到清朝，县以下的公共领域，多由非正式的民间权力以习惯法进行调控。费孝通曾指出，"在这里我们可以看到的是乡土社会里的权力结构，虽则名义上可以说是'专制''独裁'，但是除了自己不想持续的末代皇帝之外，在人民实际生活上看，是松弛和微弱的，是挂名的，是无为的"。《乡土中国·生育制度》，北京大学出版社1998年版，第63页。

[②] 商代的宗族组织可从卜辞、铜器铭文和文献中得到印证。参见阴法鲁、许树安主编：《中国古代文化史》，北京大学出版社1989年版，第84—87页。

[③] 其他典籍亦有记载。《后汉书·文苑列传》："不尽家训。"东汉班昭作《女诫》，蔡邕作《女训》。

二百九十三姓，千六百五十一家，颁行天下"①，让庶族地主也取得了士族的身份。同时，这一举动也刺激了家族习惯法的发展。到了宋代，出现了以修宗谱、建宗祠、置族田、立族长、订族规为特征的家族制度，家族习惯法的规范更加详备，内容更加丰富，执行程序也更为严格，有家族组织机构的规定，族长的权责界定，家族祭祀的规矩，宗族人员的各种行为规范，族内人员的互助义务，宗族财产、家族伦常秩序的规约，教化后代的道德训录，以及家族与家族之间的矛盾处理方法，等等。明清时期，承袭宋代故况，无太大变化。到20世纪50年代前，家族习惯法在农村的社会生活中一直发挥着重要作用。

国家对家族习惯法的认同，至少在汉朝已有了明确的表态。《汉书·刑法志》云："古人有言：'天生五材，民并用之，废一不可，谁能去兵？'鞭扑不可弛于家，刑罚不可废于国，征伐不可偃于天下；用之有本末，行之有逆顺耳。"家有家规，国有国法，二者并存共举，不可偏废。汉朝统治甚至是从哲理的高度来看待这两者间关系的，家规、国法，犹如自然界存在的金木水火土这五种物质一样，他们的共存互补是符合自然法则的，也是合理的。及至隋唐，国家在法典中承认了家族习惯法的合法地位。《唐律疏议·名例》篇中说："刑罚不可驰于国，笞捶不得废于家"，意即治国用刑罚，治家以笞捶，家族习惯法以"笞捶"为制裁手段，对国法的统一性并无妨碍。

从实践中考察，家族习惯法不但得到了国家的认可，而且与国家制定法互补互济。

首先，家族习惯法以国家法的精神为前提而订立，是国家制定法在民间的进一步延伸。

先以长沙檀山陈氏族约为例来作分析。陈氏族约有四纲领、二十六条目：

---

① 《资治通鉴》卷一九五。

尊君——祝圣寿、宣圣谕、讲礼法、急赋役。

祀神——礼先师、处里社、谨乡仇、秩乡后。

崇祖——修族谱、建祠堂、重墓所、秩义社、立宗子、绵嗣续、保遗业。

睦族——定行次、遵约法、肃家箴、实义仓、处家塾、助农工、养士气、扶老弱、恤忧患、戒豪悍、严盗防。[1]

家规族约是家族习惯法最典型的载体。陈氏族约的纲目似仿照《大学》的"三纲八目"的手法编修，其受儒家伦理思想影响之深，可想而知。第一纲表明要"尊君"，纲下细目"宣圣谕、讲礼法、急赋役"，无不是对国家法律的进一步贯彻落实，反映了国家奉行的"君为臣纲"的立法指导思想对家族习惯法的浸濡。

制定法所维护的"父为子纲""夫为妻纲"，在家族习惯法中也得以体现。"谱系之作，所以敦孝悌、重人伦、睦宗族、厚风俗。"[2] 家族习惯法的目的，在于维护宗法伦理。

一是强调子女对父母敬孝的义务，服膺于父母的意志。司马光所订家规《居家杂议》中规定："凡子受父母之命，必籍记而佩之，时省而速之……。若以父母之命为非，而直行亡志，虽所执皆是，就为不顺之子。"子女在父母面前，完全没有自主的权利，这既是习惯法的要求，又与制定法中"教令权"的规范如出一辙。

二是强调妻子对丈夫的义务，保证丈夫在家庭中的统治地位。太平《李氏家法》规定："虽夫为妻纲，固当从夫之命；然妻言有理，亦当从其劝谏。"这无疑是将制定法中关于夫妻法律地位的原则，直接嫁接到习惯法中，并进行适当的人性化改造，要求丈夫也要采纳妻子的

---

[1] 《长沙檀山陈氏族谱》，明万历刊本。

[2] 刘希莲：《重修李氏族谱序》。

合理化建议，从而使国家律令那铁面无情的条文，在习惯法中变得温情脉脉，更合情理，更容易付诸实施。

其次，家族习惯法以国家制定法为后盾而变得更具威慑力。

家族习惯法对违犯者自有其制裁体系，概其种类，主要有金钱罚、体罚、身份罚（指开除族籍）等类别，最重的可以剥夺犯者生命，但少于使用，仅局限于既犯国法、又触家规的严重行为，如乱伦、杀人越货、纵火、惯窃等。《刑案汇览》卷二十七记载一案例，徐公举与其侄女通奸，族长徐添荣欲将其送官。徐公举说："送官族长亦无颜面。"族长遂令族人将他推入河中淹死。较为常用的是体罚，即国家律令中所提及的"笞捶"，对犯者颇具震慑力。如昆陵费氏家族规约中有专门的《宗规罚例》，其办法主要是打板子、关黑屋。"其诸侄孙干犯伯叔父、伯叔祖父者，责二十板，锁祠内十日；再犯责三十板，锁祠内二十日；三犯公革出祠。其或恃祖、父行欺凌卑幼者，量事缘由，重者议责，轻者议罚。兄弟有序，以弟犯兄，不恭，责三十板；以兄凌弟，不友，责十板。"①

各家族规约中常常都保留有"告官"的权利。告官，又叫鸣官、投官。对依家法族规处理后仍屡教不改的，即将其投送官府，按国家制定法治罪。如浙江上虞《范氏宗谱》规定：子孙违背家训的，"轻则会请族众，自行责罚；重则告官，谴其出族，不与相齿"②。又如《休宁邑前刘氏族谱》规定：损毁谱牒者要"鼓于祠，削其名。鸣于官，正其罪"③。这样的规定表明，一方面，家族习惯法从国家制定法那里借得威势，使其更有约束力；另一方面，习惯法与制定法是彼此贯通、同气连枝的。

---

① 江苏昆陵《费氏重修宗谱》卷一，《宗规罚例》。
② 光绪《上虞金罍范氏宗谱》卷二，宗训四章。
③ 嘉靖《休宁邑前刘氏族谱》，重修族谱凡例·邑前刘氏颁谱训问。

（二）国家法与民族习惯法的和合

我国少数民族众多，大都居住在边陲之地。由于他们多未建立自己的国家，或虽有政权组织，却大都是中原汉族政权的属国，且为时短暂，因而其法文化形态通常表现为习惯法而非成文法。

历代汉族统治者，受"和合"价值观的支配，对各少数民族的政治态度和文化政策采取"和而不同"的策略。先秦儒家提倡"用夏变夷"①，就是用"诗书礼乐"、伦理纲常去变革、同化各民族的文化结构，而不是使用武力征服的手段。具体到对民族习惯法，也不是一概禁绝，而是让其按自己的"民情土俗"进行自治，逐渐接受国家法的精神，避免"一刀切"的做法。《周礼·王制》称这种法制政策为"修其教不易其俗，齐其政不易其宜"。《汉书》谓之"以其故俗治"②。《后汉书》称之为"临时制宜，略依其俗，……防其大故，忍其小过"③。

国家制定法与民族习惯法并举分治，如果说在以前还只是一种政策，到隋唐时期，则固定为明确的法制原则，得到法律的确认。《唐律疏议·名例》篇有"化外人相犯"专条，提到"各依本俗法"。④ 疏议解释说："化外人，谓蕃夷之国，别立君长，各有风俗，制法不同。其有同类自相犯者，须同本国之制，依其俗法断之。"这一原则适用于外国人，也适用于臣服于唐朝的少数民族政权，各地方政府下辖的少数民族也可参照执行。

民族地区"各依本俗法"治理的原则，是和唐朝在民族地区的行政建置相匹配的。当时以至后来的两宋，在民族地区设羁縻州，羁縻州上设都督府或都护府，以区别于汉族地区的州县和州县之上的"道"的行政区划。"羁縻"的实质就是对少数民族不必像对汉族地区一样进

---

① 《孟子·滕文公上》："吾闻用夏变夷者，未闻变于夷者。"
② 《汉书》卷二十四。
③ 《后汉书》卷八十七。
④ 《唐律疏议·名例》卷六。

行十分严格的控制,在羁縻区域,由各族的酋豪担任刺史或都督,可以子孙世袭,在军事上必须服从中央政府的调配,其他方面则享有自主权,主要包括行政、财政、司法方面的自主权,所谓"贡赋版籍,多不上户部"①。其在司法上的自主权就是运用"本俗法"审断案件,不必统一执行朝廷的律、令、格、式。由此,形成了民族习惯法与国家制定法多元共存的"诸法和合"格局。元、明、清三朝,在民族地区推行"土司"制,法制上的这种格局沿袭不改。

在中华法系数千年的实践历程中,国家制定法与民族习惯法的关系,如同其与家族习惯法一样,也呈现互补互济的态势。清末的一块石刻碑文,记载了我国古老的少数民族羌族的八条习惯法规范。其中,除少数内容与国家法律有冲突外,大多数内容都能够和大清律例的精神原则相一致。正如其开首言明的"尝闻官有禁条而柔治,民有私禁以清地方而安良善,皆以戒人为不善"②。前面的"官有禁条",即指国家法律制度,后面的"民有私禁",即指地方习惯法规范。更为重要的是,在羌族民众看来,前者不是对后者的彻底压倒和根本禁绝,后者对前者也不是顽强抵制和极力排斥,国家法律与民间规范的功能是相同的,并行不悖的,都是为了制止人们为非作歹。所以他们既服膺于习惯法的调节,又乐意接受国家法的约束,从而使民族地区的法律实践表现出双重调控的结构。

四、"治法"思维的当代启示

将"和合"理念运用于法律制度自身建设而形成的"治法"思维,其精要之处在于:不同法律形式之间、不同法律原则之间,彼此不是

---

① 《新唐书·地理志》。

② 参见龙大轩:《十九世纪末地方法律实践状况考——一块碑文透出的历史信息》,《现代法学》2002年第3期。

孤立的，而应共存于对立统一的有机整体之中，才能发挥出更大更好的社会治理效果。当然，运用不当也可能出现不良现象，《汉书·刑法志》曾有提及："奸吏因缘为市，所欲活则附生议，所欲陷则予死比，议者咸冤伤之。"完全可以这样形容，治法思维就像一个放大器，既能使法律的打击触角变得无所不包，亦能让法律的情理关怀变得力所能及，真正成为"以有限待无穷之道"。中国之所以形成"天理、国法、人情"三位一体的法文化传统，其奥秘恐怕就在于此。

始自清末，伴随着西方法学理论的强势输入，中国人仿行西法创设新的法律体系，其建设思路是分析性的。在法律形式层面，强调此法与彼法应有明确的分隔界限，采用"刑民有分"体制，分部门设置法典，形成宪法与相关法、刑事法、民商事法、行政法、经济法、社会法、程序法这七大法律部门，常有论者以英国法史学家梅因在《古代法》中"中国古代只有刑法而没有民法"的观点为据，对传统"刑民不分"的体制大加挞伐，斥之为落后法制的象征。在法律原则层面，则以单一价值为追求，不允许价值对立的法律原则并存于同一法律体制之内，在罪刑法定与比附类推之间，则舍比附类推而尚罪刑法定。《大清新刑律草案》第十条明确规定："凡律无正条者，不论何种行为，不为罪。"[①] 奉行严格的罪刑法定主义。到1979年，类推制度曾一度回到新中国成立后的第一部刑法典之中[②]，但伴随着社会情势的变化，1997年刑法修订时，又明确规定罪刑法定为刑法的三大基本原则之一，"禁止类推"遂成为刑事司法中的金科玉律。

近代以来法律制度的这些变化，使得其设计、构造在技术上越来越精细化，但由于这种"分析性"的建设思路与传统"综合性"的和合思路相去甚远，从而也带来了诸多文化上的不适。受治法思维影响，

---

① 赵秉志、陈志军编：《中国近代刑法立法文献汇编》，法律出版社2016年版，第66页。
② 《中华人民共和国刑法》（1979）第七十九条规定："本法分则没有明文规定的犯罪，可以比照本法分则最相类似的条文定罪判刑，但是应当报请最高人民法院核准。"

中国人眼中的法，本无刑事、民事之别，今日民法调整的社会关系，当时的律令典章也要进行规范，但都是用刑作为制裁手段的，不似现在违反刑事法律者用刑罚制裁，违反民事法律则以民事法律责任方式制裁，彼此间分得一清二楚。张金鉴说："故历代刑律实统摄民刑公私之法文，范围广泛，内容混杂，绝非如今世的刑法自有确定领域。"① 在这种文化环境中，培育起"法就是刑""刑就是法"的法观念。当刑罚从民事法领域撤出后，有的人就觉得单纯的民事法律责任并无多大惩罚性，似乎不具有法的功能，以致民事纠纷蜂拥而出，诉讼案件逐年攀升，法院"执行难"成为司法难题。刑法内部实行严格的罪刑法定原则，禁止类推，亦是分析性思维使然。这对维护法律稳定性、保障人权固然作用巨大，但因灵活性不够，致使"裁判结果与人民群众朴素的公平正义观存在差距"②。有的行为明明社会危害性严重，但阻于"法律没有明文规定为犯罪行为的，不得定罪处刑"的条文，也不能将其"入罪"③；有的行为明明不具有社会危害性，但符合犯罪构成要件，也无法将之"出罪"④，刑法的惩恶扬善的功能遭到质疑。当法律与"欠债还钱""杀人偿命"之类的天理、人情只能隔江相望而难以同舟共济时，它便失去了应有的温度。诸如此类不尽人意之处，实乃法律制度

---

① 张金鉴：《中国法制史概要》，正中书局1973年版，第11页。

② 周强：《刑事审判仍存不少问题，应尊重群众朴素的公平正义观》，《澎湃新闻》2019年10月23日。

③ 按：湖南益阳12岁少年弑母，衡南13岁少年用铁锤将父母当场锤死，情节严重、影响恶劣，皆因未达到刑事责任年龄，不予追究。分见《益阳12岁男孩弑母，原因令人唏嘘》，https://baijiahao.baidu.com/s?id=1619700167114564813&wfr=spider&for=pc；《锤杀双亲少年写作文虚构生活，官方称或参照益阳弑母少年处理》，《澎湃新闻》2019年1月3日。

④ 河北杨风申为该省非物质文化遗产"五道古火会"的代表性传承人，2016年在带队制作五道古火会烟花火药时被捕，一审法院根据现行《刑法》判决杨风申犯非法制造爆炸物罪，并判处有期徒刑四年零六个月。参见《（2017）冀01刑终557号刑事裁定书》，收录于中国裁判文书网。又，2016年天津赵春华摆气枪射击摊营利，公安机关查获其枪形物9支及塑料子弹若干，一审法院以非法持有枪支罪判处赵春华有期徒刑三年六个月。参见《（2016）津0105刑初442号判决书》，收录于北大法宝。

设计与文化传统不相适应的必然产物。

党的十八届四中全会决定指出,全面推进依法治国,必须坚持从中国实际出发的原则,其中特别强调"汲取中华法律文化精华,借鉴国外法治有益经验,但决不照搬外国法治理念和模式"。因而,将传统"治法"思维创造性转化到现实法治建设之中是时代的要求。2019年10月17日,最高人民法院院长周强在第七次全国刑事审判工作会议上强调:"要正确适用刑事法律,兼顾天理国法人情,坚持严格公正司法,以严谨的法理彰显司法的理性,以公认的情理展示司法的良知。"[①]这既是对中华优秀传统法律文化的回归与发扬,又是以法律之治推进国家治理能力与治理体系现代化的有力指导。

五、结束语

《汉书·韦贤传》云:"遗子黄金满籝,不如一经。"道给我们留下的,不仅有经典文本、道观名胜之类的物质文化,更给我们留下了如何建设法制的精神遗产,那就是"和而不同"的思维方式。以此为指导,形成法律与政治和合的"道法"思维,以解决法的权威性命题;法律与道德和合的"礼法"思维,以解决法的合理性命题;此法与彼法和合的"治法"思维,以解决法律创制、运行的技术性命题,从而铸造出独立于世且一以贯之的法制文明。习近平总书记指出:"和而不同是一切事物发生发展的规律"[②],提倡"深入挖掘和阐发中华优秀传统文化讲仁爱、重民本、守诚信、崇正义、尚和合、求大同的时代价值"。当今之日,法治建设要求必须坚持党的领导、人民主体地位、法治与德治相结合等原则,追求"天理,国法,人情相统一",

---

① 《【不忘初心、牢记使命】周强出席第七次全国刑事审判工作会议强调 牢记初心使命 忠诚履职尽责 努力把新时代刑事审判工作提高到新水平》,《澎湃新闻》2019年10月18日。

② 习近平:《在纪念孔子诞辰2565周年国际学术研讨会上的讲话》,2014年9月24日。

这些部署和安排，与中华优秀传统法律文化既是一脉相承，更是继往开来。

《诗经》有言："周虽旧邦，其命维新"；《圣经》又云："已有之事，后必再有；已行之事，后必再行。日光之下，并无新事。"信哉斯言！

后 记

"我家有女初长成,养在深闺人未识。"[①] 著书跟养闺女差不多。孕产抚育的辛苦就别提了,等到长大成人,又担心嫁不出去。本书写作过程中,曾得学校资助,"养"是不愁的了;后又得山东大学谢晖教授惠介,山东人民出版社李怀德先生惠允,被纳入《法理文库》的出版计划,"嫁"也有了着落。付梓至今,已有十七八年矣,书店已无存货,时有读者索问,遂冒"改嫁"之大不韪,决定修订再版。

做学问这个行当,通常被称作"学术",想来也是十分高雅的事了。自己置身此中,已有三十余年,却发现,学术是个圈,你越是认真做,越是会被人挤到圈的边缘,甚至被排斥在门墙之外。于是,我迷惘了。怀疑别人的用心,还是怀疑自己的能力?似乎都没对。只有怀疑"学术"这个词,也许一开始就用得有问题。最早的记载,恐怕是《史记·老子韩非列传》,说郑国贱臣申不害,"学术以干韩昭侯"。干者,讨好、献殷勤之谓也。莫非学术就是用来巴结权贵的么?从这里,我们得不到什么关于"学术"的好印象。

再来看现实生活中的情形,学术大概分三类。一类是"有学无术"。真做学问之人,往往执迷于某一问题,不停地思索追问而不带太多的功利色彩,著书立说十分谨慎,不懂得捞取各种好处的手腕,即

[①] 语出白居易《长恨歌》:"杨家有女初长成,养在深闺人未识"一句。

便因环境熏染而懂得，也不愿使用；荣誉、利益都与他擦肩而过，唯孤独、落寞、清逸与之同在。二类是"有学有术"。本是真做学问的，凭本事评得职称、当得领导，虽然对老本行还有无限的眷念和不减之热忱，却无暇再学再问了；即或出于内心真诚，制定一些扶持、弘扬学术的政策，也因了某些人的阻隔、歪曲，终竟难以落到实处。三类是"无学有术"。本不是做学问的人，借了手中的术，混得博士、硕士学位，戴得专家学者桂冠，庄严得令人喘不过气来，甚至还要掌握那些不懂术的学人的学术命运，更让人气不打一处来。从这里，我看到了第一类人的无助，第二类人的无奈，第三类人的无耻。学术，还能给我们带来什么？

虽如是，自己却仍在学术的迷途上执着而行，唯有心态变得豁达，不再将学术看得那样神圣而有五彩光环的萦绕；不再将学术视为人人必须认同的，令人肃然起敬、诚惶诚恐的高尚职业。

它，不过是个人由自寻其乐到自得其乐的心路之旅。精神的满足，已在过程中得到，何必在乎别人会怎样，社会又如何。

它，不过是将内心的思索追问转化为外显的写书作文。而人，写，也是活着；不写，也是活着。

2003 年 12 月 22 日定稿
2020 年 5 月 8 日修订于山城